챗GPT
제대로
써먹기

챗GPT 제대로 써먹기

프로 일잘러를 위한 가장 쉬운 챗GPT 활용 레시피

초판 1쇄 발행 2024년 9월 24일
초판 2쇄 발행 2024년 12월 26일

지은이 조민정 / **펴낸이** 전태호
펴낸곳 한빛미디어(주) / **주소** 서울시 서대문구 연희로2길 62 한빛미디어(주) IT출판2부
전화 02-325-5544 / **팩스** 02-336-7124
등록 1999년 6월 24일 제25100-2017-000058호 / **ISBN** 979-11-6921-285-4　93000

총괄 송경석 / **책임편집** 홍성신 / **기획** 김대현 / **교정** 윤지현
디자인 표지 이아란 내지 최연희 / **전산편집** 다인
영업 김형진, 장경환, 조유미 / **마케팅** 박상용, 한종진, 이행은, 김선아, 고광일, 성화정, 김한솔 / **제작** 박성우, 김정우

이 책에 대한 의견이나 오탈자 및 잘못된 내용은 출판사 홈페이지나 아래 이메일로 알려주십시오.
파본은 구매처에서 교환하실 수 있습니다. 책값은 뒤표지에 표시되어 있습니다.
한빛미디어 홈페이지 www.hanbit.co.kr / 이메일 ask@hanbit.co.kr

지금 하지 않으면 할 수 없는 일이 있습니다.
책으로 펴내고 싶은 아이디어나 원고를 메일(writer@hanbit.co.kr)로 보내주세요.
한빛미디어(주)는 여러분의 소중한 경험과 지식을 기다리고 있습니다.

챗GPT 제대로 써먹기

조민정 지음

생존을 위한 생성형 AI 실무 스킬 만렙 찍기 챌린지

프로 일잘러를 위한 가장 쉬운 챗GPT 활용 레시피

⑪ 한빛미디어
Hanbit Media, Inc.

대부분의 챗GPT 관련 책은 프롬프트 엔지니어링을 강조하는 경우가 많습니다. 물론, 생성형 AI를 효과적으로 활용하기 위해서는 프롬프트는 중요한 요소입니다. 하지만 현재 시점에서는 사용자의 노하우를 반영한 커스텀 GPT를 활용할 수 있습니다. 이 책은 누구나 쉽게 사용할 수 있는 맞춤형 GPT를 중심으로 구성되어 있습니다. 일상, 업무, 코딩 등 다양한 분야에 적용할 수 있는 맞춤형 GPT의 사용법을 살펴보면서 챗GPT의 매력을 한층 더 체감할 수 있을 것입니다. 이 책을 출발점으로 삼아 다양한 맞춤형 GPT를 찾아 적용해보길 바랍니다. 나아가 나만의 GPT도 직접 만들어보면 많은 도움이 될 것입니다.

한국에너지기술연구원 책임연구원_**이제현**

저자의 탄탄한 수학적 배경을 바탕으로 챗GPT의 작동 원리와 활용 방법을 쉽게 풀어냅니다. DALL·E와 같은 이미지 생성 모델의 어려운 개념도 예제를 통해 쉽게 설명하며 텍스트 및 음성 대화, 이미지 입력 및 생성, 고급 데이터 분석 등 다양한 주제를 포괄적으로 다루고 있어 챗GPT의 구조와 작동 방식을 이해하는 데 많은 도움을 줍니다. 또한 효과적인 프롬프트로 가장 적합한 답변을 얻는 방법을 제시하고, 다양한 상황에서의 챗GPT 활용법을 깊이 있게 알려줍니다. 이를 통해 챗GPT로 콘텐츠 제작이나 프로그래밍 같은 고급 작업을 수행할 수 있는 능력을 갖출 수 있을 것입니다. 자신 있게 이 책을 추천합니다.

Ascension Data Science Institute 리드 데이터 분석가_**이수경**

이 책은 챗GPT를 통해 어떻게 더 효율적이고 창의적으로 생활 속에서 당면하는 문제를 해결할 수 있는지를 보여주는 실용적인 안내서입니다. 챗GPT의 기본 원리와 고급 기능을 모두 다룰 뿐만 아니라, 독자가 실제로 챗GPT를 사용하여 얻을 수 있는 이점을 최대한 누릴 수 있도록 친절하게 도와줍니다. 특히, 챗GPT를 활용한 다양한 예제와 실습을 따라 하다 보면 챗GPT의 잠재력을 직접 체험하면서 어느새 초보자에서 능숙한 생성형 AI 도구 사용자가 되어 있을 것입니다. AI 시대에 발맞추고자 처음 AI를 배우려는 모든 이에게 필독서로 추천합니다.

퓨처웨이브 대표, 전 BC카드 AI빅데이터본부장_**변형균**

요즘 직장인에게 챗GPT는 없어서는 안 될 필수 도구입니다. 만약 아직 챗GPT를 사용해본 적이 없다면 당장 이 책을 펼쳐보길 바랍니다. 이 책은 인공지능에 대한 간단한 소개부터 챗GPT의 기본 사용법 그리고 다양한 활용법까지 체계적으로 챗GPT를 익힐 수 있도록 구성되어 있습니다. 특히 초보자도 쉽게 따라할 수 있는 예제를 통해 챗GPT의 기본 기능을 확실히 이해하고 업무와 일상생활에서 어떻게 챗GPT를 효과적으로 활용할 수 있는지를 상세히 안내합니다. 이 책으로 챗GPT의 가능성을 온전히 이해하고 효율적으로 문제를 해결하는 능력을 기르며 미래를 준비해보세요.

한빛앤 선임매니저_**유현아**

챗GPT가 등장한 지 2년도 채 되지 않은 짧은 시간 동안 생성형 AI는 놀라운 속도로 발전해왔습니다. 이미 챗GPT는 우리 일상 속 소울메이트로 여러 부분에서 도움을 주고 있지만 아직도 인공지능이라고 하면 심리적인 진입장벽을 느끼고 어렵게만 여기는 사람이 많습니다. 따라서 챗GPT의 기술적 배경과 작동 원리를 복잡한 수식이나 코드 없이 간결하게 설명하여 사전 지식이 없는 독자도 생성형 AI를 쉽게 이해하고 활용할 수 있는 책을 쓰고자 했습니다.

생성형 AI의 등장으로 거대한 변화의 물결이 시작된 현재 시점에 챗GPT를 직접 활용해보면 과거에는 풀 수 없었던 문제를 새로운 방식으로 해결할 수 있는 아이디어나 기회를 발견할 수 있을 것입니다. 이 책을 읽고 여러분이 생성형 AI와 친숙해지길 기대합니다.

챗GPT를 비롯한 생성형 AI 기술은 현재도 빠르게 진화하고 있습니다. 발전 속도가 너무 빠르기 때문에 책이 출간된 이후에도 중요한 업데이트나 새로운 기능이 계속해서 추가될 것입니다. 따라서 새로 업데이트된 내용은 제가 운영하는 브런치를 통해 공유할 예정입니다. 챗GPT를 비롯한 생성형 AI 기술이 여러분의 삶과 일에 실질적인 도움을 주기를 바라며, 이 책이 그 여정에서 작은 길잡이가 되기를 바랍니다.

2024년 9월

조민정

감사의 말

이 책을 집필하는 동안 정말 많은 분의 도움과 격려를 받았습니다. 우선, 언제나 따뜻한 관심과 지지를 보내준 사랑하는 가족과 친구들에게 깊은 감사를 전합니다. 특히 남편의 변함없는 응원 덕분에 이 책을 완성할 수 있었기에 이 자리를 빌려 너무 고맙다는 말을 전하고 싶습니다.

또한, 이 책이 세상에 나올 수 있도록 아낌없는 지원을 해주신 한빛미디어의 김대현 책임님, IT출판부와 모든 관계자에게도 감사 말씀 전합니다. 무엇보다 이 책을 읽어주신 독자 여러분께 깊이 감사드립니다. 이 책이 여러분에게 조금이라도 도움이 되길 진심으로 바랍니다.

저자 소개 ————————————————————————

조민정

서울대학교 기계항공공학부를 졸업한 뒤 스탠퍼드 대학교와 한국에너지기
술연구원에서 연구원으로 근무했습니다. 현재 영국에서 데이터 사이언티스
트로 일하며 인공지능 서비스를 만들고 있습니다.

- **이메일**: cho.genai@gmail.com
- **블로그**: brunch.co.kr/@mindsai

이 책의 대상 독자

이 책은 생성형 AI와 챗GPT에 대해 관심이 있는 모든 독자를 대상으로 합니다. 특히, AI나 코딩에 대한 사전 지식이 없는 독자도 생성형 AI를 쉽게 이해할 수 있도록 작동 원리와 주요 개념을 쉽게 알려줍니다. 즉, 관련 업계 종사자가 아니어도 생성형 AI 기술을 활용하는 데 도움을 얻을 수 있을 것입니다.

이 책의 구성

이 책은 크게 4부로 나누어져 있습니다.

> **1부 챗GPT 이해하기**
>
> 챗GPT와 같은 생성형 AI의 기술적 배경과 작동 원리를 복잡한 수식이나 코드를 사용하지 않고 쉽게 알려줍니다.
> - 생성형 AI의 정의와 작동 원리
> - GPT 및 DALL · E 모델의 발전 과정

> **2부 챗GPT와 친해지기**
>
> 챗GPT의 다양한 기능과 사용법을 다룹니다.
> - 챗GPT의 기본 구성 및 다양한 기능
> - 챗GPT와 효과적으로 대화하는 방법

3부 챗GPT 제대로 써먹기

일상생활, 업무, 학습, 콘텐츠 제작 등 다양한 분야에서 맞춤형 GPT를 통해 실제로 어떻게 활용할 수 있는지를 구체적으로 설명합니다.

- 일상생활: 요리 레시피, 운동 계획, 여행 계획, 선물 추천 등
- 업무: 보고서 작성, 파워포인트 준비, 데이터 분석 및 시각화, 이메일 작성, 의사소통 연습
- 학습: 새로운 개념 학습, 외국어 학습, 맞춤형 학습, 강의 준비
- 콘텐츠 제작: 글 작성, 이미지 생성, 동영상 · 음성 오디오 · 음악 생성
- 프로그래밍: 코드 작성, 코드 리뷰 및 디버깅, 코딩 학습

4부 AI와 함께 살아가기

생성형 AI가 가져올 미래와 그 영향 그리고 이러한 변화에 대비하는 방법을 다룹니다.

- 생성형 AI가 가져올 자동화 및 경제 성장 전망
- 범용인공지능과 책임감 있는 AI 사용

이 책을 읽는 방법

챗GPT의 작동 원리와 발전 과정을 이해하는 것이 어렵다면 1부의 내용을 가볍게 읽고 넘어가도 무방합니다. 중요한 것은 챗GPT를 직접 활용하고 이를 통해 새로운 문제 해결 방식을 찾는 것입니다. 2부부터 챗GPT의 실질적인 사용 방법과 사례를 통해 어떻게 활용할 수 있을지 배울 수 있습니다.

정오표와 피드백

편집 과정에서 오탈자를 확인하는 절차를 거쳤음에도 미처 발견하지 못한 오탈자나 내용에 대한 오류는 출판사 도서 정보 페이지에 등록해주세요. 책과 관련한 궁금한 점은 저자의 이메일이나 블로그로 문의하기 바랍니다.

- **저자 이메일**: cho.genai@gmail.com
- **블로그**: brunch.co.kr/@mindsai

챗GPT의 빠른 업데이트와 관련된 안내문

챗GPT는 인공지능 기술의 급격한 발전과 함께 빠르게 변화하고 있습니다. 이에 따라 이 책에 포함된 내용도 시간이 지나면서 일부 정보가 업데이트될 가능성이 있습니다.

이 책의 저자와 한빛미디어는 이러한 기술적 변화를 반영하기 위해 지속적으로 내용을 점검하고 있으며, 저자의 블로그(brunch.co.kr/@mindsai)를 통해 챗GPT의 새로운 기능과 변경 사항 등을 다루며 독자 여러분께 최신 정보를 신속히 전달하고자 합니다. 또한, 향후 개정판에서는 이러한 최신 정보를 반영할 계획입니다.

챗GPT 이해하기

CHAPTER

1 생성형 AI와 GPT의 탄생

CHAPTER

2 챗GPT가 점점 더 똑똑해진 이유

CHAPTER

3 챗GPT의 화가, DALL·E 이야기

PART

2 챗GPT와 친해지기

CHAPTER

4 챗GPT 시작하기

CHAPTER

5 챗GPT의 다양한 기능

PART

4　**AI와 함께 살아가기**

## PART 1

챗GPT 이해하기

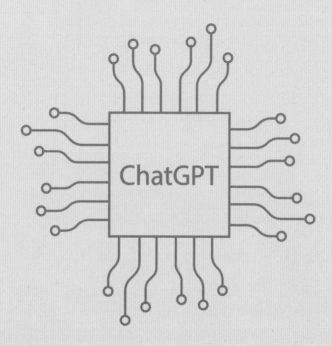

1부에서는 생성형 AI의 정의와 생성형 AI가 어떻게 우리가 원하는 것을 이해해서 대답하는지 그 작동 원리를 알아봅니다. 생성형 AI의 대표주자인 챗GPT의 두뇌 GPT 모델과 이미지 생성을 담당하는 DALL · E 모델의 발전 과정도 살펴봅니다.

## CHAPTER 1

생성형 AI와
GPT의 탄생

1.1 생성형 AI의 정의

무슨 질문을 하든 답을 기가 막히게 해서 세상을 떠들썩하게 만든 챗GPT가 화제입니다. 인공지능이 원하는 대로 이미지도 만들고, 작곡도 하고, 심지어 코딩까지 한다는 이야기도 마찬가지입니다. 이들 공통점은 인공지능이 우리가 원하는 바를 알아듣고 콘텐츠를 생성한다는 것입니다. 그리고 이것을 우리는 생성형 인공지능Generative Artificial Intelligence 혹은 생성형 AIGenerative AI라고 부릅니다.

생성형 AI를 이해하기 위해 제일 상위 범주인 인공지능부터 차례차례 살펴보겠습니다.

- 인공지능은 컴퓨터가 인간의 지능이 필요한 일을 수행할 수 있도록 만드는 데 필요한 기술을 의미합니다. 예를 들어, 자동차 자율주행에 필요한 기술 전체를 생각해 볼 수 있습니다.

- 인공지능의 한 종류로 머신러닝이 있는데, 머신러닝이란 컴퓨터가 데이터 패턴을 학습해서 스스로 결정할 수 있게 하는 기술입니다. 프로그래머가 직접 코딩하지 않아도 머신러닝으로 주어진 데이터를 학습하고 이를 바탕으로 스스로 결정하는 것이 가능합니다. 스팸 메일 필터를 생각해보면 모든 경우의 스팸 메일을 걸러내도록 프로그래머가 직접 코딩하는 것이 아니라 스팸 메일과 정상 메일 데이터를 머신러닝 모델에 제공해서 모델이 스팸 메일을 구분하는 패턴을 학습한 뒤 스팸 여부를 스스로 판단하는 것입니다.

- 머신러닝의 한 분야가 딥러닝입니다. 딥러닝은 사람의 뇌를 닮은 인공 신경망 구조를 사용해서 머신러닝을 사용했을 때보다 훨씬 더 복잡한 데이터를 학습할 수 있습니다.

- 생성형 AI는 딥러닝의 하위 개념으로 인공지능이 스스로 콘텐츠를 생성해내는 능력 때문에 이런 이름이 붙었습니다. 컴퓨터가 딥러닝 기반으로 복잡한 데이터 패턴을 학습하고 그것을 이용해 스스로 새로운 이미지를 만들고, 음악을 작곡하고, 글을 쓰는 것입니다.

🌀 **인공지능의 분류**

인공지능이라는 큰 범주 안에 머신러닝, 딥러닝이 있고 생성형 AI는 딥러닝의 하위 개념입니다.

생성형 AI의 본질은 함수에서 벗어나지 않습니다. 함수를 조리법에 비유하면 주어진 식재료가 있을 때 조리법을 따라 요리하면 음식이 만들어지듯이, 주어진 입력을 함수에 넣으면 특정한 출력이 만들어집니다. 즉, 주어진 입력이 있을 때 그에 맞는 출력이 나오는 규칙을 함수라고 합니다.

생성형 AI 모델도 하나의 복잡한 함수로 볼 수 있습니다. 입력은 사용자의 데이터(텍스트, 이미지 등)이고, 출력은 그에 맞게 새롭게 생성된 콘텐츠가 되는 것입니다. 복잡하고 방대한 양의 데이터를 활용해 그 패턴을 학습했더니 생성할 수 있는 콘텐츠가 엄청나게 많아진 똑똑한 함수가 바로 생성형 AI 모델입니다.

입력이 텍스트일 경우 이 똑똑한 함수가 출력으로 요약도 해주고, 질의응답도 해주고, 잘못된 문법을 고쳐주는 역할도 합니다. 입력이 이미지여도 마찬가지입니다. 출력으로 입력된 이미지보다 높은 해상도의 이미지를 내놓거나 주어진 이미지에 대한 질의응답 등 여러 가지 일을 할 수 있습니다. 챗

GPT와 대화하는 것도 엄청나게 공부를 많이 한 GPT라는 모델에게 공부한 내용을 기반으로 사용자가 하는 말에 맞는 답을 내어놓으라고 요청하는 것과 마찬가지입니다.

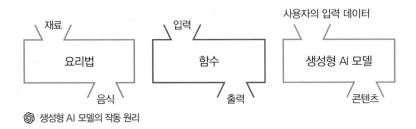

⊛ 생성형 AI 모델의 작동 원리

생성형 AI 모델은 하나의 복잡한 함수라고 생각할 수 있습니다.

1.2 생성형 AI가 언어를 이해하는 방법

생성형 AI는 대규모 데이터를 학습한 모델이 학습한 내용을 바탕으로 사용자가 원하는 콘텐츠를 생성해내는 인공지능의 한 종류라고 했습니다. 그렇다면 생성형 AI는 어떻게 사용자가 원하는 것이 무엇인지 알아들을 수 있는 걸까요? 사용자의 입력을 컴퓨터가 이해하고 처리할 수 있는 숫자인 벡터로 바꾸는 과정이 그 핵심입니다.

벡터란 크기와 방향을 모두 갖는 수학적 개념으로 다음 그림과 같이 화살표 또는 숫자의 나열, 즉 좌표로 표현할 수 있습니다. 예를 들어 2차원 벡터 (1,2)는 오른쪽으로 1개의 단위, 위쪽으로 2개의 단위를 가리키는 벡터를 의미합니다. 차원이 높아지면 시각적으로 표현하기 어렵지만 복잡한 데이터의 특성을 나타내는 데 유용하게 사용할 수 있습니다.

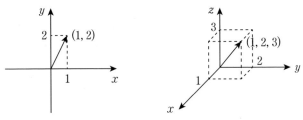

입력 데이터는 텍스트, 이미지, 오디오 등 여러 가지 형식일 수 있지만 가장
간단한 텍스트 예시를 먼저 살펴보겠습니다.

🍥 인간의 언어를 숫자 벡터로 바꾸는 임베딩

텍스트, 즉 인간의 언어를 숫자 벡터로 표현하는 방법에는 여러 가지가 있
습니다. 가장 간단한 방법은 주어진 텍스트에 포함된 단어의 개수를 세어서
숫자 벡터의 차원을 정의하고, 각 단어에 번호를 붙여 숫자 벡터를 표현하
는 것입니다. 예를 들어 '사과 자두 포도 강아지 고양이'라는 텍스트는 사과,
자두, 포도, 강아지, 고양이라는 5개 단어로 구성되어 있으니 숫자 벡터는
5차원이 됩니다. 각 단어마다 인덱스를 0, 1, 2, 3, 4로 지정한 뒤 해당 단
어의 인덱스에 1을, 나머지 인덱스에는 0을 넣어서 아래 표와 같이 5차원의
숫자 벡터 5개로 표현할 수 있습니다. 이러한 숫자 벡터를 원-핫 벡터라고
도 부릅니다.

단어	인덱스	원-핫 벡터
사과	0	(1,0,0,0,0)
자두	1	(0,1,0,0,0)
포도	2	(0,0,1,0,0)
강아지	3	(0,0,0,1,0)
고양이	4	(0,0,0,0,1)

💬 단어의 인덱스와 원-핫 벡터 표현

이러한 원-핫 벡터 방식에는 큰 문제점이 있습니다. 단어 수가 많아지면 원-핫 벡터의 차원이 엄청나게 커지게 될 뿐만 아니라 벡터 대부분이 0으로 채워진 희소sparse 벡터가 되기 때문입니다. 0은 의미 있는 정보를 제공하지도 않으면서 저장 공간만 차지하고 이에 따라 계산 시간을 소모해서 컴퓨터 자원을 낭비할 뿐만 아니라 계산 성능에도 안 좋은 영향을 줍니다. 또한 단어들 간의 연관성을 표현할 수 없다는 문제가 있습니다. 위의 표를 보면 어떠한 과일/동물도 서로 관련 있는지 여부를 숫자 벡터에서 표현하지 못한다는 것을 알 수 있습니다.

이 문제를 해결하기 위해 등장한 것이 임베딩embedding입니다. 임베딩은 고차원 벡터를 낮은 차원의 벡터로 만드는 기술로 데이터의 중요한 특성을 보존하면서 더 낮은 차원의 밀집된 벡터(대부분의 값이 0이 아닌 벡터)로 변환하는 과정입니다. embed는 '끼워 넣다'는 의미로 고차원 희소 벡터에 망치질을 해서 낮은 차원으로 단어 정보를 끼워 넣는다고 상상해보세요. 0으로 쓸데없이 낭비되던 차원을 망치질해서 훨씬 더 적은 숫자로 하나의 단어를 벡터 공간에 표현하는 겁니다. 표에 있는 사과는 (1,0,0,0,0)이라는 5차원 원-핫 벡터에서 (0.9,0.1)이라는 2차원 임베딩 벡터로 바뀌게 됩니다.

임베딩과 벡터 공간

임베딩이 중요한 이유는 단순히 데이터를 낮은 차원의 벡터로 수치화하는 것을 넘어 서로 관련 있는 데이터가 비슷한 벡터 공간에 위치하도록 하는 역할을 하기 때문입니다. 예를 들어 비슷한 단어의 임베딩 벡터들은 벡터 공간에서 서로 가깝게 위치할 것이고, 이를 통해 컴퓨터가 단어 간의 유사성 같은 관계를 파악하고, 나아가 문맥을 이해할 수 있습니다. 다음 그림처럼 텍스트뿐만 아니라 이미지, 음악, 동영상 등 여러 형식의 데이터도 임베딩 과정을 통해 유사한 데이터가 서로 가까운 벡터 공간에 위치하게 됩니다.

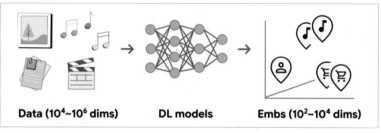

🌀 임베딩 과정과 벡터 공간[1]

위 그림은 데이터가 딥러닝 모델을 거쳐 임베딩 벡터로 변환되어 벡터 공간에 위치한 모습입니다. 음표끼리, 장바구니끼리 모여 있습니다.

생성형 AI에서 임베딩 기술은 사용자 입력을 분석하고, 주어진 입력에 맞게 적절한 출력을 생성하는 데 중요한 역할을 합니다. 사용자가 '윙크하는 강아지 이미지 생성'이라고 입력한 경우 '윙크' '강아지' '이미지' '생성'이라는 단어들이 각각 임베딩을 통해 낮은 차원의 숫자 벡터로 변환되고, 이 벡

---

1 출처: Google Cloud의 Vertex AI Embeddings API + Matching Engine: Grounding LLMs made easy 강의

터들이 생성형 AI 모델이 적절한 이미지를 생성하는 데 도움을 주는 것입니다.

1.3 생성형 AI가 답변을 생성하는 방법

데이터를 낮은 차원의 숫자 벡터로 표현하는 임베딩을 통해 서로 관련 있는 데이터가 비슷한 벡터 공간에 위치하게 되고 이것이 컴퓨터가 우리가 원하는 것, 즉 사용자의 입력을 이해하는 출발점임을 알았습니다. 이번에는 우리가 원하는 것을 이해한 뒤 답변을 생성하는 생성형 AI의 두뇌인 대규모 언어 모델에 대해 알아보겠습니다.

지금의 생성형 AI 열풍에는 대규모 언어 모델Large Language Model(LLM)이 큰 역할을 했습니다. 챗GPT에 사용된 모델 OpenAI GPT 시리즈, 구글의 LaMDA, PaLM, 메타의 LLaMA가 대규모 언어 모델의 예시입니다. 우선 언어 모델이 무엇인지부터 살펴보겠습니다.

언어 모델 원리

언어 모델은 텍스트 데이터를 학습하는 과정에서 데이터의 패턴과 구조를 익히고, 그 결과 주어진 텍스트가 있을 때 다음에 어떤 텍스트가 나오는 게 자연스러운지 예측하는 모델입니다. 마치 영어를 배우는 과정과 비슷합니다. 영어로 작성된 다양한 글을 읽고 들으면서 말이 되는 문장인지, 함께 사용하는 단어는 무엇인지 패턴을 파악할 수 있듯이 언어 모델은 학습 데이터를 통해 언어 패턴을 파악하여 그럴듯하게 말을 할 수 있는 것입니다.

TIPs

언어 모델 원리를 수학적으로 표현하면 데이터를 학습하는 과정에서 문장을 구성하는 단어들이 얼마나 그럴듯한지 확률을 계산해서 통계 모델을 만드는 것입니다. 그리고 이 통계 모델을 이용해서 텍스트 일부가 주어지면 그다음에 올 확률이 높은 텍스트를 생성할 수 있습니다. 핸드폰 문자 메시지의 자동 완성 기능에서 '저는'을 입력하면 자동적으로 다음에 올 '지금/오늘/이제' 같은 텍스트가 제안되는데 이처럼 언어 모델을 아주 고도화된 자동 완성 기능으로 생각할 수도 있습니다.

문자 메시지의 자동 완성 기능

대규모 언어 모델 발전 과정: 순환 신경망부터 GPT까지

언어 모델은 어떻게 대규모 언어 모델로 발전했을까요? 현재 각광받고 있는 대규모 언어 모델은 인공 신경망이라는 딥러닝 기술로 발전했으며 점점 언어 처리 능력이 향상됐습니다. 초창기 신경망 언어 모델의 기반이 되는 순환 신경망Recurrent Neural Network(RNN)부터 챗GPT에 사용되는 GPT 모델에 이르기까지 대규모 언어 모델의 주요 발전 과정에 대해 알아보겠습니다.

순환 신경망(RNN)

순환 신경망은 단어들이 순서대로 나열되어 구성되는 문장처럼 순서가 있는 데이터를 처리하기 위해 개발되었습니다. 순서가 있는 데이터를 차례대로 입력하는 경우 먼저 입력되어 지나가버린 데이터를 함께 참고하는 것이 정확한 예측을 하는 데 도움이 되기 때문에 이미 지나간 입력 데이터를 저장해두는 순환 구조가 있다는 의미로 순환 신경망이라는 이름이 붙었습니다.

초창기 신경망 언어 모델은 이 순환 신경망을 기반으로 합니다. 따라서 문장을 구성하는 단어를 하나씩 순서대로 모델에 입력하고 각 단어가 입력될 때 이미 입력된 이전 단어를 기억하고 있습니다. 기억력이 좋은 덕분에 주어진 데이터의 문맥, 순서와 관계 등 패턴을 이해하면서 신경망을 학습하고 이를 통해 다음에 올 텍스트를 예측할 수 있는 장점이 있습니다. 하지만 사람의 기억력에도 한계가 있듯이 문장의 길이가 길어지면 이전 정보를 잊어버리는 단점이 있습니다.

Seq2Seq(Sequence to Sequence)

순환 신경망 기반 언어 모델은 두 개의 순환 신경망으로 구성된 Seq2Seq 구조로 발전하게 됩니다. Seq2Seq는 인코더와 디코더 두 부분으로 구성되어 있고 인코더와 디코더 각각에 순환 신경망 하나씩을 가지고 있는 구조인데, 인코더는 입력 데이터를 차례차례 학습해가면서 입력 데이터의 모든 정보를 하나의 임베딩 벡터로 압축하는 역할을 하고, 디코더는 인코더에서 생성된 임베딩 벡터를 받아서 이를 바탕으로 다음 텍스트를 예측하는 역할을 합니다. 하지만 Seq2Seq 방식 역시 입력 데이터가 길어질수록 임베딩 벡터로 압축하는 과정에서 잃게 되는 정보가 많아 어텐션 메커니즘이 등장합니다.

어텐션 메커니즘(Attention mechanism)

어텐션_{attention}은 '주의/주목'이라는 뜻으로 어텐션 메커니즘은 주어진 텍스트 다음에 올 텍스트를 생성할 때 전체 입력 데이터를 한꺼번에 보되, 중요한 입력 데이터에 더 많은 주의를 기울이겠다는 것이 핵심입니다. 이때 어떤 부분이 중요해서 더욱 집중할지는 모델 학습 과정에서 알게 됩니다. 이 어텐션 메커니즘 덕분에 2017년 아주 중요한 트랜스포머 구조가 등장합니다.

트랜스포머(Transformer)

트랜스포머를 세상에 알린 논문의 제목은 「Attention is all you need」(어텐션만 있으면 충분합니다)입니다. 어텐션 메커니즘만 있으면 굳이 인코더-디코더 구조에서 차례대로 데이터를 처리할 필요 없이 한꺼번에 입력 데이터를 볼 수 있기 때문에 순환 신경망 구조는 더 이상 필요 없음을 의미합니다(무한히 긴 데이터를 한꺼번에 입력하는 것은 불가능합니다. 이를 컨텍스트 길이 제한이라고 하며 아래에서 살펴봅니다). 트랜스포머가 중요한 이유는 바로 병렬화, 즉 여러 계산을 동시에 수행해서 계산 속도를 높일 수 있게 된 점에 있습니다. 순서대로 차례차례 입력 데이터를 보는 게 아니라 어텐션 메커니즘으로 한 번에 볼 수 있기 때문에 대규모 학습 데이터를 병렬로 계산하는 것이 가능해졌습니다. 따라서 데이터 처리 시간이 대폭 단축됨으로써 대규모 언어 모델이 등장하는 촉매 역할을 했습니다. 현재 대부분 대규모 언어 모델이 트랜스포머 구조를 기반으로 하고 있는 이유이기도 합니다.

1.1절에서 생성형 AI는 방대한 양의 데이터를 학습한 모델이 학습한 내용을 기반으로 답변을 생성해내는 인공지능의 한 종류라고 했는데, 인터넷 등

여러 출처에서 가져온 거대한 양의 데이터를 학습할 수 있는 기반을 마련한 것이 바로 트랜스포머인 것입니다. 2007년 개봉한 영화 〈트랜스포머〉에는 옵티머스 프라임이 인터넷을 통해 지구의 언어를 배웠다고 말하는 장면이 나옵니다. 학습 모델과 영화 제목이 우연의 일치인지 똑같다는 걸 알고 보니 재밌었습니다.

⑤ 월드 와이드 웹, 즉 인터넷으로 지구 언어를 배웠다고 말하는 옵티머스 프라임[2]

BERT와 GPT

마지막으로 트랜스포머를 활용해서 거대한 양의 데이터를 학습한 대규모 언어 모델의 대표 주자인 BERTBidirectional Encoder Representations from Transformers와 GPTGenerative Pre-trained Transformer에 대해 간단히 살펴보겠습니다. 이름에 공통으로 들어간 T는 트랜스포머 모델을 의미하고, 둘 다 언어 모델이라서 주어진 텍스트 기반으로 다음 텍스트를 예측하는 역할을 하는데 모델이 학습하는 방식에는 차이가 있습니다. BERT의 경우 주어진 문장이 있을 경우 중간에 위치한 단어를 가리고 가려진 단어의 앞뒤에 존재하는

---

2 https://getyarn.io/yarn-clip/27e07147-c423-4e16-8c4b-b457218226c8

문맥을 통해 단어를 예측하는 양방향 처리 방식으로 학습을 합니다. 반면, GPT는 주어진 텍스트 끝부분을 가리고 단어를 예측하는 방식으로 학습하기 때문에 다음에 올 텍스트 생성에 강점을 보입니다. GPT가 바로 챗GPT에 사용되는 모델입니다. GPT 모델은 2장에서 살펴보겠습니다.

🌀 파운데이션 모델 개념과 그 한계

대규모 언어 모델이 트랜스포머 구조 덕분에 공부를 많이 해서 똑똑하다는 것은 알았는데 기존 모델과는 어떤 차이가 있을까요. 기존 모델은 특정한 문제를 풀기 위해 잘 정리된 학습 데이터로 학습해야 하고 그 외 새로운 문제를 푸는 것은 불가능에 가깝습니다. 그래서 풀고자 하는 문제가 많아지면 그에 맞게 모델의 개수도 증가해야 합니다. 반면 대규모 언어 모델을 사용할 경우 큰 규모의 범용 언어 모델이 특정한 문제를 염두에 두지 않고 거대한 양의 일반적인 데이터를 미리 학습했기 때문에 다양한 문제 해결에 유연하게 적용할 수 있습니다. 기초가 되는 하나의 모델을 이용해서 다양한 문제를 푼다는 의미에서 대규모 언어 모델을 '파운데이션 모델foundation model'이라고 부르기도 합니다.

그런데 대규모 언어 모델이 모든 일을 만능으로 해낼 수 있는 것은 아닙니다. 대규모 언어 모델이 인터넷의 수많은 지식을 학습한 모델이라는 것을 생각해보면 몇 가지 한계점이 떠오르는데 하나씩 살펴보겠습니다.

최신 정보의 부재

대규모 언어 모델이 데이터를 학습한 시점까지가 모델이 알고 있는 지식의 전부이므로 그 이후 일어난 일에 대해서는 알지 못합니다.

환각 현상

환각hallucination 현상이란 답변을 생성할 때 사실만을 말하는 것이 아니라 그럴듯한 말을 지어내서 틀린 답을 생성하는 것을 말합니다. 학습 데이터가 부족하거나 정제되지 않은 데이터가 학습 데이터에 포함된 경우 환각 현상 원인이 될 수 있습니다.

컨텍스트 길이 제한

컨텍스트 길이란 모델이 한 번에 처리하고 기억할 수 있는 텍스트 길이를 의미합니다. 컨텍스트 길이가 중요한 이유는 모델이 한 번에 더 많은 양의 텍스트를 처리할수록 사용자가 원하는 것에 대한 맥락을 잘 이해해서 더욱 정확한 응답을 할 수 있기 때문입니다. 길이 제한이 있기 때문에 아주 긴 텍스트나 복잡한 주제로 대화하고 싶을 때 모든 정보를 모델에 입력할 수 없는 경우가 있습니다.

출력 편향과 유해성

대규모 언어 모델은 인터넷 등에서 수집한 데이터를 학습했기 때문에 사회에 존재하는 다양한 편견(인종, 나이, 성별 등)을 반영한 답변이나 유해한 답변을 출력할 수 있는 위험이 있습니다. 예를 들어 간호사가 남성인지 여성인지 물어보면 성별에 상관없이 간호사가 될 수 있다는 사실을 왜곡하며 성별에 대한 편견을 보이는 답변을 출력할 수도 있는 것입니다.

이러한 한계가 있지만 한계를 극복할 수 있는 방법이 없는 것은 아닙니다. 2장에서는 챗GPT에 사용되는 GPT 모델이 이러한 대규모 언어 모델의 한계를 극복하기 위해 어떻게 발전했는지 알아봅니다.

지금까지 생성형 AI의 정의와 생성형 AI가 언어를 이해하고 답변을 생성하는 방법에 대해 알아보았습니다. 요약하면 다음과 같습니다.

- 생성형 AI는 대규모 데이터를 학습한 모델이 학습한 내용을 바탕으로 사용자가 원하는 콘텐츠를 생성하는 인공지능의 한 종류입니다.

- 데이터를 낮은 차원의 숫자 벡터로 표현하는 임베딩을 통해 서로 관련 있는 데이터가 비슷한 벡터 공간에 위치하게 되고, 이것이 생성형 AI가 우리가 원하는 것을 이해하는 첫걸음입니다.

- 언어 모델은 학습 데이터를 통해서 데이터 패턴을 익힌 뒤 주어진 텍스트가 있을 때 다음에 올 텍스트를 예측하는 역할을 합니다.

- 트랜스포머 모델 등장으로 방대한 양의 학습 데이터를 병렬로 계산할 수 있게 되면서 대규모 언어 모델이 등장했습니다.

- 이를 통해 방대한 양의 데이터를 미리 학습한 대규모 범용 언어 모델(파운데이션 모델)을 이용해서 다양한 문제를 해결하는 새로운 방식이 등장했습니다.

- 하지만 대규모 언어 모델이 모든 일을 만능으로 해낼 수 있는 것은 아니며 최신 정보 부재, 환각 현상, 컨텍스트 길이 제한, 출력 편향과 유해성 같은 한계가 존재합니다.

## CHAPTER 2

챗GPT가 점점 더
똑똑해진 이유

트랜스포머 구조 덕분에 방대한 양의 학습 데이터를 병렬로 계산할 수 있게 되면서 챗GPT에 사용되는 GPT 모델과 같은 대규모 언어 모델이 등장할 수 있었습니다. 2장에서는 출시하자마자 세상을 떠들썩하게 만든 챗GPT의 두뇌, GPT 모델 발전 과정을 살펴보겠습니다.

2.1 세상을 놀라게 한 챗GPT: GPT-1부터 GPT-3.5까지

OpenAI에서 개발한 GPT 모델은 GPT-1(2018년) 이후 GPT-2(2019년), GPT-3(2020년), GPT-3.5(2022년), GPT-4(2023년), GPT-4o 및 소형 모델 GPT-4o mini(2024년)까지 출시되어 있습니다. GPT-1, 2, 3의 경우 모델 구조나 인터넷에서 수집한 대규모 데이터를 이용해 다음 텍스트를 예측하도록 학습하는 방식은 모두 동일한데, 단지 모델 파라미터(함수의 특성을 결정하는 변수) 수와 학습 데이터양이 점점 커졌을 뿐입니다.

가장 먼저 챗GPT에 사용된 모델은 GPT-3가 개선된 GPT-3.5입니다.[1] 여기서 한 가지 궁금증이 생깁니다. 1장에서 GPT와 같은 대규모 언어 모델은 대규모 데이터를 학습한 모델이 주어진 텍스트가 있을 때 다음에 올 텍스트를 예측하는 역할을 한다고 이해했습니다. 그런데 GPT-3.5 모델 기반 챗GPT는 단순히 다음 텍스트 예측을 넘어 예시처럼 우리가 입력한 질문에 답을 하고, 지시하는 일에 대한 답도 척척 생성합니다.

---

1 https://openai.com/index/chatgpt/

GPT 3.5가 질문에 답을 출력하는 예

블랙홀의 형성 과정에 대해 초등학생을 대상으로 쉽게 설명해주세요.

사용자

챗GPT
3.5

알겠어요! 블랙홀의 형성 과정을 초등학생들에게 설명해볼게요.

우주에는 매우 무거운 별이 있습니다. 이런 별들은 엄청난 무게 때문에 자기 자신을 계속해서 눌러요. 그런데 별 안에서는 항상 열기와 압력이 발생하는데요, 이게 별이 폭발하지 않고 안정되어 있는 이유 중 하나입니다.

하지만 별 안에서도 폭발할 수 있는 상황이 있어요. 그것이 바로 별이 연료를 다 사용한 후입니다. 별은 수소와 헬륨 같은 연료를 태워서 빛과 열을 내는데, 이 연료가 다 소진되면 별은 폭발하면서 죽게 됩니다.

이때 무거운 별의 중심은 자기 자신을 계속해서 눌러요. 이 눌림이 너무 강하면 별은 더 이상 폭발하지 않고 별 중심부가 매우 작고 무겁게 눌려서 모든 빛과 물질을 흡수하는 블랙홀이 되어요. 이렇게 되면 블랙홀 주변에 있는 모든 것은 블랙홀 안으로 빠져들어 나오지 못해요. 그래서 우리는 블랙홀에서 나오는 빛도 볼 수 없고, 무엇이든 블랙홀 안으로 사라진다고 생각해요.

그래서 블랙홀은 우주에서 가장 놀라운 것 중 하나라고 할 수 있어요!

챗GPT가 사용자의 지시를 따르는 원리는 무엇일까요? 바로 지시 조정과 인간의 피드백을 이용한 강화 학습 과정 덕분입니다.

 지시 조정

지시 조정instruction tuning이란 모델이 사용자의 지시를 이해하고 그에 맞게 적절한 답을 할 수 있도록 조정하는 과정을 의미합니다. 이를 위해 사용자의 질문이나 지시, 요구사항을 포함한 입력과 이에 대한 적절한 답변으로 구성된 데이터셋으로 방대한 데이터 학습을 마친 대규모 언어 모델을 미세 조정합니다. 지시 조정을 위한 데이터의 예시로 사용자의 입력이 "다음 기사를 간단하게 요약해 주세요"와 함께 주어지는 기사, 그리고 이 입력에 대한 적절한 답변으로 정확히 요약된 기사가 주어지는 경우를 생각해볼 수 있습니다. 이러한 지시 조정 과정을 통해 대규모 언어 모델이 사용자 의도에 맞는 답을 생성할 수 있게 됩니다.

미세 조정이란 무엇일까요?

미세 조정fine tuning이란 풀고자 하는 문제에 맞는 적은 양의 추가 학습 데이터(수백, 수천 개)를 마련해서, 미리 학습된 대규모 언어 모델의 파라미터를 업데이트하는 것을 의미합니다. 특정한 형식으로 결과를 출력하고 싶은 경우(예: 코드 생성), 특정 분야의 전문 지식을 모델에게 주입하고 싶은 경우(예: 법률, 재무, 의료 등 특정 전문 분야에 대한 답변 생성) 등에 미세 조정을 사용하면 모델이 주어진 문제에 대해 더욱 향상된 성능을 보입니다.

인간의 피드백을 이용한 강화 학습

인간의 피드백을 이용한 강화 학습Reinforcement Learning from Human Feedback(RLHF)이란 지시 조정을 통해 생성된 답변의 품질을 높이기 위한 방법으로, 사람이 생성 답변의 유용성과 안전성에 초점을 맞춘 점수를 직접 매겨 어떤 답변이 더 좋은지 그 선호도에 대한 피드백을 추가하는 과정입니다. 이 과정에서 모델이 편견이 포함된 답변이나 유해한 답변을 생성하지 않도록 학습시킬 수 있습니다. 이러한 답변 생성과 답변 품질에 대한 피드백 과정을 통해 모델이 더 높은 점수를 받을 수 있는 답변을 생성하도록 추가 학습이 진행되어 더욱 유용하고 안전한 답을 할 수 있습니다.

이렇게 지시 조정과 인간의 피드백을 이용한 강화 학습으로 더욱 강력해진 챗GPT의 GPT-3.5 모델은 대화 형식으로 사용자와 상호작용을 하면서 사용자 의도에 맞는 놀라운 답변 능력으로 세상에 충격을 주었고 단기간에 수많은 사용자를 가입시킨 일등공신입니다. 뒤이어 2023년 GPT-4 모델이, 2024년 GPT-4o 모델과 GPT-4o mini 모델이 추가로 공개되었습니다. 특히 GPT-4o mini 모델은 비용 효율이 높은 소형 모델로, 기존의 GPT-3.5 모델보다 저렴한 비용으로 훨씬 뛰어난 성능을 보여 GPT-3.5 모델을 대체하게 되었습니다.[2] 글을 작성하고 있는 2024년 8월을 기준으로 챗GPT 유료 버전인 챗GPT 플러스로 업그레이드하면 다음 그림과 같이 GPT-4o, GPT-4o mini, GPT-4 모델을 골라서 사용할 수 있으며, 무료 사용자의 경우 기본적으로 GPT-4o mini 모델을 사용하게 되며, 사용할 수 있는 횟수나 시간이 제한된 상태로 GPT-4o 모델을 사용할 수도 있습니다.

챗GPT 플러스를 사용하면 고를 수 있는 모델 목록

---

2 https://openai.com/index/gpt-4o-mini-advancing-cost-efficient-intelligence/

OpenAI는 일반적인 문제에서 GPT-3.5와 GPT-4의 성능 차이는 크지 않지만 복잡한 추론이 필요한 문제의 경우 GPT-4 성능이 훨씬 더 뛰어나다고 2023년 GPT-4 모델을 공개하며 안내한 바 있습니다. 그런데 2024년 8월 어느덧 GPT-4 모델이 레거시 모델이 되었습니다. 현재 GPT-4o 모델이 복잡한 작업에 안성맞춤이며 가장 성능이 뛰어난 모델로 소개되고 있는 것을 알 수 있습니다. 이어서 GPT-4, GPT-4o에 대해 알아보면서 어떤 개선점들이 좋은 성능을 가능하게 했는지 살펴보겠습니다.

2.2 보고, 듣고, 말하는 챗GPT: GPT-4

GPT-4 모델의 경우 대규모 언어 모델 경쟁이 가속화된 탓인지 이전 GPT 시리즈와는 다르게 모델 크기나 정확한 구조, 학습 방법, 데이터셋 구성에 대한 정보가 공개되지 않았습니다. 정확한 정보는 공개되지 않았지만 기존 GPT 시리즈와 마찬가지로 트랜스포머 기반으로 대규모 데이터셋을 이용해 다음에 올 텍스트를 예측하도록 학습되었다는 것이 알려져 있고, 기존 발전 경향과 마찬가지로 모델의 파라미터 수가 더 커지고, 더 많은 데이터로 학습된 것으로 추정합니다. GPT-3.5 모델에 비해 어떤 점이 달라졌는지 살펴보겠습니다.

🟢 이미지 입력

GPT-3.5 모델 기반 챗GPT 3.5는 텍스트만 입력할 수 있었는데 GPT-4 모델 기반 챗GPT 4는 텍스트뿐만 아니라 이미지까지 입력할 수 있습니다. 이미지와 관련된 질문이나 지시에 대한 답이나 이미지 내용 설명을 텍스트로 출력하는 것이 가능해졌습니다. 다음 예시처럼 사용자가 자전거 사진을 업로드하고 이상한 소리가 나는 부분을 표시한 뒤 "자전거의 이 부분에서 이상한 소리가 납니다. 무슨 문제인가요?"와 같은 메시지를 입력하면 GPT-4 모델이 입력된 텍스트와 이미지를 동시에 이해한 뒤 텍스트 답변을 출력할 수 있는 능력이 생긴 것입니다.

GPT GPT-4 모델 기반 챗GPT에게 텍스트와 이미지를 입력했을 때 나온 답변
(https://openai.com/chatgpt)

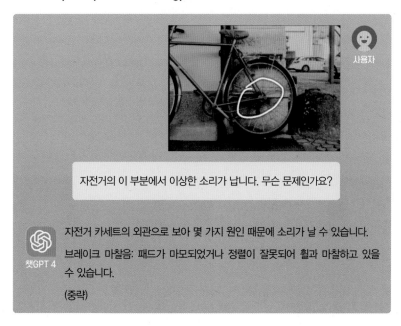

이렇게 텍스트와 이미지처럼 다른 형태의 데이터를 함께 다룰 수 있는 모델을 멀티 모달 모델이라고 하는데, 이것이 텍스트만 입력할 수 있던 기존 챗GPT 3.5 대비 가장 크게 달라진 점입니다. 그렇다면 GPT-4 모델은 어떻게 입력된 이미지를 이해해서 사용자와 대화할 수 있는 것일까요?

트랜스포머 기반 대규모 언어 모델은 방대한 양의 텍스트 데이터를 학습해서 주어진 텍스트가 있을 때 다음에 올 텍스트를 예측하는 역할을 한다고 했습니다. 이것을 엄밀하게 이야기하면 주어진 텍스트 토큰token(단어 또는 단어의 일부와 같은 작은 텍스트 조각)이 있을 때 다음에 올 텍스트 토큰을 예측할 수 있도록 학습된 것이며, 이러한 학습 과정을 통해 텍스트 데이터의 문맥, 순서, 관계 등 패턴을 배우게 되고 이로써 입력된 텍스트에 대해 대화를 할 수 있는 것입니다.

GPT-4 모델이 입력된 이미지에 대해 대화할 수 있는 원리도 기존 텍스트 생성 모델 원리와 크게 다르지 않습니다. 다만 기존의 방대한 텍스트 데이터 대신 이미지와 해당 이미지를 설명하는 텍스트로 구성된 방대한 양의 이미지+텍스트 데이터를 이용해서 학습하게 됩니다.

이때 텍스트뿐만 아니라 이미지 입력이 추가되었기 때문에 주어진 이미지를 작은 이미지 조각으로 분할한 뒤 쭉 펴서 이미지 토큰으로 만드는 과정이 추가로 필요합니다. 그 후 주어진 텍스트 토큰과 이미지 토큰 사이의 관계를 학습하면서 이미지 특정한 부분이 어떤 텍스트와 연결되어 무슨 의미를 갖는지 텍스트와 이미지 사이의 관계와 이미지 조각들 간의 관계를 파악하게 됩니다. 이런 식으로 텍스트에 대응하는 이미지 전체의 정보를 이해하게 되고, 이를 통해 사용자가 이미지를 업로드하고 텍스트로 질문을 하면 이 텍스트와 이미지를 동시에 고려한 적절한 답을 하며 대화를 이어갈 수 있는 것입니다.

🟢 컨텍스트 길이 증가

GPT-4 모델은 GPT-3.5 모델 대비 한 번에 처리하고 기억할 수 있는 단어 수인 컨텍스트 길이가 증가했습니다. 덕분에 챗GPT에 긴 글을 입력한 뒤 이에 대해 질문하거나 복잡한 주제로 대화를 나누고 싶을 때 사용자가 더 많은 정보를 담아 자세한 지시를 입력함으로써 환각 현상을 감소시켜 출력 답변 정확도를 향상시켰습니다.

🌀 최신 정보 학습과 더 안전하고 유용한 답변 생성

GPT-4 모델은 2023년 4월까지의 정보를 학습하여 GPT-3.5 모델이 2021년 9월까지의 데이터로 학습한 것 대비 최신 정보로 업데이트되었습니다. 또한 GPT-3.5 모델에서도 사용되었던 인간의 피드백을 이용한 강화 학습 및 GPT-3.5 모델의 사용자 모니터링 결과를 활용해서 GPT-4 모델 성능이 더욱 개선되었습니다. 특히 인간의 피드백을 이용한 강화 학습 과정에서 추가로 사용자 입력의 안전성을 평가한 결과에 따른 안전성 보상 신호를 도입하여 유해한 답변을 요청하는 경우에는 답하지 않고 거부하도록 학습함으로써 안전한 답변을 생성할 수 있도록 했습니다. 이에 따른 내부 평가 결과 GPT-3.5 모델 대비 GPT-4 모델은 허용되지 않은 요청에 답변할 확률이 82% 감소하였고 사실에 입각한 답변을 제공할 확률은 40% 증가했다고 보고되어 있습니다.

이쯤에서 1장에서 살펴본 대규모 언어 모델의 한계를 복습하겠습니다. 최신 정보 부재, 환각 현상, 컨텍스트 길이 제한, 출력 편향과 유해성이라는 한계가 존재한다고 했는데 이러한 한계를 개선하기 위해 GPT-3.5가 GPT-4로 진화했다는 것이 연결됩니다.

이렇게 짧은 시간 동안 대규모 언어 모델의 한계를 극복하기 위해 많은 발전을 했지만, 그럼에도 불구하고 여전히 환각 현상 및 추론 오류로 인해 챗 GPT가 생성한 답을 완전히 신뢰할 수는 없다고 OpenAI에서 밝히고 있습니다. 챗GPT 대화창 아래에도 챗GPT는 실수할 수 있으니 중요한 정보는 확인하라고 알리고 있습니다. 그러므로 정확한 정보가 필요한 경우에는 유의해서 사용해야 하며, 최신 정보 부재와 환각 현상을 대비해서 5장에서 살펴볼 인터넷 검색 기능을 활용하는 것이 도움이 될 수 있습니다.

🌀 챗GPT 대화창 아래 적힌 답변 주의 알림

또한 답변에 사회적 편견이 포함될 수도 있는 점이나 악의적인 질문에 대한 유해한 답변이 생성될 수도 있다는 한계 역시 여전히 존재합니다. 이미지 입력에서 텍스트나 기호를 제대로 인식하지 못하거나 공간 정보를 제대로 파악하지 못하는 등의 한계도 있습니다. 지금의 놀라운 발전 속도를 보면 이러한 한계점을 극복하기 위해 또 어떤 발전이 있을지 벌써부터 기대가 됩니다.

이제 이번 절의 제목인 보고, 듣고, 말하는 챗GPT에 대해 생각해보겠습니다. GPT-4 모델의 이미지 입력 기능을 통해 챗GPT가 '보는' 능력을 갖게된 것은 이미 살펴봤습니다. 그러면 '듣고, 말하는' 능력은 어떻게 갖게 된 것일까요. 듣고 말하는 음성 대화 기능은 GPT-4 모델과 직접 관련이 있는 것은 아니지만, 다음 절에서 살펴볼 GPT-4o 모델 발전 과정을 이해하는 데 필요하기 때문에 여기에서 음성 대화 기능을 살펴보겠습니다.

🟢 음성 대화

음성 대화 기능은 2023년 9월 챗GPT 플러스에 통합된 뒤 무료 사용자에게까지 확대되어 챗GPT가 보고, 듣고, 말하는 것이 가능해졌습니다.[3] 음성 대화 기능을 통해 사용자가 텍스트를 입력하는 대신 음성으로 대화할 수 있게 되었는데, 이것은 사용자가 챗GPT에 음성으로 메시지를 입력하는 것과 챗GPT가 생성한 답을 음성으로 출력하는 두 가지 과정 덕분에 가능합니다.

음성 입력

사용자가 입력한 음성을 이해하는 것, 즉 챗GPT가 '듣는' 능력에 해당합니다. 이것이 가능한 이유는 오디오를 텍스트로 변환하는 음성 인식 모델인 Whisper 모델을 이용해서 사용자가 말한 음성을 텍스트로 변환하여 챗GPT에 입력해주는 단계가 추가되었기 때문입니다.

음성 출력

사용자 입력에 맞게 적절한 답변을 음성으로 생성하는 것, 즉 챗GPT가 '말하는' 능력에 해당합니다. 음성 입력의 경우와 비슷하게 챗GPT가 생성한 텍스트 답변을 text-to-speech(TTS), 즉 텍스트를 음성으로 변환하는 모델을 이용해 음성으로 합성하여 출력하는 단계가 추가됨으로써 가능한 기능입니다.

챗GPT 목소리를 원하는 음성으로 설정할 수도 있고 다양한 언어를 인식할 수 있어서 언어를 넘나들며 대화할 수도 있습니다. 이 기능을 요리 중이

---

3 https://openai.com/index/chatgpt-can-now-see-hear-and-speak/

나 운전 중일 때처럼 멀티태스킹이 필요할 때 유용하게 사용할 수 있고, 언제든 상담할 수 있는 상담사나 다음 예시처럼 언제든 대화할 수 있는 원어민 선생님처럼 활용할 수도 있습니다. 영어뿐만 아니라 한국어도 자연스럽게 잘하고 음성 대화가 끝나면 텍스트 스크립트가 남아 있어 복습도 가능합니다.

GPT GPT-3.5 또는 GPT-4 모델 기반 챗GPT와 음성으로 대화

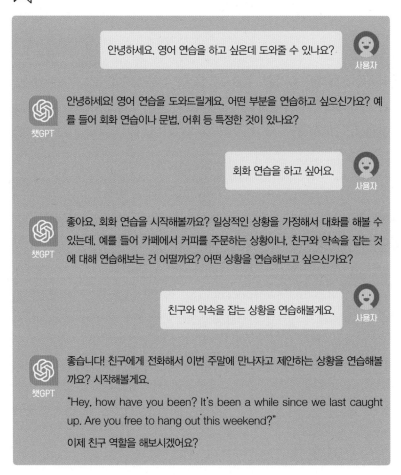

안녕하세요. 영어 연습을 하고 싶은데 도와줄 수 있나요?
사용자

챗GPT
안녕하세요! 영어 연습을 도와드릴게요. 어떤 부분을 연습하고 싶으신가요? 예를 들어 회화 연습이나 문법, 어휘 등 특정한 것이 있나요?

회화 연습을 하고 싶어요.
사용자

챗GPT
좋아요, 회화 연습을 시작해볼까요? 일상적인 상황을 가정해서 대화를 해볼 수 있는데, 예를 들어 카페에서 커피를 주문하는 상황이나, 친구와 약속을 잡는 것에 대해 연습해보는 건 어떨까요? 어떤 상황을 연습해보고 싶으신가요?

친구와 약속을 잡는 상황을 연습해볼게요.
사용자

챗GPT
좋습니다! 친구에게 전화해서 이번 주말에 만나자고 제안하는 상황을 연습해볼까요? 시작해볼게요.

"Hey, how have you been? It's been a while since we last caught up. Are you free to hang out this weekend?"

이제 친구 역할을 해보시겠어요?

Yeah, sounds good. When is a good time for you?

 Great! How about Saturday afternoon? We could grab some coffee and go for a walk in the park, if the weather is nice.

이제 다시 친구 역할로 대답해주세요.

Sorry, I have plans already. How about Sunday afternoon?

 Sunday afternoon works for me too. Let's meet at the central park café around 2 PM. Does that sound good to you?

이제 다시 친구 역할로 대답해주세요.

That works. Looking forward to it!

 Awesome! Me too. I'll see you on Sunday at 2 PM. Have a great week until then!

이렇게 대화 연습을 해보셨는데, 어떠셨나요? 다른 상황도 연습해보고 싶으시면 언제든지 말씀해주세요!

오늘 대화 내용 중 틀린 부분이나 개선할 점이 있는지 피드백을 해주세요.

 오늘 연습한 대화에서 사용한 영어는 자연스럽고 일상적인 표현들로 잘 구성되어 있었습니다. 특별히 큰 오류는 없었지만, 몇 가지 작은 제안을 드릴 수 있겠네요:

시간 제안 시 표현: "How about Saturday afternoon?" 대신에 좀 더 구체적으로 시간을 제안할 수 있습니다. 예를 들어, "How about meeting up at 3 PM on Saturday?" 이렇게 말하면 더 명확하게 약속을 잡을 수 있습니다.

응답 시에는 "That works."보다는 좀 더 풍부한 표현을 사용할 수 있습니다. 예를 들어 "Sunday afternoon sounds perfect! I'm looking forward to catching up." 처럼요.

종결 인사: 마지막 인사에서 "Have a great week until then!"는 좋은 표현입니다. 추가로, "Let me know if anything changes." 같은 문장을 덧붙여 상황에 변동이 있을 때 연락을 유도하는 것도 좋은 습관입니다.

이외에도 대화 연습을 계속하면서 자신감을 더욱 키우고, 다양한 표현을 시도해보는 것이 도움이 될 것입니다. 계속해서 연습하며 자연스러운 대화 능력을 향상시키시길 바랍니다!

2024년 5월에 공개된 GPT-4o 모델은 음성 대화 기능에서 특히 큰 혁신을 가져왔습니다. GPT-4o 모델에 대해 자세히 살펴보겠습니다.

2.3 실시간으로 보고, 듣고, 감정을 이해하고 감정을 실어서 말하는 챗GPT: GPT-4o

인공지능 서비스인 사만다와 사랑에 빠지는 남자에 대한 이야기인 영화 〈Her〉가 다시금 회자되고 있습니다. GPT-4o 모델의 능력을 보여주는 데모 영상[4]으로 마치 이 영화가 현실화된 듯한 느낌이라는 후기가 많습니다. 실시간으로 보고, 듣고, 감정을 이해할 뿐만 아니라 감정을 실어서 말하는 것까지 가능해져서 챗GPT가 아니라 마치 사람과 대화하는 것 같기 때문입니다.

GPT-4o 모델의 핵심은 오디오, 비전(이미지, 비디오), 텍스트를 실시간으로 추론해서 인간과 챗GPT 상호작용이 훨씬 더 자연스러워졌다는 것입

---

4 https://openai.com/index/hello-gpt-4o/

니다. GPT-4o에서 o는 옴니_{omni}, '모든'을 의미합니다. 기존 모델과는 달리 텍스트, 오디오, 이미지, 비디오의 모든 조합을 입력으로 받아들이고 텍스트, 오디오, 이미지의 모든 조합을 출력으로 생성할 수 있다는 것을 강조하기 위한 이름이라고 생각합니다.

우선 사용자 음성을 들은 뒤 실시간으로 그 음성에 담긴 감정을 이해하고, 감정을 실어서 대답할 수 있는 자연스러운 음성 대화 기능에 대해 살펴본 뒤 실시간으로 보는 기능에 대해 살펴보겠습니다.

자연스러운 실시간 음성 대화

기존 음성 대화 기능의 문제

앞에서 살펴보았듯이 챗GPT가 우리의 말을 듣고 답변하는 음성 대화 기능은 GPT-3.5와 GPT-4 같은 기존 모델에서도 가능했습니다. 그런데 문제는 음성 대화를 할 때 평균적으로 약 3~5초가량 지연 시간이 발생하고, 대화 중간에 끼어들 수도 없어 자연스럽게 대화를 나누기에는 부족한 점이 많았습니다. 그 이유는 다음의 음성 대화 원리를 살펴보면 알 수 있습니다. 기존 GPT-3.5, GPT-4 모델의 경우 음성 대화 기능이 다음처럼 세 가지 모델로 구성된 파이프라인으로 작동합니다.

1 음성 입력을 텍스트로 변환: 사용자가 말한 음성을 텍스트로 변환해서 챗GPT에 입력하는 단계

2 텍스트 답변 생성: 챗GPT가 1단계의 텍스트 입력을 받아서 GPT-3.5나 GPT-4 모델을 통해 텍스트 답변을 생성하는 단계

3 생성된 답변을 음성으로 출력: 2단계의 텍스트 답변을 음성으로 변환하는 모델을 이용해 음성으로 합성해서 출력하는 단계

이 방식을 사용하면 GPT-3.5나 GPT-4가 답변을 생성하는 2단계에서 이미 많은 정보가 사라지게 됩니다. 예를 들어 사람이 어떤 톤으로 말을 하는지, 몇 명의 사람이 이야기하는지, 어떤 감정을 담아 이야기하고 있는지, 배경에서 어떤 소음이 들리는지 같은 정보가 텍스트 변환 과정에서 사라지게 되는 것입니다. 그렇다면 GPT-4o는 어떤 식으로 작동하길래 이러한 정보를 이해할 수 있을까요.

GPT-4o 모델의 자연스러운 실시간 음성 대화 원리

GPT-4o는 텍스트, 비전(이미지, 비디오), 오디오의 모든 입력과 출력이 단일한 멀티 모달 모델에 의해 처리된다는 것이 핵심입니다. 오디오를 형식 변환 없이 그 자체로 이해하기 때문에 기존 방식에서 사라지던 정보, 말하는 톤과 감정, 배경 소음이나 웃음소리 같은 맥락을 이해할 수 있는 것입니다. 그 결과 인간의 반응 시간과 유사하게 실시간으로 음성 대화 나누기, 사람과 대화하듯이 중간에 말을 끊고 끼어들기, 사용자 음성에 내포되어 있는 감정을 이해하고, 적절한 감정과 톤으로 상황에 맞게 자연스럽게 말하는 것이 가능해졌습니다.

오픈 AI에서 공개한 데모 영상[5]을 보면 정말 기가 막힙니다. 슬픈 목소리, 기쁜 목소리 등으로 감정을 실어서 말하는 것은 물론이고 실시간 통역, 자장가나 생일 축하 노래 불러주기, 빨리 말하기, 비꼬듯이 말하기 등 다양한 감정과 톤의 음성으로 자연스럽게 대화가 가능합니다.

---

5 https://openai.com/index/hello-gpt-4o/

실시간으로 카메라가 비추는 화면이나 컴퓨터 화면을 보고 대화

다음으로 실시간으로 보는 기능에 대해 알아보겠습니다. 기존 GPT-4 모델에도 이미 사용자가 업로드한 이미지를 '보는' 기능이 있었습니다. 그런데 GPT-4o 모델은 이미지 입력을 이해하는 것뿐만 아니라 실시간으로 보이는 비디오 입력도 이해할 수 있게 되었습니다. 즉, 실시간으로 내 카메라의 화면을 이해해서 마치 영상 통화를 하듯이 대화할 수 있는 것입니다. 또한 새롭게 출시된 데스크톱 앱을 이용해서 실시간으로 내 컴퓨터 화면을 보면서 대화하는 것도 가능해질 예정입니다(집필 시점 기준 데스크톱 앱은 맥 OS용만 출시).

이러한 기능으로 챗GPT에게 수학 문제를 카메라로 보여주고 문제 풀이 도움을 받거나, 챗GPT가 시각장애인 사용자에게 스마트폰 카메라를 통해 실시간으로 주변에 대한 설명을 하는 역할도 가능합니다. 화면에 비치는 사용자가 슬퍼 보이면 챗GPT가 이 감정을 감지해서 위로해주고, 기뻐 보이면 함께 즐거워하는 것도 가능할 것입니다. 마치 영화 〈Her〉의 인공지능 사만다처럼 말이죠. 컴퓨터 화면을 보고 대화하는 기능을 통해서 화상 미팅 후 미팅 내용 요약을 챗GPT에게 요청함으로써 누가 어떤 말을 했는지 잘 구분된 요약본을 순식간에 생성할 수 있습니다. 화면에 있는 그래프를 분석해서 설명하거나, 작성하고 있는 코드에 대해서 설명하는 등의 도움을 줄 수도 있을 것입니다.

GPT-4o의 텍스트와 이미지 입력 기능은 이미 챗GPT에 통합되어 있고, 2024년 가을 말까지 새로운 음성 기능이 알파 버전(챗GPT에 통합하기 전 테스트용으로 먼저 배포하는 버전)으로 유료 사용자에게 우선 제공될 예정입니다. 다만 비디오 입력에 대해 상호작용하는 기능은 일부 신뢰할 수 있는 소규모의 파트너 그룹에게 먼저 지원한다고 하니 일반 사용자는 더 기다려야 써볼 수 있을 것 같습니다.

이렇게 GPT-4o 모델 덕분에 챗GPT와 자연스러운 대화가 가능해졌는데 그 성능은 어떨까요. OpenAI에서 공개한 자료에 따르면 영어 텍스트, 추론, 코딩 분야에서는 GPT-4o 이전 최신 모델 수준의 성능을 보이고, 영어가 아닌 텍스트(50개 이상의 언어), 이미지 및 오디오 이해 분야에서는 훨씬 성능이 개선되었다고 보고하고 있습니다. 속도까지 더 빨라졌다고 하니 사용하지 않을 이유가 없습니다.

2장에서는 챗GPT의 두뇌인 GPT 모델의 발전 과정을 알아보았습니다. 요약하면 다음과 같습니다.

- 챗GPT에 가장 먼저 사용된 GPT-3.5 모델은 사용자 텍스트 입력에 맞게 텍스트 답변을 출력할 수 있는데 지시 조정 과정을 통해 사용자 의도에 맞는 답변을 생성하게 되고, 인간의 피드백을 이용한 강화 학습을 통해 더 좋은 품질의 답변을 생성하게 됩니다.

- GPT-4 모델은 이미지 입력이 가능해지면서 사용자 텍스트와 이미지 입력을 동시에 이해한 뒤 텍스트 답변을 출력하는 것이 가능해졌고, GPT-3.5 모델에 비해 컨텍스트 길이가 증가했고, 최신 정보를 학습했으며, 더 안전하고 유용한 답변 생성이 가능합니다.

- GPT-4o 모델 등장으로 기존 음성 대화 기능의 단점이 대폭 개선되어 자연스러운 실시간 음성 대화를 할 수 있고, 실시간 비디오 입력까지 받아들이면서 마치 사람과 대화하듯이 자연스럽게 실시간으로 보고, 듣고, 말하는 것이 가능해졌습니다. 또한, 저렴한 비용과 빠른 처리 속도를 내면서도 좋은 성능을 보이는 소형 모델인 GPT-4o mini 모델이 공개되어 기존의 GPT-3.5 모델을 대체하게 되었습니다.

## CHAPTER 3

챗GPT의 화가,
DALL·E 이야기

챗GPT 두뇌인 GPT 모델의 발전 덕분에 챗GPT가 실시간으로 보고, 듣고, 감정을 이해하고 감정을 실어서 말하는 것이 가능해졌다고 했습니다. 그런데 챗GPT에게는 또 다른 놀라운 기능이 있습니다. 바로 사용자가 원하는 이미지를 텍스트로 설명하면 이를 이해한 뒤 적절한 이미지를 생성하는 기능입니다. 이를 위해 챗GPT에 통합되어 있는 모델은 DALL·E 3 모델입니다. DALL·E는 화가 살바도르 달리와 픽사 애니메이션 〈월-E〉를 합친 이름입니다. DALL·E 모델 덕분에 다음 예시처럼 사용자가 텍스트로 원하는 이미지를 생성할 수 있습니다.

[GPT] DALL·E 3 모델이 통합된 챗GPT에 텍스트로 원하는 이미지를 요청한 대화 (https://openai.com/chatgpt)

이번 장에서는 DALL·E 모델이 어떻게 DALL·E 3 모델로 발전했는지, 그리고 어떻게 사용자 입력에 딱 맞는 이미지를 생성할 수 있는지 작동 원리에 대해 알아봅니다.

3.1 텍스트에 딱 맞는 이미지를 생성하는 DALL·E

2021년 발표된 DALL·E부터 살펴봅시다. 다음은 1)위쪽의 고양이와 똑같은 스케치를 아래쪽에 그리라는 텍스트를 입력했을 때와 2)아보카도 모양의 안락의자를 그리라는 텍스트를 입력했을 때 각각 DALL·E가 생성한 결과물입니다.

DALL·E가 생성한 이미지(https://openai.com/research/dall-e)

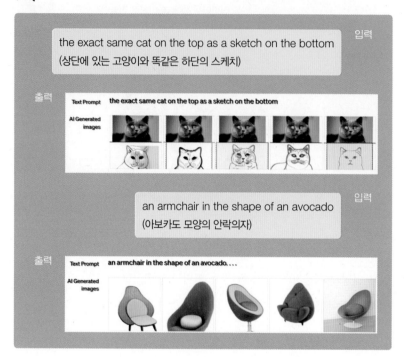

이런 이미지는 어떻게 생성할 수 있을까요. DALL·E는 2장에서 살펴본 GPT-3 모델을 기반으로 하는데 다만 입출력 데이터의 형태가 바뀌었습니다. GPT-3 모델이 수많은 텍스트 데이터를 이용해서 주어진 텍스트 토큰이 있을 때 다음에 올 텍스트 토큰을 예측할 수 있도록 학습된 것과 마찬가지로, DALL·E는 이미지와 해당 이미지를 설명하는 텍스트로 구성된 방대한 양의 이미지와 텍스트 데이터를 이용해서 주어진 텍스트 토큰과 이미지 토큰이 있을 때 다음에 올 이미지 토큰을 예측할 수 있도록 학습되었습니다(2장에서 살펴본 GPT-4 모델은 이미지 토큰을 입력 받기만 하고 출력은 하지 않기 때문에 사용자가 입력한 이미지에 대해 텍스트로 답변할 수 있고, DALL·E는 이미지 토큰을 출력해서 이미지를 생성한다는 차이가 있습니다). 이러한 학습 과정으로 DALL·E는 주어진 텍스트와 지금까지 예측한 이미지 토큰을 고려해서 다음에 올 이미지 토큰을 생성할 수 있고, 이를 통해 사용자가 입력한 텍스트에 잘 맞는 이미지를 생성할 수 있는 것입니다.

3.2 디퓨전 모델을 이용해 더 사실적이고 정확한 이미지를 생성하는 DALL·E 2

2022년 공개된 DALL·E 후속작인 DALL·E 2의 경우 DALL·E와는 다른 방식으로 작동하며 DALL·E보다 훨씬 사실적이고 정확한 이미지를 생성합니다. 특히 텍스트에 맞는 이미지 생성뿐만 아니라 원래 이미지를 확장해서 채우는 아웃페인팅, 기존 이미지를 편집하는 인페인팅, 주어진 이미지와 비슷하지만 약간 변형된 이미지를 만드는 기능까지 뛰어난 성능을 자랑합니다. 어떻게 작동하는지 그 원리를 살펴보기 전에 이러한 기능의 예시먼저 보겠습니다.

 이미지 생성(https://openai.com/dall-e-2)

입력

An astronaut riding a horse in photorealistic style.
(사실적인 스타일로 그려진 말을 타는 우주비행사.)

출력

아웃페인팅 - 기존 이미지 확장해서 채우기(https://openai.com/dall-e-2)

입력   출력

GPT 인페인팅 - 기존 이미지 편집하기(https://openai.com/dall-e-2)

GPT 변형(https://openai.com/dall-e-2)

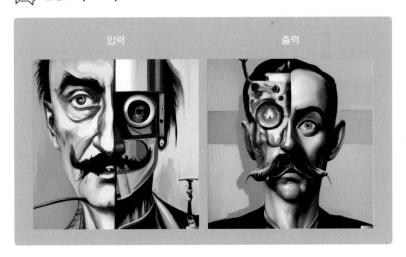

성능이 훨씬 좋아진 것을 확인할 수 있습니다. DALL·E 2의 작동 방식을 크게 나누면 다음 두 단계로 이루어집니다.

1 주어진 텍스트가 있을 때 관련된 CLIP 이미지 임베딩 얻기

1장에서 데이터를 낮은 차원의 숫자 벡터로 표현하는 임베딩 과정으로 서로 관련 있는 데이터가 비슷한 벡터 공간에 위치하는 것을 알았습니다. Contrastive Language-Image Pre-training(CLIP)은 관련 있는 텍스트와 이미지가 비슷한 벡터 공간에 위치하도록 학습되어 텍스트와 이미지를 연결하는 모델입니다. 오리라는 텍스트와 오리 이미지가 비슷한 벡터 공간에 위치하게 되는 것입니다. 즉, CLIP 모델을 이용하면 이미지와 텍스트가 얼마나 비슷한지를 알 수 있고, 주어진 텍스트와 관련성이 높은 이미지, 주어진 이미지와 관련성이 높은 텍스트를 파악하는 데 활용할 수 있습니다. 이렇게 주어진 텍스트에 포함된 내용을 잘 나타낼 수 있는 CLIP 이미지 임베딩을 얻어서 텍스트와 이미지를 연결하는 것이 1단계입니다.

2 1단계에서 얻은 CLIP 이미지 임베딩을 이용해서 디퓨전 모델로 이미지 생성하기

2단계는 CLIP 이미지 임베딩을 디퓨전 모델이라는 이미지 생성 모델에 입력해서 실제로 이미지를 생성합니다. DALL·E 2뿐만 아니라 챗GPT에 통합된 DALL·E 3, 미드저니, 스테이블 디퓨전 등 유명한 이미지 생성 모델은 대부분 디퓨전 모델을 이용해서 이미지를 생성합니다. 그렇다면 디퓨전 모델의 작동 원리는 무엇일까요?

디퓨전diffusion, '확산'이라는 이름이 붙은 이유는 마치 물에 떨어뜨린 잉크가 서서히 퍼져나가는 확산 현상처럼 이미지에 노이즈를 추가/제거함으로써 이미지를 서서히 수정하는 과정 때문입니다. 인터넷에 있는 수많은 강아지 이미지를 학습 데이터로 이용해서 디퓨전 모델이 강아지 이미지를 생성하는 방법을 학습하는 경우를 생각해보겠습니다.

- 노이즈 추가: 주어진 강아지 이미지에 서서히, 여러 단계에 걸쳐 노이즈를 추가합니다. 최종적으로 완전히 노이즈로 보이는 이미지가 될 때까지 반복합니다.

- 노이즈 제거: 완전히 노이즈로 보이는 이미지에 서서히, 여러 단계에 걸쳐서 노이즈를 제거하는 방법을 학습합니다. 즉, 노이즈가 있는 이미지가 주어질 때 노이즈가 약간 제거된 보다 깨끗한 이미지를 출력하고 궁극적으로는 원본 이미지와 유사하게 복원될 수 있도록 학습합니다.

노이즈 추가와 제거 단계를 반복하면서 디퓨전 모델은 이미지 생성에 필요한 패턴을 학습하게 되고, 그 결과 노이즈 제거 방법을 학습한 디퓨전 모델이 입력된 CLIP 이미지 임베딩의 도움을 받아 순수한 노이즈로부터 텍스트 입력에 부합하는 이미지를 생성할 수 있는 것입니다. 학습 과정과는 달리 랜덤한 순수 노이즈 상태에서 시작하기 때문에 새로운 이미지가 생성되게 됩니다.

 TIPs

텍스트로 비디오 생성하기

OpenAI에서 공개한 비디오 생성 모델인 Sora 역시 디퓨전 모델을 기반으로 하고 있습니다. 순수하게 노이즈로 보이는 비디오에서 시작하여 여러 단계에 걸쳐 노이즈를 제거하는 방법을 학습함으로써 텍스트 입력에 맞는 비디오를 생성하는 원리입니다.

3.3 사용자의 의도를 더욱 잘 파악하는 DALL·E 3

2023년 OpenAI는 DALL·E 2보다 더 많은 세부 사항을 이해해서 사용자 의도에 더욱 잘 맞는 이미지를 생성할 수 있는 DALL·E 3를 발표했습니다. 아래 그림에서 사용자가 다음과 같이 입력한 텍스트의 세부 사항을 정확히 반영하는 이미지가 생성된 것을 확인할 수 있습니다.

- The sidewalks bustling with pedestrians enjoying the nightlife(밤을 즐기고 있는 보행자들로 북적이는 인도).

- A bustling city street under the shine of a full moon(보름달이 비추는 북적이는 도시의 거리).

- At the corner stall, a young woman with fiery red hair, dressed in a signature velvet cloak, is haggling with the grumpy old vendor(모퉁이의 노점상에서는 불처럼 빨간 머리에 시그니처 벨벳 망토를 두른 젊은 여성이 심술궂은 상인과 흥정을 하고 있습니다).

- The grumpy vendor, a tall, sophisticated man, is wearing a sharp suit, sports a noteworthy moustache and is animatedly conversing on his steampunk telephone(심술궂은 상인은 키가 크고 세련된 남자로, 깔끔한 정장을 입고 콧수염을 멋지게 길렀으며 스팀펑크 전화기로 생동감 있게 대화를 나누고 있습니다).

DALL·E 3는 DALL·E 2를 기반으로 하되 학습 데이터에서 이미지를 설명하는 텍스트(캡션) 및 이미지 품질을 개선했습니다. 그 결과 사용자 입력에 대한 이해도가 높아져 사용자 의도를 더욱 잘 파악한 뒤 이미지를 생성할 수 있게 되었습니다. 또한 챗GPT에 통합되어 있기 때문에 원하는 이미지를 얻기 위해 챗GPT와 브레인스토밍을 하거나, 대화를 통해 원하는 이미지를 생성하고 이를 수정할 수 있다는 장점도 있습니다. DALL·E 2, DALL·E 3 모두 사용자가 생성한 이미지는 판매나 상품화에 사용할 수 있습니다. 두 가지 사용 예시를 살펴보겠습니다.[1]

 웹사이트 디자인

I am working with a web designer for a new website to sell bicycle helmets. Could you recommend a few website UI's that are both modern and simple that I can share with her as examples?

사용자

(자전거 헬멧을 판매하는 새 웹사이트를 위해 웹 디자이너와 함께 작업하고 있습니다. 디자이너와 공유할 수 있는 모던하면서도 심플한 웹사이트 UI를 몇 가지 추천해주시겠어요?)

DALL·E 3

Here are some website UI designs tailored for selling bicycle helmets with a modern and simple aesthetic.

(다음은 모던하고 심플한 미학을 갖춘 자전거 헬멧 판매에 적합한 웹사이트 UI 디자인입니다.)

1 https://openai.com/blog/dall-e-3-is-now-available-in-chatgpt-plus-and-enterprise

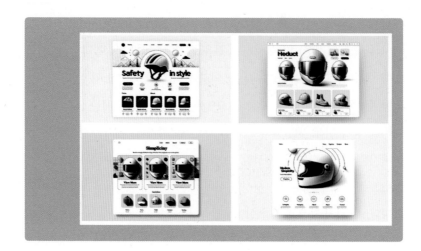

 로고 디자인

My business partner and I are creating a coffee shop inspired by our mutual love for rabbits. We have a logo we like a lot that is minimalist with a rabbit, but anxious to get your take on it.

(제 비즈니스 파트너와 저는 토끼에 대한 공통된 애정에서 영감을 받아 커피숍을 만들고 있습니다. 저희는 토끼가 그려진 미니멀한 로고를 하나 만들었고 이 로고가 마음에 들지만 당신의 의견을 듣고 싶습니다.)

사용자

DALL·E 3

Here are some minimalist rabbit-inspired logo designs for your coffee shop. Each captures the essence of a rabbit while integrating coffee-related elements. I hope these designs align with the vision you and your business partner have for your coffee shop. If you have any feedback or further preferences, please let me know!

(다음은 커피숍을 위해서 만들어진 토끼에서 영감을 받은 미니멀한 로고 디자인입니다. 각각은 커피 관련 요소를 통합하면서 토끼의 본질을 포착합니다. 이 디자인이 당신과 당신 비즈니스 파트너가 커피숍에 대해 가지고 있는 비전과 일치하기를 바랍니다. 피드백이나 추가 선호 사항이 있으면 알려주세요!)

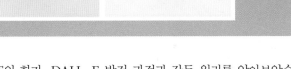

지금까지 챗GPT의 화가, DALL·E 발전 과정과 작동 원리를 알아보았습니다. 요약하면 다음과 같습니다.

- DALL·E는 주어진 텍스트 토큰과 이미지 토큰이 있을 때 다음에 올 이미지 토큰을 예측하는 방식으로 사용자가 입력한 텍스트에 알맞는 이미지를 생성합니다.

- DALL·E 2는 주어진 텍스트와 관련된 CLIP 이미지 임베딩을 얻어서 텍스트와 이미지를 연결한 뒤 이를 이용해서 디퓨전 모델로 이미지를 생성합니다.

- 챗GPT에 통합되어 있는 DALL·E 3는 DALL·E 2를 기반으로 하되 이미지 캡션 및 이미지의 품질을 개선함으로써 사용자 의도에 더욱 잘 맞는 이미지를 생성합니다.

## PART 2

챗GPT와 친해지기

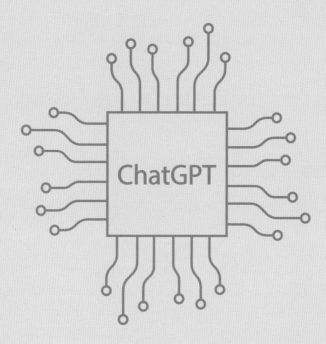

2부에서는 챗GPT를 사용하는 방법에 대해 알아봅니다. 챗GPT에서 사용할 수 있는 다양한 기능을 살펴보고 효과적으로 대화할 수 있는 방법을 학습합니다.

CHAPTER **4**

챗GPT 시작하기

이제 챗GPT의 기본적인 사용법에 대해 알아보겠습니다. 기본적인 화면 구성부터 시작하여 웹사이트뿐 아니라 모바일 앱과 데스크톱 앱 사용법도 함께 살펴봅니다.

4.1 챗GPT 설정하기

챗GPT 가입 및 로그인하기

❶ https://chat.openai.com/으로 가서 [회원 가입] 버튼을 누릅니다.

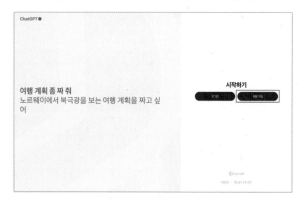

❷ 이메일 주소 혹은 구글/마이크로소프트/애플 계정을 이용해서 가입합니다.

❸ 로그인하면 화면 하단 'Message ChatGPT(메시지 ChatGPT)' 입력창으로 챗GPT 무료 버전과 대화를 시작할 수 있습니다.

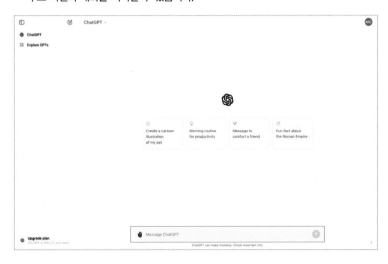

유료 버전 플러스로 업그레이드하기

❶ 좌측 하단 Upgrade plan(플랜 업그레이드)을 클릭합니다.

❷ Upgrade to Plus(플러스로 업그레이드)를 클릭합니다.

❸ 결제 화면에서 20달러를 결제합니다.

❹ 좌측 상단에 'ChatGPT 4o'가 적용된 것을 볼 수 있습니다. 이제부터 챗GPT 플러스를 사용할 수 있습니다.

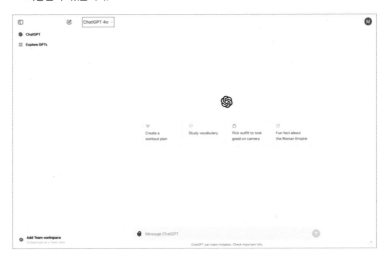

한국어로 언어 설정하기

❶ 오른쪽 위에 있는 사용자 이름 아이콘을 누르고 Settings을 클릭합니다.

❷ 팝업 창에서 General – Language에서 기본으로 설정된 English(US)를 한국어로 변경합니다.

❸ 화면 안내문이 한글로 바뀐 것을 확인할 수 있습니다. 이제 한국어 메뉴로 챗GPT를 사용할 수 있습니다.

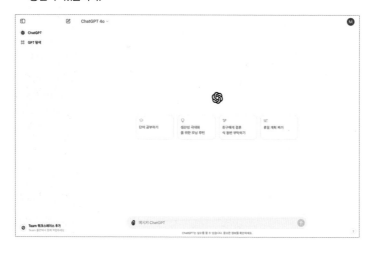

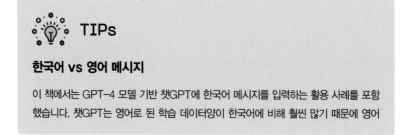

TIPs

한국어 vs 영어 메시지

이 책에서는 GPT-4 모델 기반 챗GPT에 한국어 메시지를 입력하는 활용 사례를 포함했습니다. 챗GPT는 영어로 된 학습 데이터양이 한국어에 비해 훨씬 많기 때문에 영어로 대화했을 때 더 문맥을 잘 알아듣고 일반적으로 더 좋은 답변을 할 수 있습니다. 하지만 GPT-4 모델 기반 챗GPT에서는 한국어도 꽤 쓸 만한 성능을 보인다는 것이 발표되었고 상황에 따라 한국적인 맥락을 고려해야 좋은 답변이 나올 수 있는 경우도 있습니다.

다음 그래프는 다양한 언어별로 GPT-4 모델 성능을 테스트하기 위해 57개 주제에 대한 1만4천 개의 객관식 문제 모음을 여러 나라 언어로 번역한 뒤 테스트한 결과입니다.[*] 예상대로 영어에서 가장 좋은 성능(85.5%)을 보이고 한국어(77%)도 GPT-3.5 모델의 영어(70.1%)보다 훨씬 더 좋은 성능을 보이고 있습니다.

영어로 메시지를 주고받고 싶으신 분들은 챗GPT에게 한국어 메시지를 영어로 번역 요청한 뒤 번역된 영어 메시지를 보내서 영어로 답을 받고, 이를 다시 한국어로 변환하거나 딥엘DeepL, 파파고, 구글 번역기 같은 번역 도구를 활용해서 영어 메시지를 주고받을 수도 있습니다.

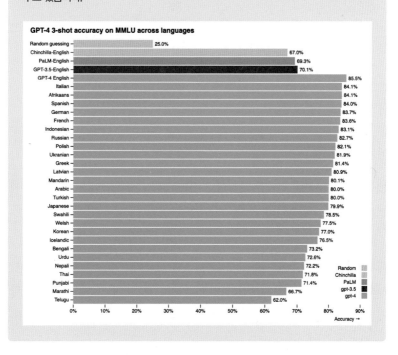

GPT-4 3-shot accuracy on MMLU across languages

Language	Accuracy
Random guessing	25.0%
Chinchilla-English	67.0%
PaLM-English	69.3%
GPT-3.5-English	70.1%
GPT-4 English	85.5%
Italian	84.1%
Afrikaans	84.1%
Spanish	84.0%
German	83.7%
French	83.6%
Indonesian	83.1%
Russian	82.7%
Polish	82.1%
Ukranian	81.9%
Greek	81.4%
Latvian	80.9%
Mandarin	80.1%
Arabic	80.0%
Turkish	80.0%
Japanese	79.9%
Swahili	78.5%
Welsh	77.5%
Korean	77.0%
Icelandic	76.5%
Bengali	73.2%
Urdu	72.6%
Nepali	72.2%
Thai	71.8%
Punjabi	71.4%
Marathi	66.7%
Telugu	62.0%

Random / Chinchilla / PaLM / gpt-3.5 / gpt-4

Accuracy →

---

1 https://openai.com/research/gpt-4

4.2 챗GPT 기본 구성 알아보기

대화창

화면 하단 대화창에 원하는 메시지를 입력하고 오른쪽 화살표 버튼을 클릭하면 챗GPT와 대화할 수 있습니다.

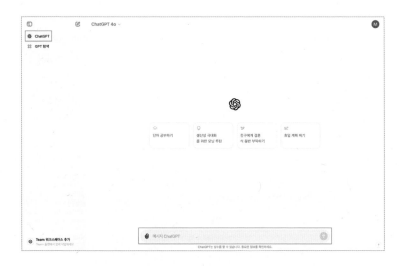

왼쪽 위 ChatGPT 버튼을 클릭하면 기존 대화 내용은 저장되고 새로운 채팅을 시작할 수 있습니다.

파일 업로드

대화창 클립 버튼을 클릭해서 이미지, PDF, 워드, 엑셀(csv), 텍스트, 파워포인트 등 다양한 파일을 챗GPT에 업로드하고 이 파일에 대해 대화할 수 있습니다. 인터넷에 업로드되어 있는 파일의 경우 다운로드 후 다시 챗GPT에 업로드할 필요 없이 바로 웹사이트 주소를 대화창에 복사하여 사용할 수도 있습니다. 5장에서 파일 업로드 기능에 대해 살펴봅니다.

모델 변경

ChatGPT 4o 버튼을 클릭하면 유료 사용자의 경우 GPT-4o 모델(복잡한 업무에 적합), GPT-4o mini 모델(일상적인 작업을 더 빠르게 처리), GPT-4 모델(레거시 모델)을 선택할 수 있습니다.

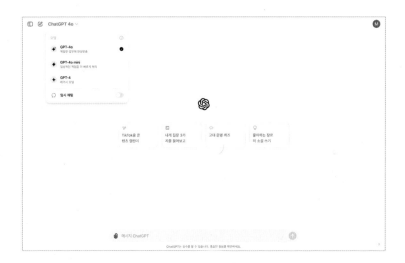

GPT 스토어

GPT 모델을 특정한 사용 목적에 맞게 맞춤화한 것을 맞춤형 GPT(GPTs)라고 하며, 이러한 맞춤형 GPT를 직접 만들어서 배포하거나 필요한 맞춤형 GPT를 찾아서 사용할 수 있는 플랫폼이 GPT 스토어입니다. 챗GPT 화면에서 'GPT 탐색'을 클릭하면 사용하고자 하는 맞춤형 GPT를 찾아볼 수 있는 GPT 스토어로 이동할 수 있습니다. 맞춤형 GPT와 GPT 스토어는 5장에서 자세히 다룹니다.

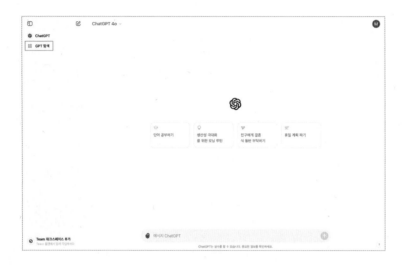

GPT 스토어에서 글쓰기/생산성/연구 및 분석/프로그래밍/교육/라이프스타일 각각의 카테고리 내 인기 있는 맞춤형 GPT를 확인할 수도 있습니다.

4.3 모바일 앱

챗GPT 모바일 앱 다운로드 및 기본 구성

안드로이드 플레이스토어, iOS 앱스토어
에서 OpenAI의 공식 앱을 다운로드하고
실행합니다(유사한 다른 앱이 많으니 주
의).

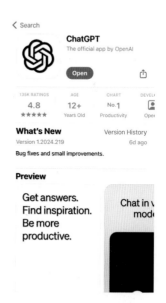

로그인하면 웹용 챗GPT와 비슷한 기본 화면을 확인할 수 있습니다. 웹에서처럼 'ChatGPT 4o'를 눌러서 모델을 변경할 수 있고, 대화창에 메시지를 입력해 대화를 시작할 수 있습니다. 이때 대화창에 있는 마이크 버튼을 이용하면 음성으로 채팅 메시지를 보낼 수 있습니다.

화면 왼쪽 하단 카메라, 갤러리, 폴더 모양 아이콘은 웹에서 파일 업로드 기능과 동일합니다. 순서대로 핸드폰 카메라에서 직접 사진을 찍어서 업로드한 뒤 대화, 핸드폰 갤러리에 있는 사진을 업로드한 뒤 대화, 핸드폰에 있는 파일을 업로드한 뒤 대화하는 기능에 해당합니다.

화면 왼쪽 위 두 줄을 누르면 웹용과 동일하게 GPT 스토어를 사용할 수 있습니다.

'GPT 탐색하기'를 눌러서 GPT 스토어에서 인기 있는 맞춤형 GPT를 확인하는 모습입니다.

모바일 앱의 추가 기능: 음성 대화

모바일 앱이나 데스크톱 앱을 이용하면 웹에
서는 사용할 수 없는 음성 대화 기능을 사용
할 수 있습니다. 모바일 앱에서는 헤드폰 모
양 아이콘을 누르면 됩니다.

다음과 같은 화면이 나오면 바로 음성 대화를
시작할 수 있습니다.

이때, 사용자가 말을 하다가 뜸을 들이는 경우 음성 대화 입력이 끝난 줄 알고 챗GPT가 답하는 경우가 있습니다. 이를 방지하려면 중간 원을 꾹 누르고 있다가 음성 입력이 끝나면 손을 떼는 방법을 사용합니다.

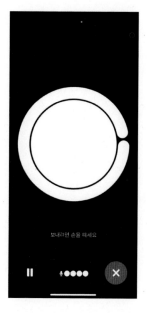

음성 관련 기능을 설정하기 위해서는 왼쪽 위 두 줄을 누른 뒤,

사용자 이름 옆 점 3개를 누르면

다음과 같이 말하기/음성 모드 설정 화면이
나타납니다. '음성'을 눌러서 내장된 챗GPT
목소리 중 마음에 드는 목소리를 고를 수 있
습니다. 또한 주 언어는 자동 탐지로 기본 설
정이 되어 있는데 이렇게 설정하면 사용자가
한국어로 말을 하든 다른 언어로 말을 하든
자동으로 감지해서 알아듣게 됩니다.

4.4 데스크톱 앱

챗GPT 데스크톱 앱 다운로드 및 기본 구성

맥OS로 챗GPT 웹사이트에 로그인하면 데스크톱 앱을 다운로드할 수 있는 링크(https://openai.com/chatgpt/download)가 제공됩니다(윈도우 버전은 24년 말 출시 예정). 다운로드하여 설치하면 다음과 같은 화면이 뜹니다.

로그인하면 다음과 같이 언제든지 데스크톱 앱을 실행해서 대화할 수 있는 단축키(옵션 + 스페이스)에 대한 안내가 나옵니다.

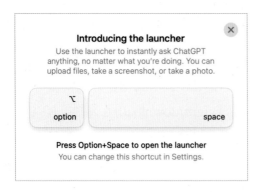

기본 구성(대화창, 파일 업로드, 모델 변경, GPT 스토어, 음성 대화)은 웹/
모바일 앱과 비슷합니다. 파일 업로드의 경우 직접 컴퓨터에 있는 파일을
업로드하거나, 컴퓨터 화면 스크린샷이나 컴퓨터 내장 카메라로 사진을 찍
어서 대화할 수 있습니다.

## CHAPTER 5

챗GPT의 다양한 기능

5.1 챗GPT 무료 버전과 챗GPT 플러스의 차이점

챗GPT의 다양한 기능을 살펴보기 전에 챗GPT 무료 버전과 챗GPT 플러스의 차이점을 살펴보겠습니다. [1]

		무료 버전	플러스(유료 버전)
모델	GPT-4o mini	O	O
	GPT-4	X (GPT-4o로 GPT-4 수준 지능 사용 가능)	O
	GPT-4o	O (제한적 사용)	O (무료 사용자 대비 5배 많은 메시지 사용)
입출력	텍스트 입출력	O	O
	음성 입출력	O	O
	이미지 입력	O (제한적 사용)	O
	이미지 출력	O (DALL · E 3 모델로 하루 최대 2개 이미지 생성)	O (DALL · E 3 모델 이용)
	비디오 입력	2024년 8월 기준 배포 전	2024년 8월 기준 배포 전
기능	인터넷 검색	O (제한적 사용)	O
	고급 데이터 분석	O (제한적 사용)	O
	파일 업로드	O (제한적 사용)	O
	맞춤형 GPT	O (제한적 사용)	O
	직접 만든 맞춤형 GPT GPT 스토어에 공유	X	O
기타			월 20달러 사용료 새로운 기능 선공개

⑥ 챗GPT와 챗GPT 플러스 비교

---

1 https://openai.com/chatgpt/pricing/

맞춤형 GPT를 만들고 GPT 스토어에 공유하는 기능만 제외하면 무료 사용자도 유료 사용자가 쓸 수 있는 모든 기능을 사용할 수 있습니다. 다만, 사용할 수 있는 메시지 수에 제한이 있습니다.

5.2 텍스트 대화, 음성 대화, 이미지 입력 및 이미지 생성

대화창에 텍스트 메시지를 주고받으며 대화하는 기능과 말로 대화를 주고받는 음성 대화 기능, 이미지를 입력해서 이에 대해 대화하는 기능은 2장에서 살펴봤으며 사용자 의도를 파악해서 이미지를 생성하는 기능에 대해서는 3장에서 살펴봤습니다. 여기서는 1)인터넷 검색, 2)고급 데이터 분석, 3)파일 업로드, 4)맞춤형 GPT 및 GPT 스토어에 대해 차례대로 살펴보겠습니다.

5.3 인터넷 검색

대규모 언어 모델의 한계 중에서 최신 정보 부재와 환각 현상을 극복하기 위한 방법으로 챗GPT 인터넷 검색 기능을 활용할 수 있습니다. 인터넷 검색 기능이란 사용자 입력에 대해 실시간으로 인터넷을 검색하여 최신 정보 기반으로 답변을 생성하는 기능입니다. 이를 통해 최신 정보를 확인하거나 자료 조사를 할 수 있습니다. 이때 따로 인터넷 검색 기능을 사용하라고 명시적으로 요청하지 않아도 사용자 입력에 따라 챗GPT가 인터넷 검색 기능이 유용하다고 판단하면 알아서 이런 기능을 작동시킨 뒤 답변을 생성한다는 점에 주목할 필요가 있습니다.

인터넷 검색 기능이 어떻게 활용되어 유용한 답변을 생성할 수 있는지 알아보기 위해 한 가지 예시를 살펴보겠습니다. "2023년 영화의 전 세계 박스오피스 순위를 알려주세요"라고 GPT-3.5와 GPT-4에 질문하면 각각 다음과 같은 답변을 생성합니다.

2023년 영화의 전 세계 박스오피스 순위를 알려주세요.

사용자

챗GPT
3.5

죄송하지만, 제가 현재 실시간 정보를 가져올 수 없기 때문에 2023년의 영화 박스오피스 순위를 제공할 수 없습니다. 영화 박스오피스 순위는 연도마다 변동되며, 현재의 실시간 데이터에 따라 다를 수 있습니다. 하지만 2023년의 박스오피스 순위를 확인하려면 관련된 영화 박스오피스 통계 웹사이트나 신뢰할 만한 영화 업계 보고서를 참고하시면 됩니다.

2023년 영화의 전 세계 박스오피스 순위를 알려주세요.

사용자

챗GPT 4

2023년 전 세계 박스오피스 순위에서 가장 많은 수익을 올린 영화들은 다음과 같습니다:

1. Barbie – 전 세계 수익: $1,433,382,303

2. The Super Mario Bros. Movie – 전 세계 수익: $1,360,968,281

3. Oppenheimer – 전 세계 수익: $933,678,125

4. Guardians of the Galaxy Vol. 3 – 전 세계 수익: $845,555,777

5. Fast X – 전 세계 수익: $704,709,660

6. Spider-Man: Across the Spider-Verse
– 전 세계 수익: $689,935,201

7. The Little Mermaid – 전 세계 수익: $569,626,289

8. Mission: Impossible – Dead Reckoning Part One
   – 전 세계 수익: $567,535,383

9. Elemental – 전 세계 수익: $489,452,209

10. Ant–Man and the Wasp: Quantumania
    – 전 세계 수익: $476,071,180 ["].

이 목록은 2023년 초부터 10월 첫 주까지의 데이터를 기반으로 하며, 이후의 변동사항은 포함되지 않았습니다. 영화 산업의 동향과 관련하여 추가적인 정보가 필요하시면, 관련 기사를 참조하시기 바랍니다 ["].

["]: https://www.denofgeek.com/movies/biggest-box-office-highest-grossing-movies-2023/

GPT-3.5는 2021년 9월까지의 데이터로 학습되었으므로 그 이후에 일어난 일에 대해서는 유용한 답을 제공할 수 없습니다. 한편, GPT-4도 2023년 4월까지 정보로 학습되었기 때문에 학습 데이터만 가지고는 2023년 전세계 박스오피스 순위에 대한 정보를 제공할 수 없습니다. 하지만 사용자가 인터넷 검색 기능을 이용하라고 지시하지 않았음에도 불구하고 알아서 인터넷 검색 기능을 활용해서 실시간으로 검색한 후 그 결과를 근거로 한 답을 하고 사용한 출처까지 주석(답변의 ["] 부분)으로 알려주는 것을 알 수 있습니다. 이 주석을 클릭하면 해당 웹사이트에서 정보를 다시 확인할 수 있습니다. 또한 검색하고 싶은 특정한 출처가 있다면 그 출처에서 검색하라고 직접 지정하는 것도 가능합니다.

5.4 고급 데이터 분석

인터넷 검색뿐만 아니라 고급 데이터 분석 기능도 사용자가 더 유용한 답변을 얻는 데 큰 역할을 할 수 있습니다. 고급 데이터 분석 기능이란 사용자가 챗GPT에 파일을 업로드한 뒤 원하는 분석을 말로 지시하면 챗GPT가 필요한 파이썬 코드를 작성하고 직접 실행한 결과를 보여주는 기능입니다. 이 기능으로 코딩을 전혀 모르더라도 마치 데이터 분석가와 협업하는 것처럼 챗GPT와 대화를 해서 의견을 주고받으면서 업로드한 데이터를 분석하고 시각화함으로써 인사이트를 얻는 것이 가능해졌습니다.

인터넷 검색 기능과 마찬가지로 고급 데이터 분석 기능을 활용하라고 명시적으로 알려주지 않더라도 챗GPT가 판단했을 때 고급 데이터 분석 기능이 유용하다고 판단하면 알아서 이 기능을 작동시킨 뒤 답변을 생성합니다.

고급 데이터 분석 기능이 어떻게 활용되는지 알아보기 위해 다음 예시에서 넷플릭스 영화 및 TV 프로그램 데이터(netflix_titles.csv)를 분석해보겠습니다.[2]

---

2 데이터 출처 https://www.kaggle.com/datasets/shivamb/netflix-shows?resource=download

```
netflix_data = pd.read_csv(file_path)

# Display the first few rows and the column names to
understand what the file contains
netflix_data.head(), netflix_data.columns
```

업로드된 파일은 넷플릭스의 다양한 콘텐츠 목록을 포함하는 데이터셋입니다. 이 파일에는 영화와 TV 쇼의 상세 정보가 포함되어 있습니다. 파일의 주요 칼럼으로는 'type'(콘텐츠 유형: 영화 또는 TV 쇼), 'title'(제목), 'director'(감독), 'cast'(출연진), 'country'(제작 국가), 'date_added'(넷플릭스 추가 날짜), 'release_year'(출시 년도), 'rating'(등급), 'duration'(시간 또는 시즌 수), 'listed_in'(장르), 'description'(설명) 등이 포함되어 있습니다.

예를 들어 첫 번째 행에는 "Dick Johnson Is Dead"라는 영화가 있으며, 감독은 Kirsten Johnson이고, 미국에서 제작되었으며, 2020년에 출시되었습니다. 이 영화는 90분 길이의 다큐멘터리로, 감독이 아버지의 삶의 마지막을 다루고 있습니다.

[>_]

이 데이터로 어떤 내용을 분석해볼 수 있을까요? 세 가지만 알려주세요.

사용자

챗GPT

이 넷플릭스 데이터셋을 사용하여 분석할 수 있는 세 가지 내용은 다음과 같습니다.

1. 콘텐츠 유형 분석: 데이터셋에는 영화와 TV 쇼가 포함되어 있습니다. 각 유형별 콘텐츠의 수, 출시 연도, 국가별 분포 등을 분석하여 어떤 유형의 콘텐츠가 넷플릭스에서 주로 제공되는지 그리고 시간에 따라 어떻게 변화하는지 살펴볼 수 있습니다.

2. 장르별 콘텐츠 분석: 'listed_in' 칼럼은 각 콘텐츠의 장르 정보를 제공합니다. 이를 분석하여 가장 인기 있는 장르 또는 특정 장르의 콘텐츠가 얼마나 많이 제공되는지 확인할 수 있습니다. 또한 장르가 국가별 또는 시즌별로 어떻게 다른지도 분석해볼 수 있습니다.

3. 국가별 콘텐츠 생산 분석: 'country' 칼럼을 사용하여 각 국가에서 생산된 콘텐츠의 수를 분석할 수 있습니다. 이를 통해 넷플릭스가 어떤 국가의 콘텐츠에 더 많은 투자를 하고 있는지 그리고 시간에 따라 국가별 콘텐츠 비중이 어떻게 변화하는지 알아볼 수 있습니다.

이러한 분석들은 넷플릭스의 콘텐츠 전략과 시장 동향을 이해하는 데 도움이 될 수 있으며, 마케팅 전략이나 콘텐츠 개발 방향에 대한 통찰을 제공할 수 있습니다.

국가별 콘텐츠 생산 분석을 하고 시각화한 결과를 보여주세요.

사용자

챗GPT

```python
# Count the number of titles produced by each country
country_production_counts = netflix_data['country'].str.
split(', ').explode().value_counts()

# Visualize the data
import matplotlib.pyplot as plt

plt.figure(figsize=(12, 8))
country_production_counts.head(20).plot(kind='bar', color='
salmon')
plt.title('Top 20 Countries by Netflix Content Production')
plt.xlabel('Country')
plt.ylabel('Number of Titles')
plt.xticks(rotation=45)
plt.show()
```

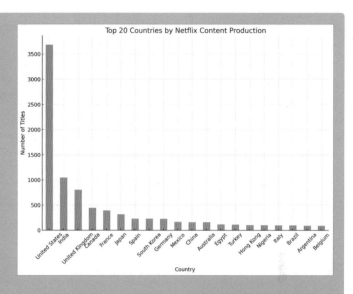

위의 막대 그래프는 넷플릭스 콘텐츠가 제작된 상위 20개 국가를 보여줍니다. 이 그래프를 통해 미국이 가장 많은 콘텐츠를 제작한 것을 볼 수 있으며 그 뒤로 인도, 영국, 캐나다, 프랑스 등이 뒤따르고 있습니다. 이 데이터는 각 국가별로 넷플릭스가 얼마나 많은 콘텐츠를 제공하고 있는지를 시각적으로 표현하고 있습니다. [>_]

상위 10개 국가에 대해서만 파이 차트로 다시 그려주세요.

사용자

챗GPT

```
# Prepare the data for the top 10 countries
top_10_country_production = country_production_counts.
head(10)

# Visualize the data using a pie chart
plt.figure(figsize=(10, 7))
plt.pie(top_10_country_production, labels=top_10_country_
production.index, autopct='%1.1f%%', startangle=140,
colors=plt.cm.Pastel1.colors)
```

```
plt.title('Top 10 Countries by Netflix Content Production')
plt.axis('equal')  # Equal aspect ratio ensures that pie is
drawn as a circle.
plt.show()
```

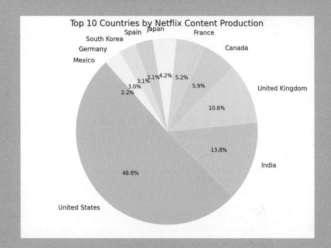

위의 파이 차트는 넷플릭스 콘텐츠를 가장 많이 제작한 상위 10개 국가의 비율을 보여줍니다. 미국이 전체 제작 국가 중에서도 가장 큰 비율을 차지하고 있으며 그다음으로 인도, 영국 등이 뒤따르고 있습니다. 이 차트는 각 국가의 넷플릭스 콘텐츠 시장 내에서의 중요성을 시각적으로 강조해 줍니다. [＞_]

조금 더 아름답게 시각화할 수 있나요? 다른 형식의 차트를 사용해도 좋습니다.

사용자

챗GPT

```
# Improved visualization using a more detailed chart type
import seaborn as sns

# Prepare the data for the top 10 countries
```

```
top_10_countries = country_production_counts.head(10).
reset_index()
top_10_countries.columns = ['Country', 'Number of Titles']

# Create a more visually appealing bar plot
plt.figure(figsize=(12, 8))
sns.barplot(x='Number of Titles', y='Country', data=top_10_
countries, palette='coolwarm')
plt.title('Top 10 Countries by Netflix Content Production')
plt.xlabel('Number of Titles')
plt.ylabel('Country')
plt.grid(True, which='both', linestyle='--', linewidth=0.5)
plt.show()
```

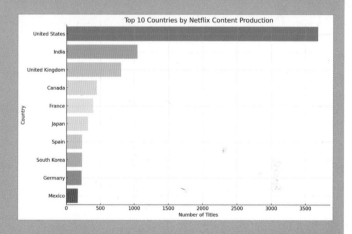

이제 넷플릭스 콘텐츠를 가장 많이 제작한 상위 10개 국가에 대한 정보를 더
아름답고 명확하게 보여주는 막대 그래프를 확인할 수 있습니다. 이 그래프는
국가를 y축에 나열하고 x축에 제작된 콘텐츠의 수를 표시하여 각 국가별 제작
량을 직관적으로 비교할 수 있도록 합니다. 그래프의 색상 팔레트는 차트의 가
독성을 향상시키며, 전체적인 시각적 효과를 제공합니다. [>_]

이렇게 단순히 대화하는 것만으로 원하는 분석과 원하는 형태의 차트를 만들 수 있을 뿐만 아니라 답변의 [〉_] 부분을 클릭하면 어떤 파이썬 코드를 이용했는지도 확인할 수 있습니다.

5.5 파일 업로드

이미지를 주제로 대화하기 위해 챗GPT에 이미지 파일을 업로드하는 것과 고급 데이터 분석 기능을 위해 파일을 업로드할 수 있다는 것에 대해 살펴보았습니다. 이번 절에서는 파일 업로드 기능을 더 자세히 알아보겠습니다.

챗GPT에 업로드할 수 있는 파일 종류는 다양합니다. PDF, 워드, 스프레드 시트(엑셀, csv 파일 등), 텍스트, 파워포인트 프레젠테이션 등 일반적인 파일 확장자를 가진 다양한 종류의 문서를 챗GPT에 업로드한 뒤 이에 대해 대화할 수 있습니다. 이때 이미 인터넷에 업로드되어 있는 파일의 경우 굳이 다운로드한 뒤 다시 챗GPT에 업로드할 필요 없이 바로 웹사이트 주소를 대화창에 입력해서 사용할 수 있습니다.

이러한 파일 업로드 기능은 다음과 같이 세 가지 작업을 위해 만들어졌다고 OpenAI 웹사이트에 사용 예시와 함께 공개되어 있습니다.[3]

1 합성: 파일에서 정보를 결합하거나 분석하여 새로운 것을 만드는 작업
   - 스프레드 시트 분석 및 시각화
   - 두 개의 문서를 비교하고 대조
   - 문서의 감정이나 어조 분석
   - 한 문서에서 사용한 구조를 다른 문서의 콘텐츠에 적용

---

3 https://help.openai.com/en/articles/8555545–file–uploads–faq

2 변형: 파일의 본질을 바꾸지 않고 정보를 재구성하는 작업

  – 복잡한 연구 논문 요약이나 쉬운 용어로 문서 요약

  – 파워포인트 프레젠테이션 콘텐츠에 대한 피드백

  – 짧은 문서를 특정 스타일로 다시 작성

  – 프레젠테이션을 문서로 변환

3 추출: 파일에서 특정 정보를 추출하는 작업

  – PDF에서 특정한 주제에 대해 참고 문헌 찾기

  – 파일에서 특정한 주제에 관해 언급하는 부분 찾기

  – 문서에서 메타데이터(작성자, 작성 날짜 등) 추출

  – 스프레드시트에서 특정 속성을 포함하는 행의 개수 세기

  – 문서의 특정 섹션(예: 모든 제목 또는 모든 글머리 기호 목록) 추출

5.6 맞춤형 GPT(GPTs)와 GPT 스토어

이번에는 GPTs라고도 불리는 맞춤형 GPT와 다양한 맞춤형 GPT가 공개되어 있는 GPT 스토어에 대해 살펴보겠습니다.

맞춤형 GPT(GPTs)

2023년 11월 OpenAI 개발자 컨퍼런스에서 샘 올트먼 CEO가 처음 맞춤형 GPT를 시연했습니다. 스타트업 멘토라는 맞춤형 GPT를 대화와 스타트업 관련 강의록을 업로드하는 것으로 약 3분만에 만들었습니다. 그 과정을 간략히 요약하면 다음과 같습니다.[4]

---

4 https://www.youtube.com/live/U9mJuUkhUzk?feature=shared

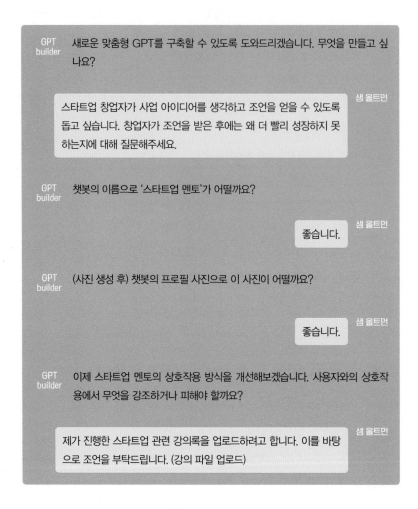

GPT builder 새로운 맞춤형 GPT를 구축할 수 있도록 도와드리겠습니다. 무엇을 만들고 싶나요?

샘 올트먼 스타트업 창업자가 사업 아이디어를 생각하고 조언을 얻을 수 있도록 돕고 싶습니다. 창업자가 조언을 받은 후에는 왜 더 빨리 성장하지 못하는지에 대해 질문해주세요.

GPT builder 챗봇의 이름으로 '스타트업 멘토'가 어떨까요?

샘 올트먼 좋습니다.

GPT builder (사진 생성 후) 챗봇의 프로필 사진으로 이 사진이 어떨까요?

샘 올트먼 좋습니다.

GPT builder 이제 스타트업 멘토의 상호작용 방식을 개선해보겠습니다. 사용자와의 상호작용에서 무엇을 강조하거나 피해야 할까요?

샘 올트먼 제가 진행한 스타트업 관련 강의록을 업로드하려고 합니다. 이를 바탕으로 조언을 부탁드립니다. (강의 파일 업로드)

놀랍게도 이 과정을 통해 샘 올트먼이 업로드한 강의록을 바탕으로 스타트업 종사자에게 조언할 수 있는 GPT-4 모델의 지식을 가진 스타트업 멘토라는 이름의 맞춤형 GPT가 순식간에 개발되었습니다.

이처럼 사용자가 자신에게 필요한 특정 목적에 맞게 맞춤화된 GPT를 코딩 없이 간단한 대화를 통해 구축하는 것이 가능해졌습니다. 예를 들어 책을 업로드한 뒤 어려운 개념이 이해가 될 때까지 대화를 주고받으며 공부하기,

좋아하는 책을 업로드해서 책을 기반으로 조언 구하기, 좋아하는 유명인이 했던 말을 업로드한 뒤 대화하며 인사이트 얻기, 신입사원 교육 자료를 모두 업로드한 뒤 신입사원 교육에 이용하기 등 필요에 맞게 맞춤화된 GPT를 만들 수 있습니다.

GPT 스토어

GPT 스토어는 공개된 맞춤형 GPT를 사용자가 찾아보고 사용할 수 있는 플랫폼입니다. 직접 만든 맞춤형 GPT를 GPT 스토어에 공개해서 수익을 창출하는 것도 가능합니다.

GPT 스토어에 가면 글쓰기, 생산성, 연구 및 분석, 프로그래밍, 교육, 라이프스타일 등 다양한 카테고리에 맞는 맞춤형 GPT가 공개되어 있어서 목적에 맞는 맞춤형 GPT를 선택해서 사용할 수 있습니다. 마치 앱스토어에서 필요한 앱을 다운로드하여 사용하는 것과 마찬가지입니다. 이때 맞춤형 GPT 제작자가 기존 제공하던 서비스와 GPT를 연계하면 기존 챗GPT에서는 할 수 없던 일을 해낼 수 있다는 점을 주목할 만합니다. 현재 챗GPT 자체에서 비디오를 생성할 수 있는 방법은 없지만, 비디오 생성 서비스를 제공하는 회사가 GPT와 회사의 서비스를 연동해서 만든 맞춤형 GPT와의 대화를 통해 비디오를 생성할 수 있는 것입니다.

2024년 8월 기준 가장 인기 있는 맞춤형 GPT 몇 가지가 다음 그림에 나와 있습니다. 예를 들어 Canva GPT를 이용해 프레젠테이션, 소셜미디어 게시물을 쉽게 디자인할 수 있습니다. 3부에서는 일상생활, 업무, 학습, 콘텐츠 제작, 프로그래밍 분야에서 각각 인기 있는 맞춤형 GPT가 무엇인지 살펴보겠습니다.

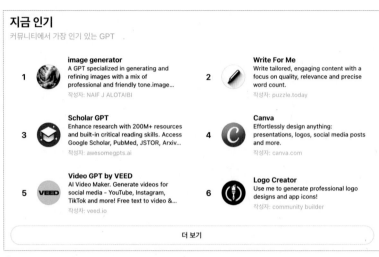

2024년 8월 기준 GPT 스토어에서 인기 있는 맞춤형 GPT 6가지

5.7 다양한 기능의 복합적 활용

지금까지 챗GPT에서 사용할 수 있는 다양한 기능에 대해 알아보았습니다. 이번에는 이러한 기능을 복합적으로 활용할 수 있는 상황에 대해 알아보겠습니다.

한 번의 요청으로 다양한 기능 활용하기

챗GPT에서 사용할 수 있는 다양한 기능이 사용자가 따로 지정할 필요 없이 입력된 메시지에 맞게 알아서 활용되는 덕분에 한 번의 사용자 입력으로 다양한 기능을 동시에 활용해서 유용한 답을 얻을 수 있습니다. 인터넷 검색 기능과 고급 데이터 분석 기능을 복합적으로 활용하는 다음 예시를 살펴보겠습니다.

사용자

챗GPT

Here are the top global box office rankings for movies released in 2023, based on their worldwide gross revenues:

1. Barbie – $1,433,382,303
2. The Super Mario Bros. Movie – $1,360,968,281
3. Oppenheimer – $933,678,125
4. Guardians of the Galaxy Vol. 3 – $845,555,777
5. Fast X – $704,709,660
6. Spider-Man: Across the Spider-Verse – $689,935,201
7. The Little Mermaid – $569,626,289
8. Mission: Impossible – Dead Reckoning Part One – $567,535,383
9. Elemental – $489,452,209
10. Ant-Man and the Wasp: Quantumania – $476,071,180

These figures show a diverse range of genres and franchises, indicating a healthy interest in both new properties and established series.

Next, let's create a chart to visualize these global revenues for each film.

```python
import matplotlib.pyplot as plt

# Movie titles and their respective global revenues
```

```
movies = [
    "Barbie", "The Super Mario Bros. Movie", "Oppenheimer",
"Guardians of the Galaxy Vol. 3",
    "Fast X", "Spider-Man: Across the Spider-Verse", "The
Little Mermaid",
    "Mission: Impossible - Dead Reckoning Part One", "Ele-
mental", "Ant-Man and the Wasp: Quantumania"
]
revenues = [
    1433382303, 1360968281, 933678125, 845555777,
    704709660, 689935201, 569626289, 567535383, 489452209,
476071180
]

# Creating the bar chart
plt.figure(figsize=(12, 8))
plt.barh(movies, revenues, color='skyblue')
plt.xlabel('Global Box Office Revenue ($)')
plt.title('Top 10 Global Box Office Revenues of 2023')
plt.gca().invert_yaxis()  # Invert the y-axis to have the
highest grossing movie on top
plt.show()
```

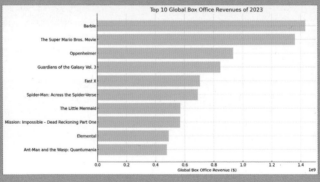

Here's a bar chart illustrating the global box office revenues for the top 10 movies of 2023. As you can see, "Barbie" and "The Super Mario Bros. Movie" led the year with revenues surpassing $1.3 billion each, showcasing their massive global appeal. [﹀_]

한국어로 번역해주세요.

사용자

챗GPT

다음은 2023년에 개봉된 영화들의 전 세계 박스오피스 순위와 해당 수익입니다:

바비 – $1,433,382,303
슈퍼 마리오 브라더스 무비 – $1,360,968,281
오펜하이머 – $933,678,125
가디언즈 오브 갤럭시 Vol. 3 – $845,555,777
패스트 X – $704,709,660
스파이더맨: 스파이더-버스를 넘어서 – $689,935,201
인어공주 – $569,626,289
미션 임파서블: 데드 레코닝 파트 원 – $567,535,383
엘리멘탈 – $489,452,209
앤트맨과 와스프: 퀀타매니아 – $476,071,180

이 데이터는 다양한 장르와 프랜차이즈가 새로운 시리즈와 기존 시리즈 모두에 대한 건강한 관심을 보여주는 것을 나타냅니다.

위의 막대 그래프는 2023년에 가장 높은 수익을 올린 상위 10개 영화의 전 세계 박스오피스 수익을 보여줍니다. "바비"와 "슈퍼 마리오 브라더스 무비"는 각각 13억 달러 이상의 수익을 기록하며 전 세계적인 매력을 과시했습니다.

사용자가 "2023년 영화의 전 세계 박스오피스 순위를 알려주고 각 영화별 전 세계 수익을 차트로 그려주세요"라고 입력했을 뿐인데 알아서 인터넷 검색 기능을 활용해서 2023년 개봉 영화의 박스오피스 순위와 관련 수익 데이터를 수집한 뒤 고급 데이터 분석 기능을 활용해서 차트를 생성합니다.

만약 기존 방법으로 2023년 영화의 전 세계 박스오피스 순위와 각 영화별 전 세계 수익을 차트로 그린다면 먼저 여러 웹사이트를 검색해서 데이터를 찾고 이를 시각화하는 코드를 작성해서 차트를 그리는 방식으로 접근했을 것입니다. 반면, 챗GPT에서는 한 번의 요청으로 원하는 정보를 바로 받을 수 있습니다.

이렇게 한 번의 요청으로 다양한 기능을 활용해서 효과적으로 답을 얻을 수 있는 다른 예시는 다음과 같습니다.

1 음성 대화 기능과 인터넷 검색 기능

"2024년 4월 서울 축제 일정을 요약해서 알려주세요"라는 음성 요청으로 2024년 4월 서울 축제 일정을 검색해서 정보를 수집한 뒤 핵심 내용만 요약해서 다시 음성으로 대답합니다.

2 이미지 입력과 이미지 생성 기능

"이 사진을 수채화로 바꿔주세요"라는 요청으로 사용자가 업로드한 이미지를 이미지 생성 기능을 이용해서 수채화 스타일로 변환합니다.

3 이미지 입력과 인터넷 검색 기능

"이 노트북의 모델명과 구입할 수 있는 곳을 알려주세요"라는 요청으로 사용자가 업로드한 이미지를 분석해서 모델명을 식별하고 이 모델을 구매할 수 있는 곳을 검색해서 제공합니다.

하나의 태스크에 다양한 기능 활용하기

하고자 하는 일이 복잡할 경우 태스크를 여러 단계로 나눠 각 단계에 맞는 기능을 효과적으로 활용해서 원하는 결과를 얻는 접근 방법도 생각해볼 수 있습니다. 관련 예시를 제공해달라고 챗GPT 에게 요청했습니다.

챗GPT 플러스에서 사용할 수 있는 다양한 기능을 복합적으로 활용함으로써 업무에 유용한 답변을 낼 수 있는 예시를 알려주세요.

사용자

챗GPT

물론입니다! ChatGPT Plus에서 사용할 수 있는 다양한 기능을 복합적으로 활용하여 업무에 유용한 답변을 제공할 수 있는 예시를 소개하겠습니다.

예시 시나리오: 마케팅 캠페인 보고서 작성

1. 데이터 분석
- 마케팅 팀이 진행한 최근 캠페인의 데이터를 분석하여 주요 성과 지표를 도출합니다.
- Python을 사용하여 데이터를 로드하고 분석합니다.

2. 현재 시장 동향 검색
- 최근 마케팅 트렌드와 관련된 최신 정보를 검색하여 분석에 활용합니다.

3. 보고서 작성
- 분석 결과와 검색한 정보를 기반으로 마케팅 캠페인 보고서를 작성합니다.

4. 시각 자료 생성 (DALL · E)
- 보고서에 포함할 시각 자료를 생성하여 보고서의 가독성을 높입니다.

이와 같이 다양한 기능을 통합적으로 활용하면, 데이터 분석에서부터 시장 동향 파악, 보고서 작성 및 시각 자료 생성까지 업무에 필요한 다양한 작업을 효과적으로 수행할 수 있습니다.

5장에서는 챗GPT의 다양한 기능에 대해 살펴보았습니다. 요약하면 다음과 같습니다.

- 챗GPT를 사용하면 텍스트 대화, 음성 대화, 이미지 입력, 이미지 생성 기능뿐만 아니라 인터넷 검색, 고급 데이터 분석, 파일 업로드, 맞춤형 GPT 및 GPT 스토어를 사용할 수 있습니다. 이러한 다양한 기능을 복합적으로 활용해서 챗GPT 또는 맞춤형 GPT에게 일을 시킬 수 있습니다.

- 무료 사용자도 직접 맞춤형 GPT를 만들고 GPT 스토어에 공유하는 기능만 제외하면 유료 사용자가 쓸 수 있는 모든 기능을 사용할 수 있지만 사용할 수 있는 메시지 수에 제한이 있습니다.

CHAPTER **6**

챗GPT와 효과적으로
대화하기

1–3장에서 챗GPT 작동 원리에 대해 알아보았고, 4–5장에서 챗GPT의 기본 사용법과 다양한 기능에 대해 살펴보았습니다. 이번 장에서는 어떻게 챗GPT와 효과적으로 대화를 해서 원하는 답변을 얻을 수 있는지 알아보겠습니다.

6.1 효과적인 프롬프트 작성하기

프롬프트는 대규모 언어 모델에 입력되는 값으로 대규모 언어 모델이 우리가 원하는 출력을 생성하도록 지시하고, 모델에게 답변 생성에 도움이 되는 정보를 알려주는 역할을 합니다. 쉽게 챗GPT 대화창에 입력하는 메시지가 프롬프트이고, 챗GPT에게 어떻게 일을 잘 시켜야 우리가 원하는 답을 얻을 수 있을지에 대한 고민의 결과, 즉 프롬프트를 잘 작성하는 작업이 바로 프롬프트 엔지니어링입니다. 프롬프트 엔지니어링이라는 말이 통용되고 있지만 엔지니어링보다는 명확한 지시를 내리기 위해 글을 잘 쓰는 작업에 더 가깝습니다.

우선 효과적인 프롬프트 작성의 근간이 되는 원리를 살펴보겠습니다. 앤드류 응의 'Generative AI for everyone(모두를 위한 생성형 AI)' 강의[1]를 참고했습니다.

 유용한 답변을 얻기 위한 프롬프트 작성의 세 가지 단계

어떻게 프롬프트를 작성해야 정확하면서도 유용한 답을 얻을 수 있을까요?

---

1 https://www.coursera.org/learn/generative-ai-for-everyone/

그 원리를 이해하기 위해 다음의 세 가지 단계를 생각할 수 있습니다.

1 챗GPT를 협업할 수 있는 똑똑한 파트너로 생각하기

우선 챗GPT를 우리와 협업할 수 있는 똑똑한 파트너로 생각하는 것부터 출발하겠습니다. 챗GPT가 대규모 데이터를 미리 학습해서 학습한 내용을 기반으로 사용자가 원하는 상황에 맞게 답변을 생성할 수 있다는 것을 알면 다방면으로 협업 가능한 유능한 파트너로 생각하는 데 무리가 없습니다.

2 프롬프트를 명확하고 구체적으로 작성하기

아무리 똑똑한 파트너라도 결과물을 정확히 알려주지 않으면 내가 원하는 것을 가져올 수 없습니다. 그러므로 원하는 작업을 자세하게 설명하고, 결과물 생성에 참고할 수 있는 정보를 충분히 제공하는 것이 좋습니다. 예시를 들어 설명하거나, 원하는 결과물의 형태(표/글머리 기호/번호 매기기와 같은 형식, 목차 구성, 분량 등)를 명확히 지정하는 식입니다. 또한 결과물을 얻을 수 있는 중간 과정이 명확하다면 이에 대해 단계별로 지시를 내리는 것이 더 좋은 결과물을 얻는 데 효과적입니다. 지시가 두루뭉술하면 파트너는 뭐라도 답은 해야 하니까 굉장히 일반적인 내용의 답변을 정리해서 가져올 수밖에 없습니다.

3 결과물을 다듬으면서 원하는 결과 얻기

이런 과정을 거치더라도 내 생각을 이해해서 한 번에 완벽한 결과물을 가져오는 것은 쉬운 일이 아닙니다. 협업할 때 초기 결과물을 보고 피드백을 주고받으며 원하는 방향으로 수정하는 것과 마찬가지로, 챗GPT가 처음 내놓는 결과물이 마음에 들지 않을 경우 다시 프롬프트에 피드백하거나 추가로 필요한 정보를 제공하는 등 의사소통하면서 결과물을 다듬고 개선하면 비로소 원하는 결과물을 완성할 수 있습니다.

강조하고 싶은 것은 모든 경우에 딱 들어맞는 완벽한 프롬프트는 없다는 것입니다. 그렇기 때문에 주어진 상황에 맞게 여러 가지 프롬프트를 작성하면서 어떤 프롬프트가 입력되었을 때 어떤 식으로 답하는에 대해 테스트하며 감을 잡는 것이 좋습니다.

 **TIPs**

제로샷 vs 퓨샷 프롬프트

아무런 예시를 주지 않고 바로 문제를 풀도록 지시하는 것을 제로샷zero-shot, 문제 풀이와 관련된 몇 가지 예시를 프롬프트에 추가하는 방법을 퓨샷few-shot이라고 합니다. OpenAI 웹사이트에 올라온 프롬프트 예시를 한국어로 바꿔서 살펴보겠습니다.

– 제로샷 프롬프트 (예시 없음)

> 아래 주어진 텍스트에서 키워드를 추출하세요.
>
>
> 텍스트: {주어진 텍스트}
> 키워드:

– 퓨샷 프롬프트 (몇 가지 예시 제공)

> 아래 주어진 텍스트에서 키워드를 추출하세요.
>
>
> 텍스트 1: Stripe는 웹 개발자가 웹사이트 및 모바일 애플리케이션에 결제 처리를 통합하는 데 사용할 수 있는 API를 제공합니다.
> 키워드 1: Stripe, 결제 처리, API, 웹 개발자, 웹사이트, 모바일 애플리케이션
> ##
> 텍스트 2: OpenAI는 텍스트를 이해하고 생성하는 데 매우 능숙한 최첨단 언어 모델을 학습시켰습니다. 저희의 API는 이러한 모델에 대한 액세스를 제공하며, 언어 처리와 관련된 거의 모든 작업을 해결하는 데 사용할 수 있습니다.
> 키워드 2: OpenAI, 언어 모델, 텍스트 처리, API
> ##
> 텍스트 3: {주어진 텍스트}
> 키워드 3:

이렇게 아무 예시 없이 바로 주어진 텍스트의 키워드를 추출하라고 지시하는 것이 제로 샷, 텍스트 1, 2의 키워드 추출 예시를 각각 제공하고 이를 참고해서 주어진 텍스트 3 의 키워드를 추출하라고 지시하는 것이 퓨샷 방법입니다. 당연히 예시를 포함해서 프롬 프트를 자세히 작성할수록 챗GPT가 우리 의도를 잘 이해해서 더 적절한 답변을 생성 하기를 기대해볼 수 있습니다.

프롬프트 엔지니어링에 특화된 맞춤형 GPT 활용

Prompt Professor GPT, Prompt Perfect GPT 등 프롬프트 엔지니어 링에 특화된 맞춤형 GPT를 활용해서 원하는 목적에 맞는 프롬프트를 생성 한 뒤 이를 챗GPT 메시지 창에 붙여 넣어 사용하는 방법도 있습니다. 다음 의 예시를 보겠습니다.

Prompt Professor

Prompt Professor GPT는 프롬프트 엔지니어링에 특화된 맞춤형 GPT입니다. 프롬프트를 입력한 뒤 개선해 달라고 요청하기, 입력한 프롬프트의 점수를 매겨 달라고 요청하기, 좋은 프롬프트를 만드는 방 법에 대해서 물어보기, 좋은 프롬프트의 원칙에 대해 배우기 등에 활용할 수 있습니다.

저는 2023년 미국 내 브랜드별 자동차 판매 순위를 조사해서 보고서를 만들어야 합니다. 보고서이기 때문에 정확한 출처가 필요합니다. 이 작업 을 위한 좋은 프롬프트를 한글로 작성해주세요.

사용자

Prompt Professor GPT

다음은 2023년 미국 내 자동차 브랜드별 판매 순위에 관한 자세하고 정확한 데이터를 수집하기 위한 프롬프트입니다:

_____

꽤 그럴듯한 프롬프트가 작성되었습니다. 챗GPT 대화창에 붙여 넣어 결과를 비교해보겠습니다.

GPT **프롬프트 엔지니어링에 특화된 맞춤형 GPT의 도움을 받기 전**

> 2023년 미국 내 브랜드별 자동차 판매 순위를 조사해서 보고서를 만들어야 합니다. 보고서이기 때문에 정확한 출처가 필요합니다. 이 작업을 도와주세요.
>
> 사용자

챗GPT

2023년에는 토요타가 미국 자동차 시장에서 가장 많이 팔린 브랜드로, 연간 판매량에서 상당한 성장을 보였습니다. 이어서 포드와 쉐보레가 뒤를 이어 강력한 판매 성과를 보였고, 혼다와 닛산도 상위 브랜드로 꾸준한 성장을 보여줬습니다(Car Brands).

보다 자세한 월별 분석과 분기별 비교, 연간 판매 수치 등을 포함한 상세 정보는 GoodCarBadCar 및 Car Brands와 같은 자료에서 확인할 수 있습니다. 이 자료들은 2023년 동안 다양한 브랜드의 성과를 비교하고 시장 점유율 분석을 제공하여 브랜드별로 어떻게 성과가 달라졌는지 명확하게 보여줍니다(GCBC, Car Brands).

Car Brands https://www.carbrands.org/u-s-car-sales-by-brand/

GCBC

https://www.goodcarbadcar.net/2023-us-auto-sales-figures-by-manufacturer/

 프롬프트 엔지니어링에 특화된 맞춤형 GPT의 도움을 받은 후

###지시사항###

2023년 미국 내 자동차 브랜드별 판매 순위에 대한 자세한 보고서를 작성하세요. 다음 정보를 포함해야 합니다: **사용자**

1. 각 주요 자동차 브랜드의 판매량.
2. 각 브랜드의 시장 점유율 퍼센트.
3. 각 브랜드의 전년 대비 판매 변화.
4. 2023년 자동차 산업에 영향을 미치는 경제적 요인, 기술 발전 또는 규제 변경과 같은 트렌드에 대한 해설.
5. 성장 또는 하락을 강조하기 위해 이전 년도와 비교한 이 2023년 수치.
6. 모든 데이터는 신뢰할 수 있는 산업 보고서 및 데이터베이스에서 출처를 밝히고, 각 데이터 포인트에 대한 인용을 제공해야 합니다.

챗GPT

2023년 미국의 자동차 시장에서는 주요 자동차 브랜드들이 판매 성장과 시장
점유율 변화를 보였으며, 경제적 요인, 기술 발전 및 규제 변경 등이 영향을 미
쳤습니다.

브랜드별 성능

- 도요타는 판매량이 크게 증가하여 연간 판매량이 399,070대에서
  486,621대로, 21.94% 상승했으며 시장 점유율은 11.46%에 달했습니다
  (GCBC).

- 포드는 476,041대에서 518,077대로 판매량이 8.84% 증가하면서 강력
  한 시장 위치를 유지했습니다(GCBC).

- 쉐보레, 혼다, 그리고 닛산 또한 긍정적인 성장을 보였으며, 쉐보레와 혼다는
  각각 15.82% 및 17.31%의 판매 증가를 기록했습니다(GCBC).

- 테슬라는 7.35%의 판매 감소를 경험했지만 전기차 부문에서 여전히 중요한
  역할을 하고 있습니다(GCBC).
  GCBC https://www.goodcarbadcar.net/2023-us-vehicle-
  sales-figures-by-brand/

영향 요인

- 2023년 시장은 공급망 장애 완화로 인해 회복세를 보였으며, 개선된 재고
  상황은 소비자에게 더 많은 선택권을 제공하고 가격을 안정화하는 데 도움
  이 되었습니다(GCBC).

- 정부의 전기차 구매 인센티브는 전기차 판매 증가에 큰 역할을 했으며, 전년
  대비 65% 증가했습니다(GCBC).

- 변동하는 이자율과 인플레이션 수준 같은 경제적 요인들도 자동차 판매에
  영향을 미쳐, 브랜드들이 전략을 조정해야 했습니다(GCBC).

확실히 추천해 준 프롬프트를 사용한 경우 제법 보고서 형태를 잘 갖춘 답변이 생성되는 것을 알 수 있습니다. 이 결과물을 추가로 다듬으면서 원하는 보고서 형태로 개선하는 과정이 필요할 것입니다.

프롬프트 템플릿 제공 웹사이트 활용

특정한 목적에 맞는 프롬프트 템플릿을 제공하는 수많은 웹사이트를 활용하는 방법도 있습니다. 한 가지 예시로 aiforwork.co를 소개합니다.

aiforwork.co 메인 화면에 가면 챗GPT에게 시키고 싶은 일의 분야를 고를 수 있습니다. 법률, 교육, 세일즈, 금융, 마케팅, 고객 서비스 등 여러 분야 중 하나를 고릅니다. 저는 교육(Education)을 예시로 선택했습니다.

교육을 클릭하면 교육 분야에서 어떤 역할을 하고 있는지 선택할 수 있습니다. 여기서는 선생님, 교육 과정 개발자, 교수, 튜터를 고를 수 있도록 지정되어 있습니다. 저는 선생님(Teacher)을 클릭했습니다.

다음 단계에서는 선생님에게 유용한 프롬프트 목록을 확인할 수 있습니다. 이 중 원하는 목적에 맞도록 '강의 계획서 만들기'와 같은 버튼을 클릭하면 강의 계획서를 잘 작성할 수 있게 미리 만들어진 프롬프트 템플릿을 복사할 수 있는 구조입니다.

교육

선생님

프롬프트 선택 👆

🍎 전문가에게 문의하세요: 교사

🗓 출석 기록 만들기

📚 교실 규칙 문서 만들기

📚 교실 좌석 배치도 만들기

📚 커리큘럼 매핑 문서 만들기

📚 전문 개발 계획 수립

📚 학생 행동 보고서 작성

📚 강의 계획서 만들기

이런 방식으로 복사한 프롬프트 템플릿을 챗GPT 대화창에 붙여 넣어서 활용할 수 있습니다.

지금까지 효과적인 프롬프트 작성을 위한 세 가지 단계, 프롬프트 엔지니어링에 특화된 맞춤형 GPT 또는 프롬프트 템플릿 제공 웹사이트를 활용하는 방법에 대해 살펴봤습니다. 이러한 방법 가운데 개인적으로 추천하는 방법은 효과적인 프롬프트 작성을 위한 세 가지 단계를 염두에 두고 직접 프롬프트를 작성하면서 어떤 식으로 지시했을 때 결과를 잘 내놓는지 감을 잡고, 생성되는 결과물을 다듬어서 사용하는 방법입니다. 다음 절에서 살펴볼 GPT 스토어에 배포되어 있는 맞춤형 GPT를 활용하면 이미 특정 목적에 맞춤화되어 있기 때문에 프롬프트를 공들여서 작성하지 않더라도 생성된 결과물을 다듬는 과정을 줄일 수 있는 것도 고려할 만한 부분입니다.

6.2 챗GPT 맞춤 설정과 맞춤형 GPT 활용하기

6.1절에서 살펴본 효과적인 프롬프트 작성하기는 여러 생성형 AI 서비스에 공통적으로 적용가능한 프롬프트, 즉 입력 메시지 작성에 관한 부분입니다. 이번에는 챗GPT에 특화된 기능 두 가지를 알아보겠습니다. 그 원리는 6.1절과 동일합니다. 바로 '협업할 수 있는 똑똑한 파트너에게 결과를 내는 데 도움이 되는 정보 제공하기'입니다.

 챗GPT 맞춤 설정

협업 파트너인 챗GPT에게 내가 어떤 사람이고 어떤 답을 하는 것을 선호하는지 알려주는 부분입니다. 이 정보를 통해 사용자가 어떤 사람인지를 파악해서 선호하는 형태의 답변을 더욱 잘 생성할 수 있게 됩니다. 아래에서 설정하는 법을 알아보겠습니다.

챗GPT 메인 화면에서 오른쪽 위에 있는 사용자 이름 아이콘을 누르면 다음과 같은 창이 나오는데 ChatGPT 맞춤 설정이라는 부분이 있습니다.

이 부분을 클릭하면 다음과 같은 팝업 창이 열립니다.

ChatGPT 맞춤 설정

ChatGPT가 더 나은 응답을 제공해 드리기 위해 사용자님에 대해 알아두어야 할 것이 있다면 무엇인가요?

0/1500

ChatGPT가 어떻게 응답했으면 하시나요?

새 채팅에 사용

저장

취소

"ChatGPT가 더 나은 응답을 제공해 드리기 위해 사용자님에 대해 알아두어야 할 것이 있다면 무엇인가요?"와 "ChatGPT가 어떻게 응답했으면 하시나요?"의 두 가지 질문이 있습니다. 각 문항 빈 칸을 클릭하면 어떤 내용을 작성하면 좋을지 팁도 확인할 수 있습니다.

- "ChatGPT가 더 나은 응답을 제공해 드리기 위해 사용자님에 대해 알아두어야 할 것이 있다면 무엇인가요?" 부분의 팁

- "ChatGPT가 어떻게 응답했으면 하시나요?" 부분의 팁

이렇게 챗GPT를 사용자에게 맞게 맞춤화하는 기능은 2023년 7월 공개되었는데 고개를 갸우뚱할 수도 있습니다. 바로 맞춤형 GPT와 어떤 차이가 있는지에 대해서 말이죠. 2023년 11월 공개된 맞춤형 GPT는 사용자에 대한 정보와 선호하는 응답 형태에 대한 정보만 알고 있는 챗GPT 맞춤 설정에 비해 더욱 발전된 기능입니다.

우리가 챗GPT를 사용하는 목적에 따라 선호하는 응답 형태를 다르게 하고 싶은 경우를 생각해보겠습니다. 만약 보고서를 작성하는 목적으로 쓸 경우 정확한 정보를 기반으로 응답하라고 맞춤 설정할 수 있지만, 글쓰기 주제를 브레인스토밍하는 목적으로 쓸 경우에는 이러한 내용이 맞지 않습니다. 이렇게 사용 목적에 따라 선호하는 응답 형태가 달라질 수 있는데, "ChatGPT가 어떻게 응답했으면 하시나요?" 부분에 대한 답을 매번 바꿔

주면서 사용하기란 여간 번거로운 것이 아닐 것입니다. 챗GPT에 메시지를 입력할 때마다 변경하기는 어려우니 ChatGPT 맞춤 설정에는 어느 용도에 나 일반적으로 적용될 수 있는 선호하는 응답의 형태를 입력하고 메시지 창에 자세한 프롬프트를 작성하는 것이 그나마 좋은 방법일 것입니다. 하지만 특정 목적에 맞게 맞춤화된 GPT를 사용하면 이런 번거로움이 없어질 뿐만 아니라 맞춤 설정을 더 길고 자세히 입력할 수 있고 인터넷 검색, 고급 데이터 분석, 이미지 생성 기능을 사용하도록 지정할 수도 있습니다. 다음에서 바로 살펴보겠습니다

🌀 GPT 스토어에 배포되어 있는 맞춤형 GPT 활용

앞서 유용한 답변을 얻기 위한 프롬프트 작성의 세 가지 단계를 다음과 같이 살펴보았습니다.

1 챗GPT를 협업할 수 있는 똑똑한 파트너로 생각하기

2 프롬프트를 명확하고 구체적으로 작성하기

3 결과물을 다듬으면서 원하는 결과 얻기

여기에서 특정 목적에 맞는 맞춤형 GPT를 사용한다는 것은 특정 분야를 전문으로 하는 파트너와 협업하는 것과 마찬가지입니다. 즉, 위의 1단계가 무엇이든 두루두루 잘하는 파트너에서 특정 분야를 전문적으로 잘할 수 있는 맞춤형 GPT라는 파트너로 변경되는 것입니다. 아무래도 특정 분야의 전문가와 협업하면 내가 지시를 덜 완벽하게 하더라도 더 좋은 결과물을 가져오는 것을 기대해볼 수 있을 것입니다. 마찬가지 이유로 2단계와 3단계, 즉 프롬프트를 신중하게 작성하고 생성된 결과물을 다듬는 과정을 줄일 수 있습니다. 실제로 OpenAI도 프롬프트 템플릿을 복사해서 붙여 넣는 과정

을 맞춤형 GPT가 대체하는 것에 대해 다음과 같이 언급하고 있습니다.

"많은 고급 사용자들은 신중하게 제작한 프롬프트 및 지시 목록을 관리해서, 이것을 수동으로 ChatGPT에 복사합니다. 이제 맞춤형 GPT(GPTs)가 이 모든 작업을 수행합니다."[2]

이때 목적에 맞는 맞춤형 GPT를 직접 만들어서 사용하는 방법도 있고, 다른 사람이 만들어서 GPT 스토어에 배포한 맞춤형 GPT를 찾아서 쓰는 방법도 있습니다. 먼저 배포되어 있는 맞춤형 GPT를 찾아서 사용하는 방법부터 알아보겠습니다.

GPT 스토어(https://chatgpt.com/gpts)에 접속하면 다음과 같은 화면을 볼 수 있습니다.

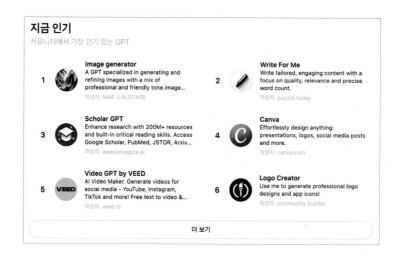

제일 인기 있는 맞춤형 GPT를 확인할 수 있고 글쓰기, 생산성, 연구 및 분석, 교육, 라이프스타일, 프로그래밍 등 각 카테고리별로 인기 있는 맞춤형

---

2 https://openai.com/blog/introducing-gpts

GPT도 볼 수 있습니다. 스마트폰 앱스토어에서 필요한 앱을 찾듯이 GPT 스토어에서 맞춤형 GPT를 찾아서 원하는 일을 하는 것이 가능합니다.

이렇게 GPT 스토어에서 원하는 맞춤형 GPT를 직접 찾아서 사용하는 방법도 있고, 목적에 맞는 맞춤형 GPT를 찾아주는 데 특화된 맞춤형 GPT를 활용해서 필요한 맞춤형 GPT를 추천받는 방법도 있습니다. 이러한 맞춤형 GPT의 예시로 GPT Finder ☞ Best +68,000 GPT Search GPT, GPT Finder – Search Best のGPTs GPT 등이 있는데, 아래의 예시에서 활용 방법을 살펴보겠습니다.

GPT Finder ☞ Best +68,000 GPT Search

GPT Finder ☞ Best +68,000 GPT Search GPT는 공개된 모든 맞춤형 GPT를 검색해서 목적에 딱 맞는 GPT를 쉽게 찾을 수 있는 맞춤형 GPT입니다. 오늘 가장 인기 있는 맞춤형 GPT가 무엇인지 묻거나 이번 주 마케팅 분야에서 가장 인기 있는 맞춤형 GPT를 보여달라고 요청하기, 카피 라이팅에 가장 좋은 GPT를 보여달라고 요청하기, 검색 엔진 최적화를 도와줄 수 있는 맞춤형 GPT 요청하기 등에 활용할 수 있습니다.

저는 엑셀, 파워포인트, 워드, PDF파일을 자주 다루는 직장인인데 제게 유용한 GPTs를 추천해주세요. 한글로 답변해주세요.

사용자

다음은 Excel, PowerPoint, Word 및 PDF 파일을 자주 다루는 전문직 종사자를 위해 특별히 마련된 GPT 도구입니다:

GPT
Finder
☞ Best
+68,000
GPT
Search
GPT

Excel

1. Excel Maestro: Excel 공식, 차트, 피벗 테이블 및 데이터 조직에 대한 전문적인 지침을 제공하는 도구입니다. 자세히 알아보기

2. Excel Data Wizard And File Analyzer: Excel 기능, 공식 생성, 프로그래밍 및 차트 생성에 대한 안내를 제공합니다. 자세히 알아보기
3. Excel Formula AI Generator & Data Analyst: 복잡한 Excel 공식을 생성하거나 AI를 사용하여 Excel 데이터를 분석합니다. 자세히 알아보기

PowerPoint

1. PowerPoint AI: 매력적인 PowerPoint 슬라이드를 생성하는 데 도움을 줍니다. 자세히 알아보기
2. PowerPoint Presentation GPT: 주제에 맞는 차트와 이미지를 포함한 프레젠테이션을 생성합니다. 자세히 알아보기
3. PowerPoint Deck Master: 데이터나 주제로부터 PowerPoint 데크를 구축하고 VB 스크립트로 자동화합니다. 자세히 알아보기

Word

1. Word Assistant – the Word Expert: 초보자부터 고급 사용자까지 MS Word에 대한 맞춤형 지원을 제공합니다. 자세히 알아보기
2. Word Document Polisher: Word 문서를 전문적인 수준으로 향상시킵니다. 자세히 알아보기
3. Word Smith: 텍스트의 명확성과 참여도를 높여 효과적인 커뮤니케이션을 돕습니다. 자세히 알아보기

PDF

1. PDF Ai PDF: PDF 파일을 안전하게 저장하고 OCR 기능을 포함하여 PDF 파일과 상호작용하는 플랫폼을 제공합니다. 자세히 알아보기
2. PDF Summarizer and Translator: PDF 문서를 요약하고 번역하며, 비교 분석을 도와줍니다. 자세히 알아보기
3. PDF Data Extraction to Excel: PDF에서 데이터를 추출하여 Excel로 전환하며, 필드 및 템플릿 헤더를 지정할 수 있습니다. 자세히 알아보기

이러한 GPT 도구들은 당신의 문서 작업을 효율적으로 처리하면서 생산성을 크게 향상시킬 수 있습니다. 필요에 따라 이 도구들을 탐색하고 사용해보세요!

직접 맞춤형 GPT 구축 및 배포

원하는 맞춤형 GPT를 직접 만들어서 사용할 수도 있습니다. 5장에서 코드 한 줄 없이 대화로 맞춤형 GPT를 만드는 것이 가능하고, 파일을 업로드하여 맞춤형 GPT에게 관련 지식을 제공할 수도 있다는 것을 알 수 있었습니다. 이번에는 직접 맞춤형 GPT를 만들고 배포하는 예시를 살펴보겠습니다.

저는 귀여운 조카를 위한 스무고개 GPT를 만들어보겠습니다. 챗GPT에서 'GPT 탐색'을 클릭합니다.

다음으로 오른쪽 위의 [만들기] 버튼을 클릭합니다.

다음과 같이 맞춤형 GPT를 만들 수 있는 화면이 보입니다.

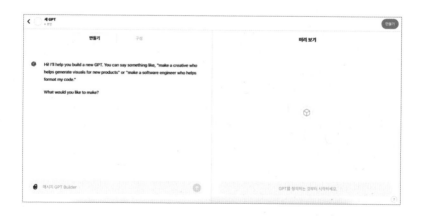

우선 왼쪽 화면의 만들기 탭에서 아래와 같이 대화를 나누어 보겠습니다.

Hi! I'll help you build a new GPT. You can say something like, "make a creative who helps generate visuals for new products" or "make a software engineer who helps format my code."

What would you like to make?

(안녕하세요! 새 GPT를 만드는 것을 도와드리겠습니다. "새 제품의 비주얼을 만드는 데 도움을 주는 크리에이터를 만들어주세요" 또는 "내 코드 형식을 만드는 데 도움을 주는 소프트웨어 엔지니어를 만들어주세요"와 같이 말할 수 있습니다.

무엇을 만들고 싶으신가요?)

사용자

저는 어린이를 위한 스무고개 게임을 만들려고 합니다.

스무 고개 게임은 참가자가 생각한 사물이나 개념을 맞추는 퀴즈 형식의 게임이며, 기본적인 규칙은 다음과 같습니다.

1. 생각하기: 한 명의 플레이어(생각하는 사람)가 어떤 사물, 사람, 장소, 동물 등을 떠올립니다. 이 사물이나 개념은 다른 플레이어들이 맞춰야 합니다.

2. 질문하기: 나머지 플레이어(질문하는 사람)가 생각한 사물을 맞추기 위해 질문을 합니다. 질문은 '예' 또는 '아니오'로 대답할 수 있는 형태여야 합니다. 예를 들어, "이것은 살아 있나요?" "이것은 동물인가요?" 등입니다.

3. 답변하기: 생각하는 사람은 질문에 대해 '예' 또는 '아니오'로 답합니다. 필요한 경우 "잘 모르겠어요" 또는 "관계없어요"라는 답변도 허용될 수 있습니다.

4. 맞추기: 질문을 통해 정보를 수집한 후, 플레이어는 사물을 맞추기 위해 추측을 합니다. 20개의 질문 안에 정답을 맞히면 성공입니다. 만약 20개의 질문이 모두 끝난 후에도 정답을 맞히지 못하면 생각하는 사람이 승리하게 됩니다.

5. 게임 종료 및 교체: 한 라운드가 끝나면 역할을 바꿔서 게임을 다시 시작할 수 있습니다.

항상 한글로 응답해주세요.

GPT builder
스무고개 게임의 기본 구조를 설정했습니다. 다음으로 GPT용 프로필 사진을 만들어보겠습니다. 검토할 수 있도록 초기 프로필 사진을 생성해드리겠습니다.

다음은 GPT의 초기 프로필 사진입니다. 마음에 드시나요, 아니면 변경할 부분이 있나요?

사진이 마음에 듭니다. GPT 이름은 "스무고개 게임 도우미" 대신 "스무고개 친구"로 바꿔주세요.
 사용자

 GPT builder
이제 "스무고개 친구"로 이름을 변경했습니다. 다음으로 어떤 점을 강조하거나 피해야 할 것이 있나요?

항상 친절하고 유쾌한 톤을 유지해주세요.
 사용자

 GPT builder
이제 "스무고개 친구"는 항상 친절하고 유쾌한 톤을 유지할 것입니다. 다른 추가하거나 변경하고 싶은 사항이 있나요?

이렇게 단순히 대화를 나누기만 했는데 맞춤형 GPT의 이름과 프로필 사진, 그리고 맞춤형 GPT가 생성되었습니다.

다음으로 만들기 탭 옆의 구성 탭을 누르면 맞춤형 GPT의 구성 요소가 대화한 내용을 기반으로 자동으로 채워져 있는 것을 확인할 수 있습니다.

이름이나 설명은 마음에 들고 영어로 작성되어 있는 지침도 충분히 잘 작성되었지만, 조카가 이모티콘을 좋아하기 때문에 적절한 경우에 이모티콘을 사용해달라고 추가 지침을 작성했습니다. 대화 스타터 부분에서는 메인 화면에 보이는 예시 질문을 설정할 수 있는데 저는 "게임을 시작해 주세요!"를 지정했습니다. 그리고 지식 부분에서는 5장에서 살펴보았듯이 맞춤형 GPT에게 추가로 지식을 주입하고 싶을 때 사용할 수 있는데 스무고개 게임에는 필요하지 않으므로 제외했습니다. 마지막으로 기능의 경우 웹 브라우징(인터넷 검색), DALL·E 이미지 생성, 코드 인터프리터(고급 데이터 분석)이 있는데 스무고개 게임에는 고급 데이터 분석은 필요하지 않고 혹시 조카가 궁금한 걸 검색하거나 정답을 맞춘 뒤 그림을 그려달라고 할 수도 있으니 나머지 두 개는 남겨두었습니다(작업 기능은 API를 사용하는 심화 기능으로 이 책의 범위에는 맞지 않아 제외합니다).

이렇게 최종으로 구성 탭을 수정한 뒤 오른쪽 화면의 미리보기를 이용해 대화를 나눠보겠습니다.

순식간에 조카를 위한 끝말잇기 GPT가 완성되었습니다! 오른쪽 위의 [만들기] 버튼을 클릭합니다.

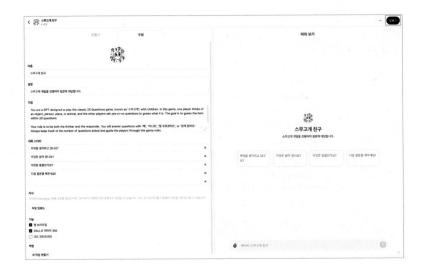

나만 보기, 링크가 있는 모든 사람, GPT 스토어 세 가지 옵션 중 GPT 스토어에 배포하면 맞춤형 GPT 배포가 완료됩니다.

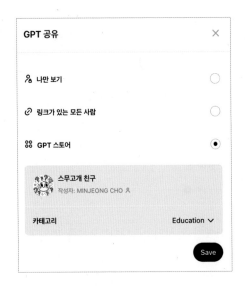

GPT 스토어에서 스무고개 친구 GPT를 찾아서 끝말잇기를 해봅니다.

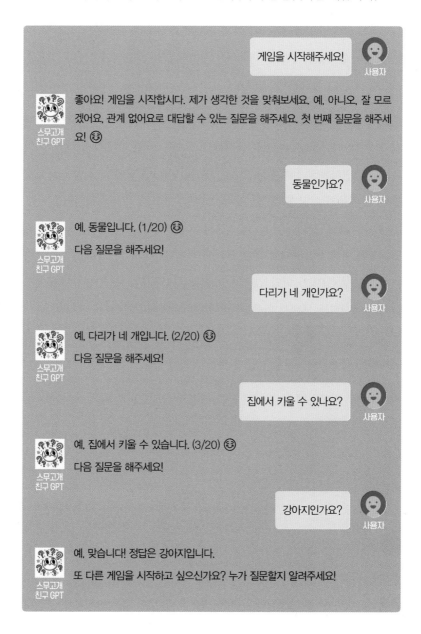

사용자

게임을 시작해주세요!

스무고개
친구 GPT

좋아요! 게임을 시작합시다. 제가 생각한 것을 맞춰보세요. 예, 아니오, 잘 모르
겠어요, 관계 없어요로 대답할 수 있는 질문을 해주세요. 첫 번째 질문을 해주세
요! 😊

사용자

동물인가요?

스무고개
친구 GPT

예, 동물입니다. (1/20) 😊
다음 질문을 해주세요!

사용자

다리가 네 개인가요?

스무고개
친구 GPT

예, 다리가 네 개입니다. (2/20) 😊
다음 질문을 해주세요!

사용자

집에서 키울 수 있나요?

스무고개
친구 GPT

예, 집에서 키울 수 있습니다. (3/20) 😊
다음 질문을 해주세요!

사용자

강아지인가요?

스무고개
친구 GPT

예, 맞습니다! 정답은 강아지입니다.
또 다른 게임을 시작하고 싶으신가요? 누가 질문할지 알려주세요!

6.3 챗GPT에게 시킬 일 파악하기

1, 2절에서는 챗GPT라는 파트너와 협업해서 유용한 결과물을 얻을 수 있는 방법을 알아봤습니다. 이번에서는 챗GPT라는 파트너에게 어떤 업무를 시킬 수 있는지 생각해보겠습니다.

챗GPT를 실제로 어떻게 생활에 적용해볼 수 있을까요? 이를 위해서는 내가 일상적으로 하고 있는 일을 나열해보고, 그중 어떤 일에 도움 받을 수 있을지를 고민하는 과정이 필요합니다. 그렇다면 어떤 일에 가장 많은 도움을 받을 수 있는지 어떻게 판단할 수 있을까요? 앤드류 응은 'Generative AI for Everyone' 강의에서 1)기술적으로 가능한지 2)시간이나 돈을 아낄 수 있는지에 대해 생각하라고 권합니다. 1)의 경우는 GPT 스토어를 살펴보며 어떤 맞춤형 GPT가 나와 있는지 그 활용 사례를 참고하거나 챗GPT에게 실제로 메시지를 보내서 일을 잘 해내는지 확인해볼 수 있을 것입니다. 2)는 챗GPT가 이 일을 도와주거나 대신해주는 것이 내게 얼마나 가치가 있는지를 생각해봄으로써 확인할 수 있을 것입니다.

기술적으로 가능하며, 시간이나 돈을 아낄 수 있는 일 중 많은 독자에게 공통적으로 적용될 수 있는 다음 세 가지 분야를 살펴보겠습니다. 이것이 챗GPT가 할 수 있는 모든 일들을 포함하는 것은 아니지만 챗GPT 사용의 좋은 출발점이 될 것이라고 생각합니다.

🌀 자료 조사

우리는 다양한 경우에 자료를 조사하는 상황에 놓입니다. 상황에 따라 그 구체적인 내용은 달라지지만 문제를 해결하기 위한 접근 방식은 동일합니다. 인터넷 검색 결과나 관련된 파일, 책 등 다양한 출처에서 특정 주제에 대한 관련 정보를 찾고 이 정보를 종합해서 요약된 자료 조사 결과물을 만드는 일련의 과정을 거치는 것입니다.

챗GPT는 이미 인터넷에 있는 방대한 자료를 학습한 상태이고, 인터넷 검색 기능으로 최신 자료를 찾아서 출처를 제공할 수도 있으며, 내가 가진 파일을 업로드해 분석할 수도 있고, 언어 장벽이 없기 때문에 외국어로 된 자료까지 번역해서 참고할 수 있습니다. 필요 시 고급 데이터 분석까지 부탁할 수도 있습니다.

이렇게 직접 관련된 자료를 일일이 검토하는 노력을 들이지 않고도 챗GPT에게 일을 시킴으로써 비교도 안 될 정도로 짧은 시간 동안 다양한 출처의 정보가 요약된 자료 조사 초안을 제공받을 수 있습니다. 뿐만 아니라 이 자료 조사 내용에 대해 대화나 질의응답을 이어나가는 상호작용을 통해 조사된 자료를 충분히 이해하는 것도 가능합니다.

일상생활, 업무, 학습, 콘텐츠 제작, 프로그래밍 분야에서 챗GPT의 도움을 받아 자료 조사를 할 수 있는 예시는 다음과 같습니다.

- 일상생활: 현지 식당, 관광 명소에 대한 정보를 요약해서 여행 계획 세우기
- 업무: 업계의 최신 동향이나 경쟁사의 분석 보고서를 요약해서 미팅 준비하기
- 학습: 특정 개념이나 이론에 대한 정보를 요약해서 학습 자료로 활용하고, 연습 문제 풀어보기
- 콘텐츠 제작: 특정 역사적 사건에 대한 정보를 요약해서 실화를 기반으로 한 소설 작성에 이용하기
- 프로그래밍: 특정 분야의 기술 트렌드에 대한 정보를 요약해서 개발 프로젝트의 기술 스택 결정하기

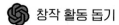 창작 활동 돕기

또 다른 분야로 창작 활동이 있습니다. 새로 무언가를 창작하고자 할 때 혼자 고민하면서 0에서부터 시작하기보다는 챗GPT와 대화하면서 아이디어를 발전시키거나, 머릿속에 떠오르는 아이디어를 글이나 이미지로 생성하라고 요청해서 구체화시킨 뒤 결과물을 보며 수정해가는 것이 훨씬 더 빠른 방법일 것입니다. 이미 구체적인 글쓰기 아이디어가 있는 경우 관련 정보와 글 목차, 기존에 작성했던 문서 등 참고할 수 있는 자료를 충분히 제공한 뒤 초안 작성을 요청하고 그 후 생성된 결과물을 수정해나가면 시간을 아낄 수 있습니다. 또한 사용자가 직접 작성한 초안에 대해 분석이나 교정과 같은 피드백을 요청할 수 있으며 외국어로 글을 작성하는 것도 가능합니다.

일상생활, 업무, 학습, 콘텐츠 제작, 프로그래밍 분야에서 챗GPT의 도움을 받아 창작 활동할 수 있는 예시는 다음과 같습니다.

- 일상생활: 일기나 편지 쓸 때 글쓰기 아이디어 제공받기
- 업무: 프레젠테이션이나 각종 보고서 작성에 필요한 초안과 이미지 생성하기
- 학습: 복잡한 개념을 설명하는 강의 자료 제작에 필요한 창의적인 설명이나 비유 제공받기
- 콘텐츠 제작: 소설을 쓰기 위한 아이디어 구상이나 개인이 선호하는 특정한 스타일의 글, 이미지, 음악, 동영상 등 다양한 형식의 콘텐츠 생성하기
- 프로그래밍: 원하는 기능을 구현할 수 있는 코드 작성에 대한 아이디어 제공받기

롤플레이 및 시뮬레이션

마지막으로 챗GPT가 특정한 상황에 놓인 가상의 인물 역할을 맡아 대화를 이어가는 기능이 유용할 때가 있습니다.

일상생활, 업무, 학습, 콘텐츠 제작, 프로그래밍 분야에서 챗GPT의 도움을 받아 롤플레이 및 시뮬레이션을 할 수 있는 예시는 다음과 같습니다.

- 일상생활: 어려운 상황이 있을 때 미리 대화 예행 연습하기
- 업무: 직장 내 특정 상황에 대해 협상 기술 연습하기
- 학습: 외국어 학습을 위해 다양한 상황을 가정해서 대화 연습하기
- 콘텐츠 제작: 등장인물 간의 대화나 상황을 시뮬레이션 하면서 소설 속 인물들의 대화나 행동을 더욱 사실적으로 묘사하기
- 프로그래밍: 앱의 사용자 경험을 테스트하기 위해 가상의 사용자 역할로 시뮬레이션하기

6.4 한계 이해하고 사용하기

챗GPT와 효과적으로 대화하기 부분의 마지막 절에서는 챗GPT의 한계를 잘 이해하고 사용해야 한다는 것에 대해 살펴보겠습니다.

챗GPT가 짧은 시간 동안 엄청난 발전을 거듭하면서 1장에서 살펴본 대규모 언어 모델의 한계, 즉 최신 정보의 부재, 환각 현상, 컨텍스트 길이 제한, 출력의 편향과 유해성과 같은 문제가 상당히 개선되었다는 것을 알 수 있었습니다.

그럼에도 불구하고 여전히 답변에 오류가 있을 수 있다는 점에 주의하여 정확한 정보가 필요한 경우 한 번 더 확인하고 사용해야 합니다. 또한 인터넷 검색 기능을 사용해서 출처를 확인할 수 있는 경우나 정확한 근거를 기반으로 답변을 내놓는 맞춤형 GPT를 사용하더라도 여전히 그 출처 및 내용이 신뢰할 수 있는 것인지는 사용자가 다시 확인하는 과정이 필요합니다.

마지막으로 챗GPT와의 대화 내용과 업로드하는 이미지, 파일이 보관되어 OpenAI의 모델 개선을 위한 학습에 사용될 수 있다는 점에 주의해야 합니다. 그렇기 때문에 개인정보나, 회사의 보안 규정에 따라 보안에 민감한 데이터를 입력하지 않도록 주의해야 합니다(단, 이것은 챗GPT나 챗GPT 플러스를 사용하는 개인 사용자에 적용되는 것이고 만약 챗GPT 팀, 챗GPT 엔터프라이즈 및 API 플랫폼처럼 비즈니스용 서비스를 사용하는 경우에는 콘텐츠를 모델 학습에 사용하지 않는다고 명시되어 있습니다).

- 채팅
  - 설정 – 데이터 제어 – 모두를 위한 모델 개선이 켜져 있는 경우에는 채팅 내용이 무기한 보관되고 이 옵션을 끌 경우 채팅 내용이 모델 개선을 위한 학습에 사용되지 않음
  - 챗GPT에서 채팅을 삭제하면 사용자 측에서는 사라지고 남용 여부를 모니터링하기 위해 30일 동안 보관된 후 영구 삭제
- 파일
  - 고급 데이터 분석 기능이나 문서 분석을 통해 처리된 파일이나 맞춤형 GPT를 통해 사용된 파일은 사용하는 서비스에 따라 일정 기간 동안 보관
  - 이미지 입력 기능을 통해 처리된 이미지나 직접 맞춤형 GPT를 만들 때 지식 형태로 업로드한 파일은 무기한 보관[3] [4]

6장에서는 챗GPT와 효과적으로 대화하는 방법에 대해 알아보았습니다. 요약하면 다음과 같습니다.

- 유용한 답변을 얻기 위해 1)챗GPT를 협업할 수 있는 똑똑한 파트너로 생각하고 2)프롬프트를 명확하고 구체적으로 작성한 뒤 3)결과물을 다듬으면서 원하는 결과를 얻는 단계에 대해 알아보았습니다.

---

3 https://help.openai.com/en/articles/8555545-file-uploads-faq
4 https://help.openai.com/en/articles/7039943-data-usage-for-consumer-services-faq

- 챗GPT 맞춤 설정과 목적에 맞는 맞춤형 GPT(GPTs) 활용을 통해 프롬프트를 신중하게 작성하고 생성된 결과물을 다듬는 과정을 줄일 수 있습니다.

- 자료 조사나 창작 활동 돕기, 롤플레이 및 시뮬레이션 등 기술적으로 가능하면서도 시간이나 돈을 아낄 수 있는 일을 파악해서 실제로 사용해 보는 것과 챗GPT의 한계를 이해하고 사용하는 것의 중요성에 대해 알아보았습니다.

## PART 3

챗GPT 제대로 써먹기

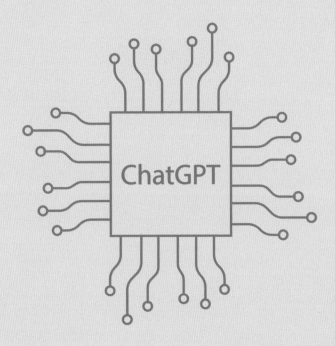

3부에서는 일상생활, 업무, 학습, 콘텐츠 제작, 프로그래밍에 챗GPT를 활용할 수 있는 사례를 살펴보겠습니다. 여러 가지 사례를 살펴보면서 실제로 나에게 어떻게 적용해서 도움을 받을 수 있을지, 어떻게 생성된 결과물을 다듬어가면서 협업 파트너로 사용할 수 있을지 생각하며 읽어보는 것을 추천합니다.

CHAPTER 7

일상에서
제대로 써먹기

7.1 일상생활 팁

 요리

오늘 뭐 먹을지 자주 생각하는 사람은 요리와 관련된 여러 가지 도움을 받을 수 있습니다. 예를 들어 지금 냉장고에 있는 재료를 텍스트로 입력하거나 사진을 찍어 업로드한 뒤 이 재료를 이용해서 만들 수 있는 레시피를 추천해달라고 하거나, 레시피를 입력한 뒤 베지테리언 레시피로 변경하거나, 간단한 도시락 메뉴를 추천하는 등에 활용할 수 있습니다.

OpenAI에서 만든 맞춤형 GPT 중 음식과 관련된 Sous Chef(수셰프) GPT, Mocktail Mixologist(목테일 믹스 전문가) GPT가 있는데 Sous Chef GPT는 사용자가 좋아하는 음식이나 가지고 있는 재료를 바탕으로 레시피를 알려주는 역할을, Mocktail Mixologist GPT는 가지고 있는 재료로 만들 수 있는 무알코올 칵테일 레시피를 알려주는 맞춤형 GPT입니다. 예시에서는 Sous Chef GPT를 이용해서 저녁 메뉴 레시피를 찾아보겠습니다.

Sous Chef

Sous Chef GPT는 사용자가 가지고 있는 음식 재료나 좋아하는 음식을 기반으로 한 레시피를 알려주는 맞춤형 GPT입니다. 냉장고 사진을 업로드 하고 레시피 추천, 데이트 상대를 감동시킬 수 있는 레시피 추천, 저녁 메뉴 추천, 건강한 간식 추천 등에 사용할 수 있습니다.

오늘 저녁에 뭘 먹을까요?

사용자

Sous
Chef
GPT

안녕하세요! 오늘 저녁으로 무엇을 드시고 싶으신가요? 제가 여러분의 취향과 필요에 맞는 완벽한 요리를 제안해드릴 수 있도록 몇 가지 질문을 드리겠습니다.

식사에 포함시키고 싶지 않은 재료가 있나요? (예: 알레르기가 있는 재료)

특별히 선호하는 요리 스타일이 있나요? (예: 한국 요리, 이탈리아 요리 등)

식사 준비에 얼마나 많은 시간을 투자하고 싶으신가요?

이 정보를 바탕으로, 여러분의 취향에 맞는 맛있고 건강한 저녁 식사를 추천해드릴게요!

1. 육류 2. 한식 3. 20분 내로 완성할 수 있는 간단한 요리

사용자

Sous
Chef
GPT

육류를 배제하고, 한식 스타일로 20분 내에 간단히 준비할 수 있는 요리를 원하신다면, "김치 볶음밥"을 추천드립니다! 김치 볶음밥은 집에 있는 남은 김치와 밥을 활용하여 빠르고 맛있게 만들 수 있는 요리로, 바쁜 일상 속에서도 영양가 있고 맛있는 식사를 즐길 수 있게 해줍니다.

김치 볶음밥 레시피

- 재료:
    김치 1컵, 잘게 썬 것
    밥 2컵 (차가운 밥이 더 좋습니다)
    식용유 2큰술
    대파 1대, 송송 썬 것
    마늘 2쪽, 다진 것
    간장 1큰술
    깨소금 1/2작은술
    참기름 1작은술
    후추 약간
    (선택 사항) 고추가루 1/2작은술, 설탕 1/2작은술

- 만드는 방법:

중불로 예열된 팬에 식용유를 두르고 마늘, 대파를 넣어 향이 나기 시작할 때까지 볶습니다.

잘게 썬 김치를 넣고 김치가 약간 투명해질 때까지 중불에서 볶습니다.

밥을 넣고 고루 섞이도록 볶습니다. 밥알이 서로 붙지 않게 주의하면서 간장, 깨소금, 후추(및 선택 사항인 고추가루와 설탕)를 넣고 잘 섞습니다.

마지막에 참기름을 넣고 한 번 더 잘 섞은 후 불을 끕니다.

접시에 담고 원한다면 흰깨나 녹색의 파를 송송 썬 것으로 장식합니다.

이 김치 볶음밥은 간단하면서도 한국의 맛을 잘 살린 요리로 바쁜 날에도 영양과 맛을 챙길 수 있습니다. 만약 채식을 원하지 않는다면 달걀 프라이나 참치캔을 추가하여 더욱 풍성한 맛을 즐길 수도 있습니다.

이 요리에 관심이 있으시면 필요한 재료 목록을 드릴게요!

> 지금 김치가 없으니 다른 레시피를 추천해주세요.
>
> 사용자

Sous
Chef
GPT

김치가 없다면 또 다른 간단하고 맛있는 한식 요리로 "된장찌개"를 추천드립니다. 된장찌개는 기본 재료만 있어도 깊고 풍부한 맛을 낼 수 있으며, 20분 내에 준비할 수 있어 바쁜 일상 속에 안성맞춤인 요리입니다.

된장찌개 레시피

- 재료:

된장 2큰술

물 4컵

두부 1/2모, 깍둑썰기

양파 1/2개, 채 썰기

호박 (애호박) 1/2개, 깍둑썰기

감자 1개, 깍둑썰기

대파 1대, 송송 썰기

(선택 사항) 고춧가루 1작은술

- 만드는 방법:

  냄비에 물을 붓고 된장을 풀어 넣은 후 중불에서 끓입니다.

  물이 끓기 시작하면 감자와 양파를 넣고 10분 정도 끓입니다.

  감자가 반쯤 익었을 때 호박을 추가하고 5분 더 끓입니다.

  두부와 대파를 넣고, 원한다면 고춧가루를 추가하여 약 5분 정도 더 끓인 후 불을 끕니다.

  깊은 맛을 내고 싶다면 마지막에 살짝 된장을 추가할 수 있습니다.

된장찌개는 재료를 다양하게 변형할 수 있어 육류를 넣지 않아도 되며, 각종 채소나 해산물 등을 추가하여 여러분의 취향에 맞게 조절할 수 있습니다. 이 레시피는 기본적이지만 식탁 위에 훌륭한 한 끼 식사로 제격입니다.

된장찌개를 위한 재료 리스트를 작성해드릴까요?

 네
사용자

 된장찌개를 위한 재료 리스트입니다. 이 리스트는 온라인 쇼핑이나 장보기에 편리하게 사용할 수 있도록 준비했습니다.

Sous
Chef
GPT

된장찌개 재료 리스트

된장: 2큰술

두부: 1/2모

양파: 1/2개

호박 (애호박 권장): 1/2개

감자 1개

대파: 1대

(선택 사항) 고춧가루: 1작은술

추가 사항

물: 4컵 (특별히 구매할 필요는 없지만, 레시피에 필요합니다.)

이 재료들을 바탕으로 한 된장찌개는 단순하지만 영양가 있고, 다양한 식감과 맛을 즐길 수 있는 한국의 전통 요리입니다. 바쁜 일상 속에서도 간단히 준비할 수 있어 매우 편리합니다. 재료들을 준비하시고 맛있는 된장찌개를 즐겨보세요!

 운동

이번에는 운동하는 데 도움을 받아보겠습니다. 마찬가지로 다양한 상황에 활용할 수 있지만 몇 가지 예시를 생각해보면 오래 앉아 있는 직장인을 위한 허리 스트레칭 추천, 다이어트에 효과적인 운동 추천, 무릎이 아픈 사용자를 위한 운동 계획 세우기를 요청할 수 있습니다. 다음 예시에서는 현재 3km를 겨우 뛰는 수준인 사용자가 하프 마라톤을 준비하기 위한 조언을 구해보겠습니다.

저는 현재 쉬지 않고 3km 달리기를 할 수 있는데 언젠가는 하프 마라톤에 도전해보고 싶어요. 어떻게 준비해야 하는지 조언해줄 수 있나요?

 사용자

챗GPT

하프 마라톤에 도전하고자 하는 것은 훌륭한 목표입니다! 현재 3km를 달릴 수 있는 수준에서 하프 마라톤까지 준비하려면 체계적인 훈련 계획이 필요할 것입니다. 다음은 하프 마라톤을 위한 준비 방법에 대한 몇 가지 조언입니다.

1. 달리기 거리 점차 늘리기: 일주일에 3~4회 정도 달리기를 하면서 매주 또는 격주로 거리를 점차적으로 늘려 가세요. 예를 들어 첫 주는 주 3회 각 4km씩 달리고, 다음 주는 5km씩 달리는 식으로 조정합니다.

2. 장기 훈련 계획 세우기: 하프 마라톤은 약 21km이므로 훈련 계획을 12-16주 정도로 잡고 점차적으로 최대 거리를 18-20km까지 늘릴 수 있도록 계획하세요. 매주 긴 거리를 달리는 날을 정해 점진적으로 늘려가는 것이 좋습니다.

3. 페이스 관리: 달리기 속도를 조절하며 자신의 페이스를 찾는 연습을 하세요. 너무 빠르게 시작하지 않도록 주의하며 일정한 속도로 달릴 수 있도록 연습합니다.

4. 교차 훈련: 다리와 심장을 강화하기 위해 자전거 타기, 수영, 힘 훈련 등 다른 종류의 운동을 주 1~2회 포함시키는 것이 좋습니다. 이는 부상 방지와 체력 유지에 도움이 됩니다.

5. 적절한 휴식: 과훈련을 방지하고 부상 위험을 줄이기 위해 충분한 휴식을 취하고 훈련 일정에 회복 주를 포함시키세요.

6. 영양 관리: 장거리 달리기를 위해 탄수화물 섭취를 늘리는 것을 고려하세요. 경기 전날과 당일에는 고에너지 식사를 하여 충분한 에너지를 확보할 수 있도록 합니다.

7. 모의 경기: 실제 하프 마라톤 대회 전에 대회와 유사한 조건에서 18-20km를 달리는 모의 경기를 해보세요. 이를 통해 경기 당일의 준비 상태를 점검하고 심리적으로도 준비할 수 있습니다.

8. 동기부여 유지: 목표 설정, 훈련 파트너 찾기, 자신의 진행 상황을 기록하는 등 동기부여를 유지할 수 있는 방법을 찾는 것이 중요합니다.

이러한 점들을 차근차근 실천하며 체계적으로 준비한다면 하프 마라톤 완주는 물론, 좋은 결과를 얻을 수 있을 것입니다. 훈련 과정에서 꾸준함과 인내가 중요하니 천천히 그러나 확실히 준비해나가시길 바랍니다!

앞으로 12주간의 훈련 계획을 표로 만들어주세요.

사용자

챗GPT

하프 마라톤을 위한 12주간의 훈련 계획을 아래와 같이 구성했습니다. 주 4회의 달리기 세션을 포함하여 교차 훈련과 휴식일도 포함되어 있습니다. 각 주마다 서로 다른 초점을 두고 체계적으로 달리기 거리와 강도를 증가시키도록 계획했습니다.

주차	월요일	화요일	수요일	목요일	금요일	토요일	일요일
1	휴식	3km 쉬운 달리기	휴식	4km 쉬운 달리기	휴식	5km 쉬운 달리기	교차 훈련
2	휴식	4km 쉬운 달리기	휴식	5km 쉬운 달리기	휴식	6km 쉬운 달리기	교차 훈련
3	휴식	5km 쉬운 달리기	휴식	5km 페이스 달리기	휴식	7km 쉬운 달리기	교차 훈련
4	휴식	5km 쉬운 달리기	휴식	6km 페이스 달리기	휴식	8km 쉬운 달리기	교차 훈련
5	휴식	6km 쉬운 달리기	휴식	6km 페이스 달리기	휴식	10km 쉬운 달리기	교차 훈련
6	휴식	6km 쉬운 달리기	휴식	7km 페이스 달리기	휴식	12km 쉬운 달리기	교차 훈련
7	휴식	7km 쉬운 달리기	휴식	7km 페이스 달리기	휴식	14km 쉬운 달리기	교차 훈련
8	휴식	7km 쉬운 달리기	휴식	8km 페이스 달리기	휴식	16km 쉬운 달리기	교차 훈련
9	휴식	8km 쉬운 달리기	휴식	8km 페이스 달리기	휴식	18km 쉬운 달리기	교차 훈련
10	휴식	8km 쉬운 달리기	휴식	5km 페이스 달리기	휴식	20km 쉬운 달리기	교차 훈련
11	휴식	6km 쉬운 달리기	휴식	5km 페이스 달리기	휴식	12km 쉬운 달리기	교차 훈련
12	휴식	5km 쉬운 달리기	휴식	3km 페이스 달리기	휴식	휴식	하프 마라톤

주의사항:

- "쉬운 달리기"는 여유로운 속도로 편안하게 달리는 것을 의미합니다.
- "페이스 달리기"는 대회에서 유지하고자 하는 속도로 달리는 연습을 의미합니다.
- 교차 훈련은 수영, 자전거, 힘 훈련 등 다른 운동을 할 수 있는 날입니다.
- 훈련 계획은 개인의 체력 상태와 회복 능력에 따라 조정할 수 있습니다.

이 계획을 기반으로 자신의 체력과 상황에 맞게 조정하면서 훈련을 진행해보세요. 각 주마다의 진행 상황을 평가하며 필요에 따라 훈련 강도나 거리를 조절하는 것이 중요합니다.

집안일

처음으로 혼자 살기 시작했을 때 집안일을 어떻게 처리해야 하는지 몰라서 검색해서 여러 가지 글을 읽거나 전화를 돌려본 경험이 있으신가요? 집을 깔끔하게 정리하는 방법이나 빨래 관련 꿀팁을 저장해둔 경험도 많이 있을 것입니다. 이러한 각종 집안일에 대해 정리된 정보도 대화를 통해 알아볼 수 있습니다. 아래 예시에서는 OpenAI에서 만든 맞춤형 GPT 중 Laundry Buddy(빨래 친구) GPT를 이용해서 흰 셔츠에 묻은 커피 얼룩을 지우는 방법에 대해 잘 요약된 정보를 받아보겠습니다.

Laundry Buddy

Laundry Buddy GPT는 얼룩, 세탁기 설정, 세탁물 분류 등 세탁에 관한 모든 것에 특화된 맞춤형 GPT입니다. 회색 후드티를 흰옷과 함께 찬물 세탁해도 되는지, 옷에 부착된 라벨이 무엇을 의미하는지, 커피 얼룩은 어떻게 제거하는지, 레깅스 세탁에는 어떤 설정을 이용해서 세탁해야 하는지 등에 대해 질문할 수 있습니다.

흰 셔츠에 쏟은 커피 얼룩은 어떻게 지울 수 있나요?

사용자

Laundry
Buddy
GPT

커피 얼룩은 신속하게 대처하면 훨씬 쉽게 제거할 수 있어요! 흰 셔츠에 커피를 쏟았다면 걱정 마시고 아래 단계를 따라해보세요.

DO:

- 빠른 대응: 커피를 쏟은 즉시 얼룩을 물로 헹구세요. 더운 물이 가장 효과적이지만 옷감의 종류에 따라 찬물을 사용해야 할 수도 있습니다.

- 액체 세제 사용: 약간의 액체 세제를 얼룩에 직접 바르고 부드럽게 문지르세요. 몇 분 동안 세제가 얼룩에 작용하도록 해주세요.

- 헹구기와 반복: 세제를 바른 후 물로 잘 헹구세요. 얼룩이 완전히 사라질 때까지 이 과정을 반복하세요.

- 세탁: 얼룩 제거 후에는 흰 셔츠를 평소처럼 세탁하세요. 가능하다면 옷감에 안전한 표백제를 사용하여 세탁할 수도 있습니다.

DON'T:

- 얼룩을 문지르지 마세요: 강하게 문지르면 얼룩이 더 깊게 옷감 속으로 박힐 수 있습니다. 대신 얼룩을 가볍게 두드려서 처리하세요.

- 더운 물을 함부로 사용하지 마세요: 일부 옷감은 더운 물에 약할 수 있으니 세탁 라벨을 확인하세요. 특히 실크나 울 같은 민감한 소재는 찬물을 사용해야 할 수 있습니다.

- 세탁기에서 바로 세탁하지 마세요: 얼룩이 완전히 제거되기 전에 세탁기에 넣으면 얼룩이 영구적으로 남을 수 있습니다.

- 얼룩 제거는 조금의 인내와 주의가 필요해요. 하지만 이 단계를 따른다면 흰 셔츠를 다시 깨끗하게 만들 수 있을 거예요!

식물/동물 키우기

집에서 식물이나 동물을 키우시는 분들도, 이와 관련해서 궁금한 것이 생기면 도움을 받아볼 수 있습니다. 아래 예시에서는 OpenAI에서 만든 맞춤형 GPT 중 Planty GPT를 이용해서 방울토마토를 심었는데 왜 열매가 열리지 않는지에 대해 잘 정리된 정보를 확인해보겠습니다.

 Planty

Planty GPT는 식물 관리에 특화된 맞춤형 GPT입니다. 식물 관리에 관한 무엇이든 물어볼 수 있는데, 예를 들어 빛이 잘 안 드는 곳에 적합한 식물 고르기, 이 식물에게 물을 잘 주는 방법, 토마토가 열매를 맺지 않는 이유, 실내에서 키우고 있는 식물의 화분을 얼마나 자주 바꿔줘야 하는지 등에 대해 물어볼 수 있습니다.

방울 토마토를 심었는데 열매가 안 열려요. 왜 그런가요?

 사용자

 방울토마토가 열매를 맺지 않는 경우 몇 가지 원인이 있을 수 있어요. 걱정 마시고 같이 한번 살펴볼까요?

Planty GPT

- 온도: 토마토는 특정 온도 범위에서 가장 잘 자라요. 밤에는 10~20℃, 낮에는 20~30℃가 이상적이에요. 너무 추우면 꽃이 피지 않고, 너무 더우면 꽃가루가 비옥하지 않게 될 수 있어요.

- 수분: 토마토는 규칙적인 물 공급을 필요로 해요. 토양이 너무 건조하거나, 반대로 물에 잠겼을 때 열매 맺는 데 문제가 생길 수 있어요.

- 광량: 충분한 햇빛을 받지 못하면 토마토가 제대로 자라지 못해요. 토마토는 매일 최소 6~8시간의 직사광선을 필요로 해요.

- 비료: 너무 많은 질소 비료를 사용하면 잎이 많이 자라면서 열매를 적게 맺을 수 있어요. 균형 잡힌 비료 사용이 중요해요.
- 꽃가루 수분: 토마토는 바람이나 벌과 같은 외부 요인에 의해 수분되어야 해요. 너무 높은 습도나 바람이 없는 환경에서는 수분이 잘 일어나지 않을 수 있어요.
- 품종: 일부 토마토 품종은 다른 품종보다 열매를 맺기 어려울 수 있어요. 특히, 특정 기후 조건에 맞지 않는 품종을 선택했다면 문제가 될 수 있어요.

해결책으로는, 우선 토마토가 자라기에 이상적인 조건을 만들어주는 것이 중요해요. 온도와 물주기를 조절하고 충분한 햇빛을 확보해주세요. 비료는 균형 잡힌 것을 사용하고 필요하다면 수분을 돕기 위해 부드럽게 꽃을 터치해주세요.

이런 조건들을 조절해도 여전히 문제가 해결되지 않는다면, 품종을 바꿔보거나 현지에서 잘 자라는 다른 토마토 품종을 시도해보는 것도 좋은 방법이에요. 조금만 인내심을 가지고 조정해보면 곧 방울토마토가 잘 자라기 시작할 거예요!

 취미

취미로 할 만한 활동을 찾아보거나 막상 찾았는데도 흥미가 금방 떨어진 경험이 있나요? 이런 경우에 챗GPT와 대화해볼 수 있습니다. 아래 예시에서는 재즈피아노를 독학하고 싶은 사용자에게 챗GPT가 어떤 답변을 하는지 살펴보겠습니다.

피아노 악보를 읽고 연주할 수 있는 수준인데, 재즈 피아노 연주를 배워보고 싶어요. 코드 연습은 너무 재미가 없던데 어떻게 재미있게 재즈 피아노를 독학할 수 있을까요?

사용자

챗GPT

재즈 피아노를 독학하는 과정은 도전적이면서도 매우 보람찬 경험이 될 수 있습니다. 기존에 피아노 악보를 읽고 연주할 수 있는 수준이라면 기본적인 음악 이론과 테크닉을 이미 갖추고 계신 것이므로, 재즈에 특화된 연습 방법을 통해 재미를 느끼면서 실력을 향상시킬 수 있을 거예요. 코드 연습이 지루하게 느껴질 수 있으니 다음과 같은 방법으로 재즈 피아노 연주를 더 재미있게 배워보세요.

1. 유명한 재즈 피아니스트들의 연주 듣기

• 연주 분석: 유명한 재즈 피아니스트들의 연주를 듣고 그들이 사용하는 코드 진행, 멜로디 라인, 리듬 패턴 등을 분석해보세요. 이러한 연주를 듣는 것만으로도 여러분의 귀는 재즈의 다양한 색채와 감정을 더 잘 파악하게 될 것입니다.

• 모방 연습: 좋아하는 솔로나 라인을 골라서 모방해보세요. 이 과정에서 코드 진행과 스타일을 자연스럽게 익힐 수 있습니다.

2. 재즈 스탠더드 연습하기

• 재즈 스탠더드: 재즈 뮤지션들 사이에서 널리 연주되는 곡들을 연습해보세요. 이 곡들은 재즈의 기본이 되는 다양한 코드 진행과 스타일을 포함하고 있습니다.

• 곡 해석: 각 곡을 자신만의 방식으로 해석해보며 다양한 재즈 연주 기법을 실험해보세요. 예를 들어, 멜로디에 변주를 주거나 리듬을 변경해보는 등의 시도를 해보세요.

3. 임프로비제이션 연습

• 소리 내어 노래하기: 들리는 멜로디나 리듬을 무의식적으로 따라 부르다가 그것을 피아노로 연주해보세요. 이 방법은 음악적 아이디어를 자유롭게 표현하는 데 도움을 줄 수 있습니다.

• 코드 톤 사용: 주어진 코드 위에 코드 톤(코드를 구성하는 음)만을 사용하여 솔로를 만들어보세요. 이 방법은 코드에 대한 이해를 깊게 하고 임프로비제이션 능력을 향상시킬 수 있습니다.

4. 재즈 이론 공부

• 온라인 코스 및 자료: 재즈 이론에 대한 기본적인 지식은 연주 능력을 한층 더 향상시킬 수 있습니다. YouTube나 다른 온라인 플랫폼에서 제공하는 재즈 피아노 강의를 찾아 공부해보세요.

- 재즈 책: 재즈 이론과 연주에 관한 책을 읽으며 자신만의 연습 방법을 개발해보세요.

5. 일상에서 재즈 음악 감상하기

- 재즈 음악 감상: 일상에서 재즈 음악을 배경음악으로 틀어놓는 것만으로도 재즈에 대한 감각을 키울 수 있습니다. 음악을 들으면서 특정 부분이나 연주 방식이 마음에 들 경우 그 부분을 찾아서 연습해보세요.

재즈 피아노를 배우는 과정은 개인의 취향과 페이스에 맞춰 진행되어야 하므로 위의 방법들 중에서 자신에게 가장 재미있고 흥미로운 방법을 찾아서 집중적으로 연습해보세요. 재즈는 무엇보다도 자유롭고 개인적인 표현이 중요한 장르이므로 여러분만의 스타일을 찾아가는 과정을 즐기시길 바랍니다.

 기술 지원

새 전자 기기를 샀을 때나, 쓰고 있던 기기가 고장 났을 때 등 각종 기술 관련 문제 해결을 위해 검색을 하고 여러 페이지를 찾아본 경험이 있을 겁니다. 이런 기술적인 문제에 대해 정리된 정보도 바로 요청할 수 있습니다. 아래 예시에서는 OpenAI에서 만든 맞춤형 GPT 중 Tech Support Advisor (기술 지원 어드바이저) GPT를 이용해서 갑자기 노트북에서 마우스 커서가 사라진 경우 어떻게 해결할 수 있는지에 대해 질문을 해보겠습니다.

Tech Support Advisor

Tech Support Advisor GPT는 프린터 설정부터 전자 기기 문제 해결까지 단계별로 도와줄 수 있는 맞춤형 GPT입니다. 예를 들어, 구글 문서를 PDF로 변환하는 방법, 새 스마트폰을 설정하는 방법, 프린터 설치 방법, 특정한 앱의 사용법 등에 대해 도움을 받을 수 있습니다.

제 노트북에서 마우스 커서가 사라졌는데 어떻게 해결할 수 있나요?

사용자

Tech
Support
Advisor
GPT

노트북에서 마우스 커서가 사라졌을 때 시도해볼 수 있는 몇 가지 해결 방법이 있습니다. 단계별로 시도해보시고 각 단계 후에 커서가 다시 나타나는지 확인해주세요.

- 키보드 단축키 사용: 가장 먼저 해볼 수 있는 방법은 키보드 단축키를 사용하는 것입니다. 대부분의 노트북에서는 Fn 키와 함께 F3, F5, F9, 또는 F11 키(모델에 따라 다름)를 동시에 누르면 터치패드가 활성화됩니다. 이 조합이 먹히지 않는다면 노트북 매뉴얼을 확인하거나 온라인에서 모델명과 함께 '터치패드 활성화 단축키'를 검색해보세요.

- 터치패드 설정 확인: 설정에서 실수로 터치패드를 비활성화했을 수도 있습니다. Windows 설정 〉 장치 〉 터치패드로 이동해 터치패드가 활성화되어 있는지 확인하세요.

- 드라이버 재설치 또는 업데이트: 장치 관리자를 열고(Windows 키 + X를 누른 후 장치 관리자 선택), 마우스 및 기타 포인팅 장치 섹션을 찾아 확장합니다. 여기에서 노트북의 터치패드를 찾아 마우스 우클릭 〉 장치 제거를 선택합니다. 이후 컴퓨터를 재부팅하면 Windows가 자동으로 드라이버를 다시 설치합니다. 이 방법이 효과가 없다면 노트북 제조사의 공식 웹사이트에서 최신 터치패드 드라이버를 다운로드하여 설치해보세요.

- 하드웨어 문제 확인: 외부 마우스를 연결해보고 이것이 정상적으로 작동하는지 확인하세요. 외부 마우스가 작동한다면 내부 터치패드에 문제가 있을 수 있습니다. 하드웨어적 문제의 경우 제조사의 고객 서비스에 문의하거나 전문가의 도움을 받는 것이 좋습니다.

- 시스템 복원: 커서가 사라진 것이 최근에 발생한 문제라면, 시스템 복원을 통해 문제가 발생하기 전으로 컴퓨터 설정을 되돌릴 수 있습니다. 제어판 〉 시스템 및 보안 〉 시스템 〉 시스템 보호에 있는 시스템 복원을 선택하고 커서가 작동하던 시점의 복원 지점을 선택하세요.

이러한 단계를 모두 시도했음에도 문제가 해결되지 않는다면 소프트웨어 충돌이나 더 심각한 하드웨어 문제일 수 있으므로 전문가의 진단을 받는 것이 좋습니다. 문제 해결에 도움이 되기를 바랍니다!

7.2 계획 세우기

 여행 계획

먼저 여행 계획을 세우는 데 도움을 받아보겠습니다. 일정과 목적지는 물론이고 누구와 함께 가는지, 연령대는 어떤지, 어떤 취향과 목적을 가지고 있는지 등을 자세히 알려주면 좀 더 적합한 답변을 받을 수 있을 것입니다. 옷은 어떻게 입는 게 좋을지, 유명한 특산품이나 꼭 해봐야 할 액티비티는 무엇인지, 사진은 어디에서 찍는 게 좋은지, 여행하기 좋은 시기는 언제인지 여러 가지 추가 질문을 해볼 수도 있을 것입니다.

여행에 특화된 Travel Guide GPT와 대화하며 여행 계획, 예산 책정 등에 대한 도움을 받아보거나 항공권, 호텔, 렌터카 등을 예약할 수 있는 웹사이트인 카약에서 제공하는 KAYAK – Flights, Hotels & Cars GPT를 활용해서 여행 계획 및 항공권, 호텔, 렌터카 예약을 한 번에 끝낼 수도 있을 것입니다. 다음 예시에서는 챗GPT로부터 부모님과 함께하는 겨울 제주도 여행 계획을 세우는 데 도움을 받아보겠습니다.

3박 4일 겨울 제주도 여행을 계획해주세요. 부모님과 함께 떠나는 여행입니다.

사용자

챗GPT

겨울철 제주도 여행을 계획하신다니 정말 멋진 생각입니다! 부모님과 함께하는 여행이니 편안하고 다양한 경험을 할 수 있는 일정을 구성해드리겠습니다. 3박 4일 일정으로 추천드리는 여행 계획은 다음과 같습니다.

1일차: 도착 및 서귀포 탐방
- 오전/오후: 제주도 도착 및 숙소 체크인
  - 제주국제공항에 도착 후 렌터카를 이용하여 숙소로 이동
  - 서귀포 지역의 숙소를 추천드립니다. 서귀포는 남부 지역의 아름다운 해안선과 많은 관광지가 있는 곳입니다.
- 오후: 천지연 폭포 방문
  - 천지연 폭포는 서귀포 시내에 위치해 접근이 용이하며 겨울에도 아름다운 경치를 자랑합니다.
- 저녁: 서귀포 맛집 탐방
  - 제주 흑돼지 바비큐 또는 해산물 요리를 맛볼 수 있는 현지 음식점을 방문

2일차: 서귀포 주변 관광
- 오전: 쇠소깍 또는 휴애리 자연생활공원 방문
  - 쇠소깍은 독특한 해안 경관을 자랑하며 휴애리 자연생활공원에서는 제주 전통 문화와 자연을 체험할 수 있습니다.
- 오후: 성산일출봉 등반
  - 성산일출봉은 제주도의 상징적인 명소로 정상에서 바라보는 풍경이 매우 인상적입니다.
- 저녁: 성산 지역의 식당에서 저녁 식사
  - 성산 지역의 식당에서 신선한 해산물 요리를 즐겨보세요.

3일차: 제주 시내 및 북부 지역 탐방
- 오전: 한라산 등반 또는 우도 방문
  - 한라산은 겨울철에도 등반하기 좋으며 우도는 작지만 아름다운 해변과 풍경이 있는 곳입니다.
- 오후: 제주 동문시장 방문
  - 전통 시장인 제주 동문시장에서는 다양한 제주 특산품과 음식을 맛볼 수 있습니다.

- 저녁: 제주시 내에서 저녁 식사
  - 제주시 내의 다양한 맛집에서 제주도의 또 다른 맛을 경험해보세요.

4일차: 귀가
- 오전: 아침 산책 및 여유로운 아침 식사
- 오전/오후: 공항으로 이동 및 귀가

여행 팁:
- 날씨 확인: 겨울철 제주도는 날씨 변화가 심할 수 있으니 여행 전에 날씨를 확인하고 준비하세요.
- 예약 필수: 겨울철에도 제주도는 관광객이 많으니 숙소와 렌터카는 미리 예약하세요.
- 복장: 따뜻하고 방풍이 되는 옷을 준비하시고 편한 신발을 착용하세요.
- 건강관리: 부모님과 함께하는 여행이니 무리하지 않는 코스와 휴식을 적절히 포함하세요.
- 제주도는 한국의 아름다운 섬으로 다양한 자연 경관과 문화를 경험할 수 있는 곳입니다. 부모님과 함께하는 소중한 시간이 되길 바랍니다!

고맙습니다. 그런데 저희가 등산을 싫어합니다. 이걸 반영해서 다시 계획을 세워줄 수 있나요?

사용자

챗GPT

물론입니다. 등산을 포함하지 않는 일정으로 다시 계획해드리겠습니다.

1일차: 도착 및 서귀포 탐방
- 오전/오후: 제주도 도착 및 숙소 체크인
  - 제주국제공항에 도착 후 렌터카로 숙소로 이동합니다. 서귀포 지역 숙소 추천드려요.
- 오후: 제주올레시장 방문
  - 지역 특산품과 다양한 먹거리를 즐길 수 있는 시장입니다.
- 저녁: 서귀포 맛집 탐방
  - 제주 흑돼지 바비큐 또는 해산물 요리를 제공하는 현지 음식점에서 저녁 식사

2일차: 서귀포 주변 관광
- 오전: 쇠소깍 또는 휴애리 자연생활공원

- 쇠소깍에서는 아름다운 해안 경관을, 휴애리 자연생활공원에서는 제주의 전통 문화와 자연을 체험할 수 있습니다.
- 오후: 주상절리대 또는 천제연 폭포
  - 주상절리대는 독특한 지질 구조로 유명하며 천제연 폭포는 아름다운 자연 경관을 자랑합니다.
- 저녁: 성산 지역의 식당에서 저녁 식사
  - 신선한 해산물 요리를 즐길 수 있는 성산 지역의 식당 방문

3일차: 제주 시내 및 북부 지역 탐방
- 오전: 제주 민속촌 방문
  - 제주의 전통적인 생활양식과 문화를 체험할 수 있는 곳입니다.
- 오후: 제주 동문시장
  - 전통 시장에서 다양한 제주 특산품과 음식을 맛볼 수 있습니다.
- 저녁: 제주시내에서 저녁 식사
  - 제주시의 다양한 맛집에서 저녁 식사를 즐겨보세요.

4일차: 귀가
- 오전: 아침 산책 및 여유로운 아침 식사
- 오전/오후: 공항으로 이동 및 귀가

여행 팁:
- 날씨 확인: 겨울철 제주도의 날씨는 변화가 심할 수 있으니 여행 전에 날씨를 확인하세요.
- 예약 필수: 겨울철에도 제주도는 관광객이 많으니 숙소와 렌터카는 미리 예약하세요.
- 복장: 따뜻하고 방풍이 되는 옷을 준비하시고 편한 신발을 착용하세요.
- 건강관리: 부모님과 함께하는 여행이니 무리하지 않는 코스와 휴식을 적절히 포함하세요.

제주도는 다양한 경험을 제공하는 멋진 곳입니다. 부모님과 함께하는 소중한 시간이 되길 바랍니다!

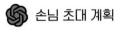 **손님 초대 계획**

손님을 초대하는 집들이나 아이들 생일 파티 등을 계획하는 데도 도움을 받을 수 있습니다. 다음은 손님이 각자 음식을 준비해오는 브런치 파티를 계획할 때, 손님에게 요청할 수 있는 메뉴 구상과 관련해서 도움을 받는 예시입니다.

 일요일에 친구들을 초대해 브런치를 먹기로 했는데 친구들이 무엇을 준비해야 할지 물어보네요. 추천 목록을 알려주실 수 있나요? 저는 크림치즈와 훈제 연어를 곁들인 베이글을 만들려고 합니다. **사용자**

 일요일 브런치에 친구들을 위한 추천 메뉴 목록을 준비하는 것은 정말 즐거운 일이네요! 크림치즈와 훈제 연어를 곁들인 베이글을 이미 준비하신다고 하셨으니 그 외에도 다양하고 맛있는 요리들을 추천해 드릴게요. 친구들에게 요청할 수 있는 메뉴들입니다.

1. 과일 샐러드: 신선한 계절 과일을 이용해 만드는 샐러드는 가볍고 상큼한 맛을 더해줍니다.
2. 프렌치 토스트: 달콤하게 준비된 프렌치 토스트는 브런치에 잘 어울리는 메뉴입니다.
3. 키쉬 또는 페이스트리: 다양한 종류의 키쉬(예: 스피나치, 햄 & 치즈) 또는 페이스트리(크루아상, 데니쉬 등)를 준비해보세요.
4. 에그 베네딕트: 클래식한 브런치 요리로 포치드 에그와 홀랜다이즈 소스를 영국식 머핀이나 토스트 위에 얹어서 제공합니다.
5. 그래놀라 또는 요거트 볼: 그래놀라 또는 요거트 볼에 신선한 과일이나 견과류를 첨가하면 영양가 높고 맛있는 선택이 됩니다.
6. 오믈렛 또는 스크램블 에그: 간단하면서도 다양한 재료를 추가할 수 있는 좋은 선택입니다.
7. 음료: 신선한 오렌지 주스, 커피, 차 등 다양한 음료를 준비하면 좋습니다.

이런 메뉴들은 준비하기도 쉽고 다양한 취향을 만족시킬 수 있어서 좋습니다. 친구들이 각자 하나씩 준비해서 오면 다양한 브런치 메뉴를 맛볼 수 있겠네요!

7.3 추천받기

 선물 추천

우리는 여러 가지 상황에서 선물을 구입해야 하는 경우에 놓입니다. 이때 가능하면 받는 사람이 기뻐할 선물을 주고 싶은데 항상 좋은 생각이 나는 것은 아닙니다. 이럴 때 챗GPT의 도움을 받아 아이디어를 얻는 것도 좋은 방법입니다. 다음 예시에서는 결혼기념일 선물을 고르는 데 도움을 받아보 겠습니다.

결혼기념일 2주년입니다. 남편에게 줄 선물을 추천해주세요.

사용자

챗GPT

결혼기념일 2주년은 특별한 날이니까 남편에게 의미 있는 선물을 고르시는 게 좋겠네요. 다음은 몇 가지 아이디어입니다.

개인 맞춤 선물:

- 맞춤형 가죽 지갑이나 벨트: 이름이나 결혼기념일 날짜를 새겨 넣을 수 있어요.
- 포토북: 결혼 후 지난 2년간의 추억을 담은 사진들로 만든 포토북을 선물하 세요.

경험을 선물하기:

- 미식 체험: 좋아하는 레스토랑에서의 저녁 식사나 새로운 요리 클래스에 함께 참여하기.
- 여행: 주말 동안 근처 도시나 자연 속으로 떠나는 작은 여행.

취미 공유하기:

- 함께 즐길 수 있는 취미 관련 선물: 예를 들어, 둘 다 관심이 있다면 고급 커피 메이커나 캠핑 장비를 선물할 수 있어요.
- 책: 남편의 관심사에 맞는 책을 골라 보세요. 특별판이나 사인본은 더욱 의미가 있겠죠.

기술 가젯:

- 최신 스마트워치나 이어폰: 남편이 기술에 관심이 많다면 최신 가젯을 선물하는 것도 좋은 선택이 될 수 있어요.

낭만적인 선물:

- 향수: 남편이 좋아할 만한 향수를 골라보세요. 매일 사용할 때마다 당신을 생각하게 될 거예요.
- 손편지: 선물과 함께 직접 쓴 손편지를 더하면 더욱 특별한 의미를 전달할 수 있어요.

기념일 선물은 그 가격보다는 그 선물이 전달하는 의미와 둘 사이의 사랑을 나타내는 것이 중요하니 남편과의 관계에서 특별한 의미가 있는 것을 고려해보세요.

쇼핑 추천

물건을 구입할 때 대부분 인터넷에 검색을 할 텐데 챗GPT에게 도움을 받는 것도 한 가지 방법입니다. 출퇴근용 자전거를 고르거나, 여행지에서 꼭 사야 할 쇼핑 리스트를 만드는 등 쇼핑을 계획하고 있을 때 정보를 얻을 수 있습니다. 다음 예시에서는 파리에서 구매할 쇼핑 리스트를 받아보겠습니다.

파리 여행에서 꼭 사 와야 할 쇼핑 리스트를 알려주세요.

 사용자

 챗GPT 파리 여행에서 꼭 사야 할 쇼핑 아이템은 파리만의 독특한 매력과 품질을 대표하는 것들입니다. 여기 몇 가지 추천 아이템을 소개할게요.

- 패션 아이템: 파리는 패션의 중심지입니다. 명품 브랜드의 최신 패션 아이템부터 소규모 부티크의 독특한 디자인까지 다양한 스타일을 찾아볼 수 있습니다. 특히, 샹젤리제 거리(Champs-Élysées), 생 제르맹 데 프레(St-Germain-des-Prés) 지역의 상점들을 둘러보세요.

- 향수: 프랑스는 향수의 나라로도 유명합니다. 파리에는 다양한 향수를 제공하는 곳이 많으며 고유한 향을 찾거나 맞춤형 향수를 만들어볼 수 있는 곳도 많습니다.

- 와인과 샴페인: 프랑스산 와인과 샴페인은 세계적으로 유명합니다. 파리에서는 다양한 지역의 와인을 맛보고 구입할 수 있습니다. 작은 와이너리의 독특한 와인부터 잘 알려진 브랜드까지 폭넓게 선택할 수 있어요.

- 가제트와 주방 용품: 프랑스는 요리와 관련된 다양한 가제트와 고품질의 주방 용품으로도 유명합니다. 특히 프랑스산 냄비, 프라이팬, 칼 등은 세계적으로 인정받는 품질을 자랑합니다.

- 초콜릿과 마카롱: 프랑스, 특히 파리는 세계적으로 유명한 초콜릿과 마카롱을 제공합니다. 고급 재료로 만든 다양한 맛의 마카롱과 초콜릿은 선물로도 좋습니다.
- 예술과 공예품: 파리의 예술 시장이나 소규모 공방에서는 독특한 프랑스식 예술과 공예품을 구입할 수 있습니다. 프랑스 전통적인 장식품부터 현대 예술까지 다양한 스타일을 만나볼 수 있어요.
- 뷰티 제품: 프랑스는 피부 관리 제품과 뷰티 제품으로도 유명합니다. 파리에는 세계적으로 유명한 뷰티 브랜드의 플래그십 스토어와 소규모 브랜드의 매장이 많이 있어요.

이외에도 파리는 다양한 쇼핑 아이템으로 가득하므로 여행 중에 자신만의 독특한 발견을 하는 재미도 쏠쏠할 거예요!

할 일 추천

오랜만에 한가한 날 영화를 한 편 보고 싶은데 무슨 영화가 좋을지 고민될 때 혹은 재밌는 TV 프로그램이나 책을 읽고 싶은데 뭐가 좋을지 추천을 받고 싶을 때 챗GPT와 대화해볼 수 있습니다. 예를 들어 책 추천에 특화된 Books GPT, 게임 관련 맞춤형 GPT도 많이 출시되어 있으니 이를 사용해볼 수도 있습니다. OpenAI 팀에서 만든 보드 게임/카드 게임 등을 설명해주는 Game Time GPT, 원하는 스토리의 캐릭터가 되어 게임을 할 수 있는 DeepGame GPT 등이 있습니다. 다음 예시에서는 비 오는 날 할 수 있는 데이트 아이디어 추천을 받아보겠습니다.

밖에 비가 많이 오는 날 할 수 있는 데이트 계획을 세워주세요.

사용자

챗GPT

비 오는 날에도 즐길 수 있는 데이트 계획을 몇 가지 추천해드릴게요!

1. 박물관이나 미술관 방문

비 오는 날은 실내에서 문화생활을 즐기기 좋은 날입니다. 가까운 박물관이나 미술관을 찾아 전시를 관람하며 예술적 영감을 받아보세요. 조용하고 차분한 분위기에서 두 사람만의 대화를 나누기에도 좋습니다.

2. 카페에서의 여유로운 시간

창밖으로 비가 내리는 모습을 바라보며 따뜻한 커피나 차를 마시는 것만으로도 분위기 있는 데이트가 될 수 있어요. 서로가 좋아하는 책을 가지고 가거나 보드게임을 즐기며 시간을 보내는 것도 좋습니다.

3. 영화나 연극 관람

근처 영화관에서 최신 영화를 관람하거나 소규모 연극을 즐기러 가는 것도 비 오는 날에 안성맞춤인 데이트입니다. 함께 공연을 관람한 후 그에 대한 감상을 나누며 더 깊은 대화를 나눌 수 있습니다.

4. 집에서의 쿠킹 데이트

외출하기 꺼려지는 날에는 집에서 요리를 함께 만들어보세요. 간단한 베이킹이나 서로의 취향을 반영한 요리를 함께 만들며 즐거운 시간을 보낼 수 있습니다. 이후 만든 음식으로 촛불 저녁을 준비해보는 것도 로맨틱합니다.

5. 테마가 있는 북카페 방문

책을 좋아한다면 테마가 있는 북카페를 방문하는 것도 좋은 선택입니다. 비 오는 날의 분위기와 어울리는 소설이나 시집을 읽으며 여유로운 시간을 보낼 수 있습니다. 일부 북카페에서는 보드게임이나 다양한 이벤트를 제공하기도 합니다.

6. 몰입형 전시 체험

최근에는 VR이나 AR을 활용한 몰입형 전시가 인기를 끌고 있습니다. 실제로

그 장소에 있는 듯한 경험을 제공해주며 비 오는 날에도 흥미진진한 경험을 할 수 있습니다.

7. 스파 데이
비 오는 날은 몸과 마음을 편안하게 해줄 수 있는 스파나 사우나를 즐기기에 제격입니다. 둘만의 시간을 보내며 휴식을 취할 수 있습니다.

각각의 계획은 당신과 상대방의 취향에 따라 조정할 수 있습니다. 중요한 것은 함께하는 시간을 즐기는 것이니 비가 오는 날이라도 긍정적인 마음가짐으로 임하시길 바랍니다!

7.4 기타

 대화 상대

대화 상대가 필요할 때 챗GPT를 사용해볼 수도 있습니다. 이런 용도의 맞춤형 GPT에는 Mia AI, your AI Life Coach with Voice GPT와 Therapist • Psychologist CBT(non medical therapy) GPT 등이 있는데 전문적인 심리 치료를 대체하기는 어렵겠지만 대화를 나누고 싶을 때 사용해볼 수 있습니다. 다음 예시를 살펴보겠습니다.

Therapist • Psychologist CBT(non medical therapy) GPT
심리적인 지원이 필요하거나 대화하고 싶을 때 도움을 줄 수 있는 맞춤형 GPT입니다. 예를 들어 상사와 싸웠을 때, 좌절감을 느낄 때, 실수를 했을 때 대화를 나눌 수 있습니다. 다만 의료적 치료는 포함하지 않는다고 안내하고 있습니다.

제 커리어가 어디로 가고 있는지 잘 모르겠어요. 어떻게 하면 좋을까요?

사용자

Therapist ·
Psycholo
gist CBT
(non
medical
therapy)
GPT

커리어 방향을 고민하는 건 매우 중요한 일이죠. 지금 현재의 일에서 느끼는 감정이나 경험을 좀 더 자세히 이야기해줄 수 있을까요? 예를 들어 어떤 부분이 만족스럽고, 어떤 부분이 불만족스러운지요? 그리고 장기적으로 어떤 목표나 꿈이 있으신가요?

만족스러운 부분은 제가 할 수 있는 프로젝트에 자유도가 있다는 것이고, 불만족스러운 부분은 조직 개편이 일어나면서 팀원의 절반 이상이 사라졌고, 우리 팀이 가지고 있는 비전도 보이지 않는다는 것이에요.

사용자

Therapist ·
Psycholo
gist CBT
(non
medical
therapy)
GPT

자유롭게 일할 수 있는 점은 큰 장점이지만 조직 개편과 팀원들의 변화는 상당히 스트레스를 줄 수 있겠어요. 새로운 환경에서 혼자 느껴지는 것 같나요? 현재 팀에서 어떤 비전을 만들고 싶은지 또는 원하시는 변화가 있다면 무엇인가요?

(중략)

퍼스널 컬러 분석

개인에게 잘 맞는 색상을 분석하는 데 특화된 Personal Color Analysis GPT라는 맞춤형 GPT도 있는데 이를 활용해서 본인의 피부 톤과 머리 색, 눈동자 색에 어울리는 색을 추천받고, 원하는 느낌을 위한 색을 찾는 데 도움을 받을 수도 있습니다. 다음 예시에서 살펴보겠습니다. 이외에도 재미있는 맞춤형 GPT가 많으니 다음 절을 참고해주세요.

Personal Color Analysis GPT

개인에게 맞는 퍼스널 컬러 분석에 특화된 맞춤형 GPT입니다. 예를 들어 본인의 피부와 머리, 눈동자 색에 어울리는 색상을 추천받거나 따뜻한 색상톤의 컬러 팔레트 추천 등을 활용해서 최고의 컬러를 찾는 데 도움받을 수 있습니다.

저는 흰 피부에 갈색 머리와 갈색 눈동자를 가지고 있어요. 어떤 컬러가 저에게 어울릴까요?

 사용자

Personal
Color
Analysis
GPT

흰 피부에 갈색 머리와 갈색 눈동자를 갖고 있다면 여러 가지 색상이 어울릴 수 있지만, 보다 정확한 색상 추천을 위해 계절 색채 분석(12가지 시즌 분석)을 참고하는 것이 좋습니다. 대략적인 추천을 드리자면 흰 피부와 갈색 머리, 갈색 눈동자는 일반적으로 따뜻한 색조와 차가운 색조 모두 잘 어울릴 수 있습니다. 몇 가지 예시를 들어보겠습니다:

- 봄 타입 (Spring)
    - 따뜻하고 밝은 색상: 복숭아색, 코랄, 밝은 노랑, 연두색
    - 밝은 파스텔톤: 민트, 라벤더, 밝은 핑크
- 여름 타입 (Summer)
    - 차가운 파스텔톤: 라벤더, 베이비 블루, 연한 분홍, 민트
    - 부드러운 회색톤: 연한 회색, 장미색, 연보라
- 가을 타입 (Autumn)
    - 따뜻하고 깊은 색상: 테라코타, 머스터드, 올리브 그린, 다크 브라운
    - 자연적인 색상: 카멜, 브론즈, 다크 그린
- 겨울 타입 (Winter)
    - 차가운 강렬한 색상: 진한 파랑, 진한 빨강, 블랙, 화이트
    - 보석톤: 에메랄드 그린, 사파이어 블루, 루비 레드

각 타입에 따라 어울리는 색상이 달라지므로 자신의 피부톤, 눈동자 색상, 머리

색을 잘 관찰하여 어느 계절 타입에 속하는지 확인하는 것이 중요합니다. 사진을 보내주시면 더 정확한 분석을 도와드릴 수 있습니다.

저는 가을 타입인 것 같아요. 제게 어떤 도움을 줄 수 있나요?

사용자

Personal
Color
Analysis
GPT

가을 타입이시라면 따뜻하고 풍부한 색상이 잘 어울립니다. 가을 타입은 보통 따뜻한 톤의 피부와 자연스러운 색조의 갈색 머리, 갈색 또는 녹색 눈을 가지고 있습니다. 가을 타입에 어울리는 색상과 스타일에 대한 구체적인 추천을 드리겠습니다.

- 패션 색상 추천
  가을 타입은 자연에서 영감을 받은 따뜻한 색상이 잘 어울립니다.

  - 옷 색상:
    - 테라코타, 머스터드, 브론즈, 올리브 그린
    - 다크 브라운, 카멜, 차콜 그레이, 다크 그린
    - 따뜻한 오렌지, 살구색, 구리색, 호박색

- 메이크업 추천
  - 파운데이션: 노란빛이 도는 따뜻한 베이지 계열
  - 아이섀도우: 브론즈, 구리색, 올리브 그린, 따뜻한 브라운
  - 블러셔: 피치, 코랄, 테라코타
  - 립스틱: 코랄, 오렌지 레드, 브릭 레드

- 헤어 컬러 추천
  - 가을 타입에는 따뜻한 톤의 머리색이 잘 어울립니다.
  - 따뜻한 브라운: 초콜릿 브라운, 마호가니, 카라멜 브라운
  - 레드 브라운: 오번, 구리색

- 액세서리 추천
  - 골드 주얼리: 따뜻한 금빛 액세서리가 피부 톤을 더욱 돋보이게 합니다.
  - 자연 소재: 나무, 가죽, 브론즈 등의 자연 소재 액세서리가 잘 어울립니다.

- 스타일링 팁
  - 가을 타입은 부드럽고 자연스러운 스타일이 잘 어울립니다.
  - 레이어드 룩: 여러 겹으로 레이어드한 스타일이 따뜻하고 아늑한 느낌을 줍니다.
  - 자연스러운 소재: 울, 캐시미어, 코튼, 리넨 등의 소재가 잘 어울립니다.

이 외에도 구체적인 스타일링에 대한 추가 질문이나 사진을 통해 더 자세한 분석을 원하시면 언제든지 말씀해주세요. 고객님께 가장 잘 어울리는 스타일을 찾아드리겠습니다!

사진을 보여주세요.

사용자

Personal
Color
Analysis
GPT

여기 가을 타입에 어울리는 패션 아이템과 메이크업 제품을 보여드리는 이미지입니다. 따뜻한 테라코타 스웨터, 올리브 그린 팬츠, 브라운 부츠로 구성된 아웃핏과 골드 목걸이, 브라운 가죽 핸드백 같은 액세서리가 포함되어 있습니다. 또한, 따뜻한 베이지 파운데이션, 브론즈 아이섀도, 피치 블러셔, 코랄 립스틱 같은 메이크업 아이템도 보여드립니다. 헤어 컬러로는 초콜릿 브라운과 오번 색상이 있습니다.

이 이미지를 참고하셔서 가을 타입에 어울리는 스타일링을 해보세요! 추가로 궁금한 점이 있으시면 언제든지 말씀해주세요.

7.5 일상생활 분야의 인기 있는 맞춤형 GPT

 여행

Travel Guide

여행 장소, 계획 세우기, 예산 수립 등 여행에 특화된 맞춤형 GPT

KAYAK – Flights, Hotels & Cars

항공편, 호텔, 렌터카 예약 등 여행 계획 수립을 돕는 데 특화된 맞춤형 GPT

 대화

Mia AI, your AI Life Coach with Voice

라이프 코치 역할을 하는데 특화된 맞춤형 GPT

Therapist · Psychologist CBT(non medical therapy)

심리적인 지원 또는 안내가 필요하거나 대화하고 싶을 때 도움을 줄 수 있도록 특화된 맞춤형 GPT

기타

Astrology Birth Chart GPT

점성술로 운세를 분석하는 데 특화된 맞춤형 GPT

DeepGame

원하는 스토리의 캐릭터가 되어 게임을 할 수 있도록 하는 맞춤형 GPT

Fitness, Workout & Diet – PhD Coach

과학적인 피트니스 및 운동 지침과 영양 인사이트를 제공하는 데 특화된 맞춤형 GPT

Rizz GPT

데이트 상대에게 메시지를 잘 보낼 수 있도록 도움을 주는 맞춤형 GPT

Books

책 추천에 특화된 맞춤형 GPT

Personal Color Analysis

퍼스널 컬러 분석에 특화된 맞춤형 GPT

Finance Wizard

미래 주식 시장 가격 예측에 특화되어 트레이딩 분석을 도와주는 맞춤형 GPT

CHAPTER **8**

일할 때
제대로 써먹기

8.1 보고서 작성

각종 보고서 작성에 직장인의 많은 시간이 사용됩니다. 기획서, 제안서, 시장 조사 보고서, 회의 내용 요약 보고서, 마케팅 전략 보고서 등 작성할 보고서의 종류도 다양합니다. 이때 빈 화면부터 시작하지 않고 챗GPT의 도움을 받아 보고서 작성에 드는 시간을 줄일 수 있습니다.

🔵 텍스트/PDF/웹사이트/유튜브/논문 분석을 통한 자료 조사

제일 먼저 보고서 작성에 필요한 자료(텍스트, PDF, 웹사이트, 유튜브 등)가 이미 있는 경우를 살펴보겠습니다. 챗GPT의 파일 업로드 기능이나 대화창에 직접 텍스트를 붙여 넣는 기능을 사용해서 챗GPT를 훌륭한 자료 조사 파트너로 사용할 수 있습니다. 다음과 같은 맞춤형 GPT를 활용할 수도 있습니다.

1 PDF 파일 요약 및 질의 응답
언어와 상관없이 PDF파일을 업로드한 뒤 해당 파일의 한글 요약을 요청하거나 특정 부분에 대해 쉬운 설명을 요청하기, 모르는 부분에 대해 질문하기 등 파일에 관련된 대화를 할 수 있는 PDF Ai PDF GPT, AskYourPDF Research Assistant GPT, PDF Reader GPT 등

2 웹사이트 요약 및 질의 응답
특정한 웹사이트를 방문해서 정보를 수집하고 이에 대해 대화하는 데 특화된 WebPilot GPT, Web Browser GPT 등

3 유튜브 요약 및 질의 응답
너무 길거나 외국어로 되어 있어서 살펴볼 엄두가 안 나는 유튜브 동영상을 한글로 요약해 주는 Video Tutor🖉 🌐 ☺ GPT, ·YouTube Summary · GPT, Voxscript GPT, Video Summarizer GPT 등

4 논문 요약 및 질의응답

특정 주제와 관련된 최신 논문(Google Scholar, PubMed, Nature, JSTOR, Arxiv 등)에 액세스해서 이에 관해 대화하고 분석해주고 논문을 근거로 한 답변을 해주는 Scholar GPT, Consensus GPT, SciSpace GPT, Scholar AI GPT 등

예를 들어 AI의 미래에 대한 보고서를 작성해야 하는데 "Sam Altman: OpenAI CEO on GPT-4, ChatGPT, and the Future of AI | Lex Fridman Podcast #367(샘 올트먼: OpenAI CEO가 말하는 GPT-4, ChatGPT, 그리고 AI의 미래 | Lex Fridman 팟캐스트 367호)"이라는 제목의 2시간 24분 분량의 영어 유튜브 비디오를 참고하고 싶지만 영어로 되어 있고 너무 길어서 시작할 엄두가 안나는 상황이라고 생각해보겠습니다. 이때 다음 예시와 같이 이 유튜브 URL을 제공해 ·YouTube Summary· GPT에게 한글로 요약해달라고 하고 추가로 질의응답을 하는 방식으로 자료 조사를 할 수 있습니다.

·YouTube Summary·

·YouTube Summary·GPT는 원하는 언어로 유튜브 동영상을 요약하는 데 특화된 맞춤형 GPT입니다. 유튜브 URL을 입력하면 동영상을 보지 않고도 결론이 무엇인지 알 수 있고, 동영상 내의 인용구나 요점을 추출하는 데 사용할 수 있습니다. 또한 이를 이용해서 다이어그램, 기사, 표, 플래시카드 등을 생성할 수도 있습니다.

다음 유튜브 비디오에 대한 요약을 한글로 생성해주세요.
https://www.youtube.com/watch?v=L_Guz73e6fw

사용자

Sam Altman: OpenAI CEO on GPT-4, ChatGPT, and the Future of AI | Lex Fridman Podcast #367

이 비디오는 OpenAI의 CEO인 Sam Altman과의 인터뷰를 담고 있으며 인공지능의 미래, GPT-4와 ChatGPT의 발전, 그리고 이들 기술이 인류에 끼칠 잠재적 영향에 대해 논의합니다.

• 결론

Sam Altman은 인공지능 기술의 발전이 인류에 긍정적인 영향을 미칠 것이라고 긍정적으로 전망합니다. 그는 기술이 인간의 삶을 향상시킬 수 있는 무한한 가능성을 가지고 있으며, 이를 안전하고 윤리적으로 활용하기 위한 연구와 규제의 중요성을 강조합니다.

• 핵심 포인트

⊕ GPT-4와 ChatGPT GPT-4는 이전 모델들보다 훨씬 진보된 언어 이해 능력을 보여주며 다양한 분야에서의 응용 가능성을 확장시키고 있습니다.

👾 AI의 미래: Altman은 인공지능이 곧 일상의 많은 부분을 차지할 것이라 예측하며, 특히 개인화된 AI 도우미와 인공지능을 통한 새로운 직업 및 기회 창출에 큰 기대를 표합니다.

👥 인류와 AI의 공존: 인공지능이 사회에 미치는 영향을 최소화하면서 인류와 AI가 공존하는 방법을 모색해야 한다고 강조합니다.

☑ 기술적 도전과 기회: AI 기술의 발전이 가져올 수 있는 경제적 충격과 기회에 대해 논의하며 기술 발전이 사회적, 경제적 혜택을 가져올 것이라고 언급합니다.

🗂 비즈니스와 윤리: 기업들이 이익을 추구하는 과정에서도 윤리적 기준을 설정하고 AI 기술의 발전이 인류에게 도움이 되도록 노력해야 한다고 말합니다.

🌐 사회적 영향: AI가 정치, 경제, 사회 전반에 걸쳐 심오한 변화를 가져올 것이며 이에 대한 사회적 대응과 준비의 중요성을 강조합니다.

🔒 AI 안전성: AI 기술의 안전과 윤리적 사용을 위해 지속적인 연구와 규제가 필요하다고 강조하며 AI 발전의 긍정적인 측면을 활용하는 방안을 모색해야 한다고 덧붙입니다.

• 요약

1. AI 기술의 발전: Sam Altman은 AI의 미래에 대해 긍정적인 전망을 제시하며 인공지능이 사회에 긍정적인 변화를 가져올 수 있다고 강조합니다.

2. GPT-4의 역할: GPT-4는 그 이전의 모델들보다 향상된 언어 처리 능력을 가지고 있으며 다양한 산업에서 활용될 수 있는 가능성을 탐구합니다.

3. AI와 인간의 관계: AI가 인간의 삶에 미치는 영향과 이를 통한 새로운 기회에 대해 논의합니다.

4. 기술적 도전: AI 기술의 급속한 발전이 사회와 경제에 미치는 영향을 분석하며 이에 따른 도전과 기회를 평가합니다.

5. 윤리적 고려: 기술 발전 과정에서 윤리적 고려의 중요성을 강조하며 AI 기술이 인류에게 도움이 되도록 하는 방안에 대해 논의합니다.

6. 사회적 변화: AI가 정치, 경제, 사회에 가져올 변화를 전망하며 이에 대한 적절한 사회적 대응을 강조합니다.

7. 안전성 및 규제: AI 기술의 안전성을 확보하고 윤리적으로 활용하기 위한 규제의 필요성을 논의합니다.

8. AI의 미래 비전: AI가 가져올 긍정적인 미래에 대한 비전을 제시하며 이를 실현하기 위한 구체적인 조치에 대해 설명합니다.

9. 기술과 인간성: 기술이 인간성에 미치는 영향을 고려하며 인간 중심의 AI 개발을 목표로 합니다.

10. 글로벌 협력: 전 세계적인 협력을 통해 AI 기술의 긍정적인 잠재력을 극대화할 수 있는 방안을 모색합니다.

사용자

이 비디오에 따르면 샘 올트먼은 AI의 미래에 대해 구체적으로 어떤 비전을 가지고 있고 이를 실현하기 위해 어떤 조치를 취할 수 있다고 했나요?

YouTube
Summary
· GPT

Sam Altman은 AI의 미래에 대해 매우 긍정적인 비전을 가지고 있습니다. 그는 AI가 사회 전반에 걸쳐 긍정적인 변화를 가져올 수 있는 엄청난 잠재력을 갖고 있다고 믿습니다. 특히 그는 인공지능이 인간의 삶을 개선할 수 있는 다양한 방법을 제공할 것이라고 강조합니다. 그러나 동시에 이러한 기술이 가져올 수 있는 도전과 위험을 인식하고 있으며, AI 기술의 안전한 사용과 윤리적 측면을 강조하고 있습니다.

Altman은 AI의 안전한 발전을 위해 다음과 같은 조치를 취할 수 있다고 제안합니다.

1. 규제와 협력: Altman은 AI 기술의 안전과 윤리적 사용을 보장하기 위해 적절한 규제가 필요하다고 말합니다. 또한 글로벌 협력을 통해 AI 기술의 발전을 도모하고, 다양한 이해관계자와 협력하여 AI 기술의 안전한 사용을 도모해야 한다고 강조합니다.

2. 연구와 투자 그는 AI 안전 연구에 대한 지속적인 투자와 연구의 중요성을 언급하며 이를 통해 AI의 위험을 최소화하고 긍정적인 측면을 극대화할 수 있다고 설명합니다.

3. 기술의 책임 있는 배포: Altman은 기술을 점진적으로 배포하고 사회적 대응이 이루어질 수 있도록 시간을 제공하는 것이 중요하다고 믿습니다. 그는 이러한 방식으로 사회와 경제가 AI 기술의 도입을 적절히 수용할 준비를 할 수 있도록 돕고자 합니다.

4. 교육과 공개 토론: 그는 AI 기술에 대한 광범위한 교육과 공개 토론을 장려함으로써 모든 사람들이 이 기술의 잠재적인 영향을 이해하고 적절히 대응할 수 있도록 해야 한다고 말합니다.

Altman의 비전은 AI가 인간의 삶을 향상시키는 도구로서 동시에 이 기술이 가져올 수 있는 위험을 세심하게 관리하면서 발전시켜 나가는 것입니다.

상황에 따라 학술 논문을 인용해서 보고서를 작성해야 할 경우가 있습니다. 이런 경우에는 위에서 살펴본 논문 요약 및 질의응답에 맞춤화된 GPT를 활용할 수도 있습니다. 다음 예시에서는 설탕 대체재에 대한 보고서를 작성하기 위한 자료 조사를 위해 Consensus GPT를 이용해서 논문을 근거로 한 답변을 요청하는 사례를 살펴보겠습니다.

Consensus

Consensus GPT는 전 세계의 연구 논문에 특화된 맞춤형 GPT입니다. 참고 문헌에 쓸 논문을 검색하거나, 논문에 대한 설명, 논문으로 뒷받침하는 글을 작성하는 데 사용할 수 있습니다. 예를 들어 사우나가 심장 건강에 좋은지 논문을 찾아보거나, 과학적으로 입증된 명상의 이점에 대한 글 작성하기와 같은 경우에 활용할 수 있습니다.

설탕 대체재가 건강에 미치는 영향이 무엇인가요?

사용자

Consensus
GPT

설탕 대체재가 건강에 미치는 영향에 대한 연구 결과는 복합적입니다. 여기 몇 가지 주요 발견을 요약합니다.

설탕 대체재, 특히 비영양 감미료(non-nutritive sweeteners)의 일상적인 소비는 당분이 함유된 음료와 관련된 동일한 건강 결과, 즉 제2형 당뇨병, 심혈관 질환, 고혈압 및 뇌졸중의 위험 증가와 관련이 있습니다. 비영양 감미료의 이러한 부정적인 건강 효과를 촉진할 수 있는 생물학적 기전에 대한 연구가 진행되고 있습니다(S. Swithers, 2016).

설탕 대체재의 사용과 건강에 미치는 영향에 대한 연구는 설탕 대체재가 총 칼로리 소비를 줄이는 데 효과적이지 않을 수 있으며 인간의 대사에 중요한 영향을 미칠 수 있음을 시사합니다(Yue Yin, 2023).

설탕 대체재의 장기간 섭취는 비만, 대사 증후군, 제2형 당뇨병, 심혈관 질환과 같은 대사 장애를 유발할 수 있는 것으로 보고되었습니다. 이러한 연구 결과는 설탕 대체재의 단맛이 칼로리가 없거나 줄어든 식품 및 음료의 섭취가 포도당 및 에너지 균형에 기여하는 학습된 반응을 방해할 수 있다는 가설을 고려합니다 (S. Swithers, 2013).

설탕 대체재, 특히 인공 감미료의 소비는 장내 미생물에 영향을 줄 수 있으며 이는 제2형 당뇨병 및 비만과 같은 질병의 위험을 증가시킬 수 있습니다(X. Fang et al., 2023).

설탕 대체재의 섭취는 실제로 인간의 구강 건강, 특히 충치 발생 위험 감소에 긍정적인 영향을 미칠 수 있습니다. 단, 감미료의 종류와 섭취 방식에 따라 다를 수 있습니다(Rohan Sachdev, 2018).

이러한 연구 결과들은 설탕 대체재가 건강에 미치는 영향이 복잡하며 섭취 시 주의가 필요함을 시사합니다. 전반적으로 모든 감미료, 칼로리가 있는 것과 없는 것 모두의 섭취를 줄이는 것이 공중 보건을 개선하는 데 도움이 될 것으로 나타났습니다.

초안 작성 및 피드백

자료 조사 외에도 보고서 초안을 직접 작성하라고 요청하거나 이미 써놓은 보고서에 대한 피드백을 받는 데 챗GPT를 활용할 수 있습니다. 다음 예시에서는 휴면 사용자 활성화 방안 및 4분기 실적 개선에 대한 보고서 초안 작성에 대해 챗GPT의 도움을 받아보겠습니다.

우리 제품의 구독자 수가 줄어들고 있습니다. 휴면 사용자를 다시 활성화하기 위한 방법과 4분기 실적을 올릴 수 있는 방법에 대한 보고서 작성을 도와주세요.

사용자

챗GPT

구독자 수 감소 문제를 해결하고 4분기 실적을 개선하기 위해 휴면 사용자를 재활성화하는 전략과 이를 통한 실적 향상 방안에 초점을 맞춰 보고서를 작성하겠습니다. 다음 내용을 기반으로 작성된 보고서는 비즈니스 목표 달성에 도움이 될 것입니다.

1. 휴면 사용자 재활성화 전략

1.1. 데이터 분석 및 세분화

· 고객 행동 분석: 휴면 사용자의 과거 구매 패턴, 선호도, 휴면 전 마지막 활동 등을 분석합니다.

· 세분화: 휴면 사용자를 다양한 기준(휴면 기간, 과거 구매 이력, 관심 분야 등)으로 세분화하여 개별적으로 접근할 수 있는 전략을 수립합니다.

1.2. 맞춤형 커뮤니케이션

· 개인화된 이메일 마케팅: 사용자의 과거 활동 데이터를 활용하여 개인화된 이메일을 발송합니다. 이메일은 사용자가 관심을 가질 만한 콘텐츠, 제품 추천, 특별 할인 등을 포함해야 합니다.

· 리엔게이지먼트 캠페인: 소셜 미디어, SMS, 앱 푸시 알림 등 다양한 채널을 사용하여 휴면 사용자에게 접근합니다. 이때, 특별 프로모션 또는 한정된 시간 동안의 혜택을 제공하여 긴급성을 높입니다.

1.3. 인센티브 제공

· 환영 혜택: 휴면 사용자가 서비스를 재사용할 때 혜택을 제공합니다. 예를 들어 추가 할인, 무료 배송, 또는 보너스 포인트 등을 제공할 수 있습니다.

· 충성도 프로그램 강화: 사용자가 활동을 재개할 때마다 보상을 제공하는 프로그램을 도입하거나 개선합니다. 이는 장기적인 사용자 참여를 유도할 수 있습니다.

2. 4분기 실적 개선 방안

2.1. 시즌 기반 프로모션

· 시즌 이벤트 활용: 4분기는 일반적으로 연말 시즌과 겹치므로 휴일 및 연말 관련 프로모션을 기획하여 신규 및 기존 고객의 구매를 촉진합니다.

- 한정판 제품 출시: 시즌에 맞는 한정판 제품이나 서비스를 출시하여 구매를 유도합니다.

2.2. 파트너십 및 협업

- 브랜드 파트너십: 다른 브랜드와의 파트너십을 통해 공동 마케팅 캠페인을 실행하거나 새로운 고객층을 타기팅합니다.
- 인플루언서 마케팅: 영향력 있는 인플루언서와 협력하여 제품이나 서비스에 대한 인지도를 높이고 신뢰성을 구축합니다.

2.3. 고객 경험 개선

- 사용자 피드백 수집 및 반영: 고객 서비스 및 제품 품질 개선을 위해 사용자 피드백을 적극적으로 수집하고 개선 사항을 신속하게 반영합니다.
- 모바일 앱 및 웹사이트 최적화: 사용자 경험을 개선하기 위해 모바일 앱과 웹사이트의 사용성을 지속적으로 분석하고 최적화합니다.

3. 결론

휴면 사용자를 재활성화하고 4분기 실적을 개선하기 위해서는 데이터 기반의 접근 방식과 고객 중심의 마케팅 전략이 중요합니다. 맞춤형 커뮤니케이션, 인센티브 제공, 시즌 기반 프로모션 등을 통해 고객 참여를 유도하고, 파트너십 및 고객 경험 개선을 통해 신규 고객을 유치하고 기존 고객의 충성도를 높이는 것이 핵심입니다. 이러한 전략들은 결합되어 강력한 실적 개선 효과를 낼 수 있습니다.

 마케팅 전략 수립

또 다른 예시로 마케팅 보고서에 포함할 광고 카피나 제품명 아이디어 등을 얻는 데 챗GPT를 활용할 수 있습니다. 아래 예시에서는 마케팅/브랜딩/광고 카피 작성에 특화된 맞춤형 GPT 중 Copywriter GPT – Marketing, Branding, Ads GPT를 활용해서 광고 및 마케팅 전략에 대해 조언을 받아보겠습니다.

Copywriter GPT – Marketing, Branding, Ads

Copywriter GPT – Marketing, Branding, Ads GPT는 광고 카피라이팅에 특화된 맞춤형 GPT입니다. 광고 아이디어나 브랜드에 어울리는 광고 문구 작성 등에 도움을 받을 수 있습니다.

캠핑 제품을 위한 광고 아이디어가 필요하고 마케팅 프레임워크도 제안해주세요.

사용자

Copywriter GPT – Marketing, Branding, Ads GPT

먼저, 광고 캠페인의 주요 목표를 선택해주세요. 이를 통해 적절한 마케팅 프레임워크를 제안할 수 있습니다. 옵션은 다음과 같습니다.

a) 브랜드 인지도
b) 제품 출시
c) 리드 생성
d) 판매 증가
e) 이벤트 홍보

b

사용자

Copywriter GPT – Marketing, Branding, Ads GPT

제품을 간단히 설명해주세요. 동시에 목표 대상 고객층에 대해서도(나이, 관심사, 행동 등) 설명해주세요.

아름다운 디자인의 캠핑 도구입니다. 목표 대상 고객층은 30대 캠핑을 좋아하는 사람들입니다.

사용자

Copywriter GPT - Marketing, Branding, Ads GPT

어느 플랫폼에서 광고를 집행할 계획인가요? 선택해주세요.

a) 이메일

b) 구글 광고

c) 페이스북

d) 인스타그램

e) 트위터/X.com

f) 링크드인

g) 잡지

h) 기타 (명시해주세요.)

d
사용자

Copywriter GPT - Marketing, Branding, Ads GPT

광고의 톤과 스타일을 선택해주세요.

a) 유머러스

b) 영감을 주는

c) 정보를 제공하는

d) 진지한

e) 장난기 있는

f) 기타 (명시해주세요.)

a
사용자

Copywriter GPT - Marketing, Branding, Ads GPT

광고에서 강조하고 싶은 핵심 메시지나 테마를 선택해 주세요.

a) 고급스러움과 독점성

b) 혁신과 기술

c) 건강과 웰빙

d) 맞춤화와 개인화

e) 문화적 또는 계절적 관련성

f) 기타 (명시해주세요.)

사용자

a, d

Copywriter
GPT -
Marketing,
Branding,
Ads GPT

선호하는 마케팅 전략/프레임워크를 선택해주세요.

a) Choose for me

b) 기타 (명시해주세요.)

사용자

a

Copywriter
GPT -
Marketing,
Branding,
Ads GPT

아름다운 디자인의 캠핑 도구를 위한 광고 캠페인은 제품 출시를 목표로 하며 30대 캠핑 애호가를 대상으로 합니다. 이 광고는 인스타그램에서 유머러스한 톤으로 진행될 예정이며 고급스러움과 독점성, 맞춤화와 개인화를 핵심 메시지로 삼습니다. 이러한 요소들을 고려할 때 'Picture-Promise-Prove-Push' 프레임워크가 적합할 것 같습니다. 이 프레임워크는 시각적으로 매력적인 이미지로 시작하여 제품의 약속을 설명하고, 실제 사용자의 증언으로 이를 증명한 뒤 행동을 촉구하는 구조입니다.

제안된 광고 드래프트:

헤드라인: "캠핑이 아름다워집니다 "

본문:

"당신의 캠핑 경험을 고급스럽게 변화시킬 디자인 도구가 여기 있습니다. 매 순간을 특별하게 만들어보세요."

"맞춤화의 힘으로 당신만의 캠핑 스타일을 창조하세요. 우리의 캠핑 도구는 단순한 도구를 넘어 당신의 캠핑 라이프에 아름다움과 기능을 동시에 선사합니다."

"실제 사용자들의 사랑을 받고 있는 우리의 캠핑 도구! '이 제품 덕분에 캠핑이 더 기대되요!' – @캠핑러버"
"지금 바로 확인하고 캠핑을 더욱 아름답게 만드세요!"

캠페인 메시지와 톤은 인스타그램의 시각 중심 플랫폼에 맞추어 디자인됩니다. 유머러스하고 장난기 있는 언어를 사용하여 고급스러움과 개성을 강조합니다.

이 광고 드래프트에 대한 귀하의 의견을 듣고 싶습니다. 수정이 필요한 부분이 있나요? 또한 다음 옵션 중에서 추가로 적용하고 싶은 것이 있나요?

a) 인간미 추가
b) SEO 최적화
c) 둘 다 적용
d) 현재 광고 드래프트에 만족합니다.

d 사용자

Copywriter
GPT -
Marketing,
Branding,
Ads GPT

좋습니다! 현재 광고 드래프트에 만족하신다니 기쁘네요. 만약 광고 캠페인을 진행하면서 추가적인 지원이나 수정이 필요하다면 언제든지 연락주세요. 광고가 성공적으로 이루어지길 바랍니다!

8.2 파워포인트 발표 준비

파워포인트 등을 이용해 발표를 해야 할 일이 많은 직장인도 챗GPT를 훌륭한 파트너로 이용할 수 있습니다. 8.1절의 보고서 작성과 마찬가지로 발표 자료에 넣고 싶은 문서나 웹사이트, 유튜브, 논문 요약을 하는 데 도움을 받을 수 있고, 초안 작성 및 피드백을 줄 수 있을 뿐만 아니라 파워포인트 슬라이드에 필요한 적절한 이미지 생성도 쉽게 할 수 있습니다. 다음 예시에서는 Copywriter GPT – Marketing, Branding, Ads GPT와 함께 생성형 AI를 이용한 영어 공부라는 주제로 프레젠테이션 슬라이드, 슬라이드에 맞는 이미지와 발표 대본을 한 번에 만들어보겠습니다.

Presentation and Slides GPT PowerPoints, PDFs

Presentation and Slides GPT PowerPoints, PDFs GPT는 파워포인트 프레젠테이션을 만들어 파워포인트, 구글 슬라이드, PDF로 추출하는 데 특화된 맞춤형 GPT입니다. 슬라이드의 콘텐츠 뿐만 아니라 슬라이드 디자인에 대해서도 도움을 줄 수 있습니다.

챗GPT를 활용한 영어 학습에 대한 3장의 슬라이드 작성을 도와주세요. 슬라이드, 슬라이드에 맞는 이미지, 발표 대본이 필요합니다.

사용자

Presentation and Slides GPT PowerPoints, PDFs GPT

알겠습니다! 챗GPT를 활용한 영어 학습에 대한 슬라이드 세 장을 준비하겠습니다. 각 슬라이드에는 슬라이드 내용과 발표 대본을 포함하겠습니다.

- 슬라이드 1: Introduction to Using ChatGPT for English Learning
  - 슬라이드 내용
    - Title: Introduction to Using ChatGPT for English Learning
    - Subtitle: Enhancing Language Skills with AI
    - Bullet Points:
      1. Overview of ChatGPT
      2. Benefits of AI in Language Learning
      3. Examples of Learning Activities

- 이미지 검색
  - 이미지 캡션: "ChatGPT AI Language Learning"
- 발표 대본
  - "안녕하세요. 오늘은 ChatGPT를 활용한 영어 학습에 대해 알아보겠습니다. 먼저 ChatGPT가 무엇인지, AI를 활용한 언어 학습의 장점, 그리고 실제 학습 활동 예시를 살펴보겠습니다."

- 슬라이드 2: Benefits of Using ChatGPT for English Learning
  - 슬라이드 내용
    - Title: Benefits of Using ChatGPT for English Learning
    - Subtitle: Why AI is a Game Changer
    - Bullet Points:
      1. Personalized Learning Experiences
      2. Immediate Feedback and Corrections
      3. Access to Diverse Learning Materials
  - 이미지 검색
    - 이미지 캡션: "Benefits of AI in Language Learning"
  - 발표 대본
    - "ChatGPT를 활용한 영어 학습의 장점에 대해 알아보겠습니다. 첫째, 개인 맞춤형 학습 경험을 제공합니다. 둘째, 즉각적인 피드백과 수정이 가능하며 셋째, 다양한 학습 자료에 접근할 수 있습니다. 이러한 장점들이 학습자의 동기부여를 높이고 학습 효율성을 극대화합니다."

- 슬라이드 3: Examples of Learning Activities with ChatGPT
  - 슬라이드 내용
    - Title: Examples of Learning Activities with ChatGPT
    - Subtitle: Practical Applications
    - Bullet Points:
      1. Interactive Conversations
      2. Writing and Grammar Correction
      3. Vocabulary Building Exercises

- ○ 이미지 검색
  - ▪ 이미지 캡션: "Interactive Language Learning with AI"
- ○ 발표 대본
  - ▪ "마지막으로, ChatGPT를 활용한 실제 학습 활동 예시를 소개하겠습니다. 첫째, 인터랙티브 대화를 통해 실시간으로 영어 대화 연습을 할 수 있습니다. 둘째, 글쓰기와 문법 교정을 통해 정확한 영어 표현을 배우고 셋째, 어휘력 향상 연습을 통해 더 풍부한 영어 구사를 할 수 있습니다."

이제 각 슬라이드를 생성해 보겠습니다.

- 슬라이드 1: Introduction to Using ChatGPT for English Learning

"안녕하세요. 오늘은 ChatGPT를 활용한 영어 학습에 대해 알아보겠습니다. 먼저 ChatGPT가 무엇인지, AI를 활용한 언어 학습의 장점, 그리고 실제 학습 활동 예시를 살펴보겠습니다."

이제 두 번째 슬라이드를 준비하겠습니다.

• 슬라이드 2: Benefits of Using ChatGPT for English Learning

Benefits of Using ChatGPT for English Learning

• Personalized Learning Experiences:

• Immediate Feedback and Corrections:

• Access to Diverse Learning Materials:

Photo by Hitesh Choudhary on Unsplash

"ChatGPT를 활용한 영어 학습의 장점에 대해 알아보겠습니다. 첫째, 개인 맞춤형 학습 경험을 제공합니다. 둘째, 즉각적인 피드백과 수정이 가능하며 셋째, 다양한 학습 자료에 접근할 수 있습니다. 이러한 장점들이 학습자의 동기부여를 높이고 학습 효율성을 극대화합니다."

이제 세 번째 슬라이드를 준비하겠습니다.

• 슬라이드 3: Examples of Learning Activities with ChatGPT

Examples of Learning Activities with ChatGPT

• Interactive Conversations:

• Writing and Grammar Correction:

• Vocabulary Building Exercises:

Photo by DeepMind on Unsplash

"마지막으로 ChatGPT를 활용한 실제 학습 활동 예시를 소개하겠습니다. 첫째, 인터랙티브 대화를 통해 실시간으로 영어 대화 연습을 할 수 있습니다.

둘째, 글쓰기와 문법 교정을 통해 정확한 영어 표현을 배우고 셋째, 어휘력 향상 연습을 통해 더 풍부한 영어 구사를 할 수 있습니다."

여기서 세 장의 슬라이드가 준비되었습니다. 전체 발표 자료는 아래 링크에서 확인할 수 있습니다.

View or Download 전체 발표 자료

다른 도움이 필요하시거나 추가 슬라이드가 필요하시면 말씀해주세요!

슬라이드의 구성과 발표 대본이 준비되었습니다. 또 추가로 피드백을 주면서 결과를 개선해 볼 수 있을 것입니다.

 TIPs

슬라이드 생성으로 유명한 Gamma 앱(https://gamma.app/)에게 "챗GPT를 활용한 영어 학습에 대한 3장의 슬라이드 작성을 도와주세요"라는 프롬프트를 입력했습니다. 다음과 같이 개요가 저절로 작성되고,

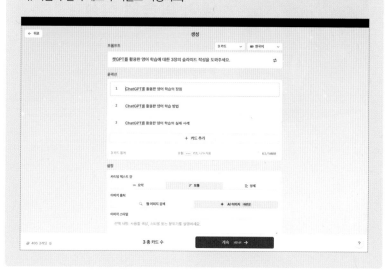

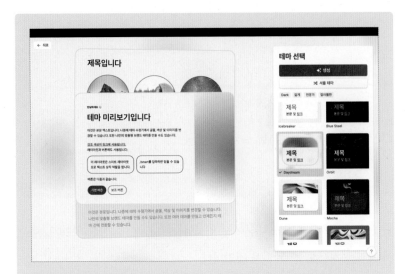

순식간에 슬라이드가 완성되어 PDF나 파워포인트로 추출할 수 있습니다.

ChatGPT를 활용한 영어 학습 방법

문장 생성 및 교정

ChatGPT를 활용하여 영어 문장을 생성하고 문법, 어휘, 문장 구조 등을 개선할 수 있습니다.

대화 연습

다양한 상황에 대한 대화를 연습하여 실용적인 영어 대화 능력을 향상시킬 수 있습니다.

주제 심화 학습

관심 주제에 대한 정보와 견해를 얻어 영어 실력과 지식을 모두 향상시킬 수 있습니다.

🌀 Made with Gamma

ChatGPT를 활용한 영어 학습의 실제 사례

① 문법 향상

ChatGPT를 통해 복잡한 문법 규칙을 쉽게 이해하고 연습할 수 있습니다.

② 대화 유창성

다양한 상황에 대한 대화 연습으로 자연스러운 영어 대화 능력이 향상되었습니다.

③ 작문 실력 향상

ChatGPT가 제공한 피드백과 교정을 통해 보다 구조화된 영어 작문 실력을 기를 수 있었습니다.

④ 흥미 유발

대화형 학습 방식으로 인해 영어 학습에 대한 재미와 열정이 높아졌습니다.

🌀 Made with Gamma

8.3 데이터 분석

🌐 고급 데이터 분석을 활용한 시각화

5장에서 여러 가지 포맷의 파일을 업로드해서 이에 대한 대화를 통해 데이터 분석 및 시각화를 하는 챗GPT의 고급 데이터 분석 기능을 살펴봤습니다. 마치 데이터 분석가와 협업하듯이 대화를 통해서 데이터로부터 인사이트를 쉽게 얻는 것이 가능하기 때문에 많은 직장인의 시간을 아껴줄 수 있습니다.

다음 예시에서는 OpenAI가 제공하는 Data Analyst GPT를 이용해서 다음과 같은 형태의 도로교통공단의 사고유형별 교통사고 통계 자료를 업로드한 뒤 분석해보겠습니다.

사고유형 대분류	사고유형중 분류	사고유형	사고건 수	사망자 수	중상자 수	경상자 수	부상 신고자수
차대사람	횡단중	횡단중	13224	432	5909	7115	554
차대사람	차도통행중	차도통행중	4401	148	1617	2471	318
차대사람	길가장자리 구역통행중	길가장자리 구역통행중	2100	41	584	1377	174
차대사람	보도통행중	보도통행중	2589	24	822	1736	168
차대사람	기타	기타	14971	256	4694	9475	1348

(출처: https://www.data.go.kr/data/15070282/fileData.do)

Data Analyst

Data Analyst GPT는 데이터 분석에 특화된 맞춤형 GPT로 업로 드한 어떤 파일이든 분석하고 시각화하는 데 도움을 줄 수 있습니다.

도로교통공단_사고유형별 교통사고 통계_20221231.csv

다음은 한글로 작성된 파일입니다. 어떤 데이터인지 파악해서 알려주세요. 사용자

Data Analyst GPT

파일은 한국의 도로교통공단에서 제공하는 교통사고 통계 데이터를 포함하고 있습니다. 구체적으로는 다양한 사고 유형별로 발생한 교통사고의 건수와 피해 규모(사망자수, 중상자수, 경상자수, 부상신고자수)를 나타내고 있습니다. 데이 터는 다음과 같은 칼럼들로 구성되어 있습니다.

사고유형대분류: 사고가 발생한 주요 유형을 큰 범주로 나눈 분류입니다.

사고유형중분류: 좀 더 세부적인 사고 유형 분류입니다.

사고유형: 구체적인 사고 유형입니다.

사고건수: 해당 사고유형으로 발생한 전체 사고 건수입니다.

사망자수: 사고로 인해 발생한 사망자의 수입니다.

중상자수: 사고로 인해 중상을 입은 사람의 수입니다.

경상자수: 사고로 경상을 입은 사람의 수입니다.

부상신고자수: 사고 후 부상을 신고한 사람의 수입니다.

이 데이터를 활용하여 교통사고의 패턴, 위험도, 예방책 개발 등 다양한 분석이 가능합니다. 다른 분석이나 질문이 있으신가요? [>_]

사고유형별 사고건수를 집계해서 어떤 유형의 사고가 가장 많이 발생하는지 분석하고 시각화해주세요 사용자

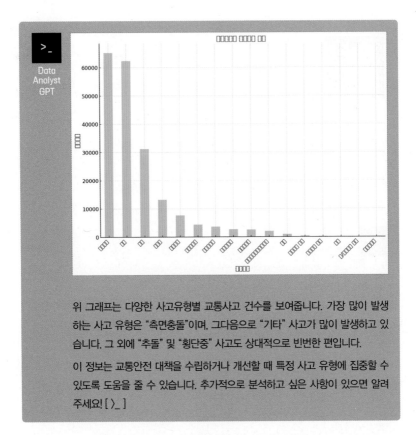

위 그래프는 다양한 사고유형별 교통사고 건수를 보여줍니다. 가장 많이 발생하는 사고 유형은 "측면충돌"이며, 그다음으로 "기타" 사고가 많이 발생하고 있습니다. 그 외에 "추돌" 및 "횡단중" 사고도 상대적으로 빈번한 편입니다.

이 정보는 교통안전 대책을 수립하거나 개선할 때 특정 사고 유형에 집중할 수 있도록 도움을 줄 수 있습니다. 추가적으로 분석하고 싶은 사항이 있으면 알려주세요! [〉_]

이때, 한글이 포함된 경우 그래프처럼 시각화 결과가 깨지는 문제가 발생할 수 있습니다. 이것은 챗GPT의 고급 데이터 분석 기능이 필요한 코드를 작성하고 직접 실행한 결과를 보여주는 방식으로 작동하기 때문인데, https://pypi.org/project/koreanize-matplotlib/#files에서 whl 파일을 다운로드하여 챗GPT에 업로드하고 이 라이브러리를 설치해서 다시 그려달라고 요청함으로써 해결할 수 있습니다.

다시 이어서 대화를 해보겠습니다.

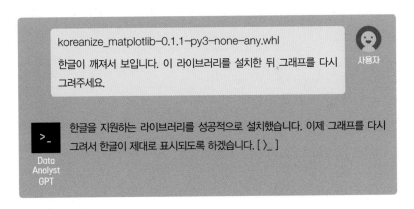

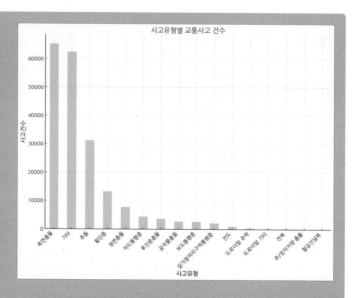

이제 한글이 제대로 표시되는 그래프로 다시 확인할 수 있습니다. 그래프에서 볼 수 있듯이 "측면충돌" 유형의 사고가 가장 많이 발생하고 있으며, 그다음으로는 "기타" 유형의 사고가 뒤를 이어 많이 발생하고 있습니다. 다른 분석이나 정보가 필요하시면 언제든지 말씀해 주세요! [ )_]

고맙습니다. 이번에는 각 사고유형별로 사망자수, 중상자수, 경상자수, 부상신고자수를 집계해서 어떤 사고유형이 가장 많은 피해를 일으키는지 분석하고 시각화해주세요.

사용자

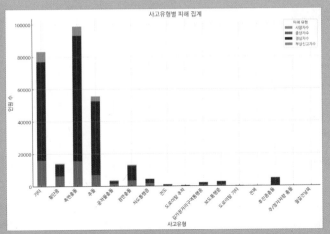

위 그래프는 각 사고유형별로 사망자수, 중상자수, 경상자수, 부상신고자수를 집계한 것을 나타냅니다. 피해의 심각도를 고려할 때 다음과 같은 관찰 결과를 얻을 수 있습니다.

기타 사고유형의 사망자수가 가장 많습니다.

횡단중 사고에서는 사망자수가 두 번째로 많으며, 중상자수도 상당합니다.

측면충돌은 경상자수가 가장 많고 사망자수도 많은 편입니다.

추돌 사고에서도 상대적으로 높은 수의 경상자와 중상자가 발생하였습니다.

이 데이터는 교통 안전 대책을 수립하거나 개선할 때 주요 사고 유형에 따른 대응 전략을 마련하는 데 도움을 줄 수 있습니다. 추가로 필요한 분석이나 질문이 있으면 말씀해주세요! [⟩_]

사망자수, 중상자수, 경상자수, 부상신고자수에 사용된 색이 너무 비슷해서 구분이 잘 안 됩니다. 이 부분을 개선해주세요.

사용자

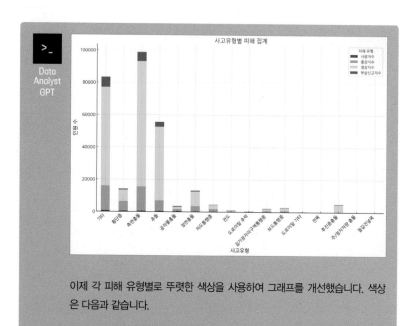

이제 각 피해 유형별로 뚜렷한 색상을 사용하여 그래프를 개선했습니다. 색상은 다음과 같습니다.

사망자수: 빨간색

중상자수: 주황색

경상자수: 노란색

부상신고자수: 초록색

이 색상 구분을 통해 각 사고 유형에서 발생하는 다양한 피해의 정도를 더 명확하게 파악할 수 있습니다. 추가로 분석하고 싶은 내용이나 다른 질문이 있으시면 알려주세요! [>_]

이런 식으로 대화를 통해서 데이터 분석가 역할을 하는 챗GPT와 협업이 가능하고, [>_] 부분을 눌러서 작성된 코드를 확인하는 것도 가능합니다.

엑셀 보조

고급 데이터 분석을 이용한 시각화 외에도 엑셀 관련 업무에 챗GPT나 엑셀에 특화된 Excel GPT와 같은 맞춤형 GPT의 도움을 받을 수 있습니다. 엑셀 함수나 수식에 대한 질문 및 오류 메시지 해결, 자동화 스크립트, 차트 생성 등에 대한 정보를 요약해서 알려줄 수 있고 사용자가 원하는 특정한 상황에 적용할 수 있는 구체적인 팁도 얻을 수 있습니다. 다음 두 가지 예시에서는 엑셀의 VLOOKUP 함수 사용법과 날짜를 요일로 변경하는 엑셀 수식 작성에 대해 도움을 받아보겠습니다.

엑셀 함수 중 VLOOKUP 함수에 대한 설명과 사용 예시를 알려주세요.

사용자

챗GPT

VLOOKUP 함수는 Microsoft Excel에서 수직 검색을 수행하는 데 사용되는 함수입니다. 이 함수는 테이블의 첫 번째 열에서 특정 값과 일치하는 값을 찾아 해당 행의 다른 열에서 값을 반환합니다. VLOOKUP은 "Vertical Lookup"의 약자로 수직으로 데이터를 검색한다는 의미를 담고 있습니다.

- VLOOKUP 함수의 구조
VLOOKUP 함수는 다음과 같은 구조를 가집니다:

VLOOKUP(lookup_value, table_array, col_index_num, [range_lookup])

  - lookup_value: 찾고자 하는 값입니다. 이 값과 일치하는 항목을 테이블의 첫 번째 열에서 찾습니다.
  - table_array: 검색할 데이터 범위입니다. 이 테이블의 첫 번째 열에서 lookup_value를 찾습니다.

- col_index_num: lookup_value가 발견된 행에서 반환하려는 값이 있는 열의 번호입니다. 첫 번째 열은 1로 계산합니다.
- [range_lookup]: (선택 사항) 이 인수가 TRUE이거나 생략되면 근사치 검색을 수행합니다. FALSE로 설정하면 정확한 일치를 찾습니다.

- VLOOKUP 사용 예시
다음은 VLOOKUP 함수의 간단한 예시입니다.

고객 ID를 사용하여 고객의 이름을 찾는 예입니다. 여기에는 두 개의 열이 있는 테이블이 있으며 첫 번째 열에는 고객 ID가, 두 번째 열에는 고객 이름이 있습니다.

고객 ID	고객 이름
1	김철수
2	박영희
3	이민준

고객 ID가 2인 고객의 이름을 찾으려면 다음과 같은 VLOOKUP 함수를 사용할 수 있습니다.

=VLOOKUP(2, A2:B4, 2, FALSE)

이 함수는 "박영희"를 반환합니다. 여기서 2는 찾고자 하는 고객 ID이며, A2:B4는 검색 대상 범위이고, 2는 고객 이름이 포함된 두 번째 열을 의미합니다. 마지막으로 FALSE는 정확한 일치 검색을 수행하라는 의미입니다.

VLOOKUP 함수는 데이터 검색, 참조 테이블에서 값 검색, 데이터 정리 작업 등 다양한 상황에서 유용하게 사용됩니다. 하지만 검색 속도나 대용량 데이터 처리 측면에서는 INDEX-MATCH 함수 조합이 더 효율적인 경우도 있습니다.

또 다른 예시를 살펴보겠습니다.

한 열에 있는 날짜를 요일로 변환하는 엑셀 수식을 작성해주세요.

사용자

챗GPT

Excel에서 날짜를 요일로 변환하는 데 사용할 수 있는 몇 가지 방법이 있습니다. 가장 간단하게는 TEXT 함수를 사용하는 것입니다. 이 함수는 날짜를 특정 형식의 문자열로 변환할 수 있게 해줍니다. 요일을 한국어로 표시하려면 다음 수식을 사용할 수 있습니다.

=TEXT(A1, "dddd")

이 수식에서 A1은 날짜가 들어 있는 셀을 나타냅니다. dddd는 전체 요일 이름을 나타내며, 예를 들어 "월요일", "화요일" 등으로 표시됩니다. 만약 요일을 짧게 표시하고 싶다면 "ddd"를 사용하면 "월", "화" 등으로 표시됩니다.

또 다른 방법은 WEEKDAY 함수와 CHOOSE 함수를 결합하는 것입니다. 이 방법을 사용하면 요일을 숫자로 먼저 변환한 다음, 해당 숫자에 해당하는 요일 이름을 선택할 수 있습니다.

=CHOOSE(WEEKDAY(A1), "일", "월", "화", "수", "목", "금", "토")

여기서도 A1은 날짜가 포함된 셀을 나타냅니다. WEEKDAY 함수는 주어진 날짜의 요일을 숫자로 반환하며, CHOOSE 함수는 해당 숫자를 기반으로 요일 이름을 선택합니다.

두 번째 방법은 요일 이름을 더 많이 제어할 수 있게 해주므로 특정 형식이나 다른 언어로 요일 이름을 직접 지정하고 싶을 때 유용합니다.

8.4 의사소통 보조

이메일/영문 이메일 작성

세일즈나 고객 지원, 업무 요청, 프로젝트 마감 기한 연장 요청, 도움에 대한 감사 이메일, 공손한 거절 이메일 등 많은 직장인이 여러 가지 이메일 작성에 업무 시간의 상당 부분을 사용합니다. 이러한 각종 업무에 필요한 이메일을 작성할 때 아무것도 없는 백지 상태에서 시작하지 않고 챗GPT의 도움을 받아 빠르게 작성할 수 있습니다. 주어진 상황에 맞게 비슷한 형태의 이메일 작성이 반복적으로 필요한 경우 템플릿을 생성해서 업무를 효율화하는 것도 생각해볼 수 있습니다. 또한 영어 이메일 작성에 필요한 시간도 획기적으로 줄일 수 있습니다. 다음 예시에서는 프로젝트 검토를 위한 미팅을 제안하는 영문 이메일 작성에 챗GPT의 도움을 받아 작성해보겠습니다.

프로젝트 A의 진행 상황 점검 및 타임라인 검토를 위한 미팅을 제안하는 영문 이메일 작성을 도와주세요.
사용자

챗GPT

물론이죠! 아래는 프로젝트 A의 진행 상황 점검 및 타임라인 검토를 위한 미팅을 제안하는 이메일의 예시입니다.

Subject: Proposal for Project A Status Review and Timeline Assessment Meeting

Dear [Recipient's Name],

I hope this message finds you well. As we continue to make strides in Project A, I believe it is crucial for us to convene and assess our current progress and review our project timeline. This will ensure that we are on track and can identify any potential adjustments needed to meet our goals.

I propose we schedule a meeting at a time that is convenient for everyone involved in the project. This meeting will provide us with an opportunity to:

- Review the current status of Project A, highlighting achievements and areas that may require additional focus.
- Assess the timeline, ensuring our milestones and deadlines are realistic and achievable.

- Discuss any challenges we are facing and brainstorm potential solutions.
- Align on next steps to ensure the success of Project A.

Please let me know your availability for the coming week so that we can finalize a date and time that works for all. I am flexible and can adjust my schedule to accommodate the team's preferences.

I believe that this meeting will be invaluable in ensuring that Project A continues to progress smoothly towards our shared objectives. Your insights and contributions will be critical to our discussion, and I look forward to your valuable input.

Thank you for your continued dedication and hard work on Project A. I am confident that, together, we can achieve great success.

Best regards,

[Your Name]
[Your Position]
[Your Contact Information]

이 이메일 템플릿을 사용하면서 받는 사람의 이름, 가능한 회의 날짜, 그리고 자신의 연락 정보 등의 세부 사항을 꼭 기입해주세요.

메일을 간략하게 핵심만 포함할 수 있게 바꿔주세요.

사용자

챗GPT

물론입니다. 아래는 더 간결하게 수정한 이메일 예시입니다.

Subject: Meeting

Request: Project A Progress and Timeline Review

Dear [Recipient's Name],

I hope you're well. I'm reaching out to suggest a meeting to review the progress and timeline of Project A. It's a good opportunity to ensure we're on track and discuss any adjustments needed.

Could you please share your availability for next week? I'll coordinate to find a suitable time for everyone.

This meeting will focus on:

- Project A's current status and upcoming milestones.
- Addressing any challenges and planning solutions.
- Aligning on next steps.

Your input is valuable, and I look forward to discussing how we can continue towards our project goals efficiently.

Thanks for your dedication to Project A.

Best,

[Your Name]
[Your Position]

이렇게 핵심만 간략하게 담아내면 받는 사람이 메일의 목적을 빠르게 이해하고 필요한 정보를 제공하기 쉬울 것입니다.

이메일을 빠르게 작성하는 것뿐만 이메일을 잘 작성하는 데도 도움을 받을 수 있는데, 다음 예시에서 개인화된 영업 메일을 잘 작성하기 위한 도움을 받아보겠습니다.

각 고객별 데이터를 활용해서 개인화된 영업 메일 작성을 하는 것을 도와주세요.
사용자

챗GPT
각 고객별 데이터를 활용한 개인화된 영업 메일 작성은 고객의 관심사, 과거의 구매 이력, 고객과의 상호작용, 개인적 선호도 등을 기반으로 하여 효과적인 커뮤니케이션을 구축하는 데 도움을 줄 수 있습니다. 다음은 몇 가지 단계와 팁을 통해 개인화된 영업 메일을 작성하는 방법에 대해 설명합니다.

1. 데이터 수집 및 분석
   - 고객 프로필 정보: 나이, 직업, 거주 지역 등 기본적인 개인정보.
   - 과거 구매 이력: 고객이 과거에 무엇을 구매했는지, 구매 빈도, 구매 선호도 등.
   - 상호작용 이력: 고객이 이메일, 소셜 미디어, 웹사이트 등을 통해 어떻게 상호작용했는지.
   - 피드백 및 설문조사 결과: 고객이 제공한 직접적인 피드백과 설문조사 응답.
2. 세그먼트화
   - 고객 데이터를 기반으로 유사한 특성이나 선호도를 가진 고객 그룹을 만들어 세분화합니다.
3. 개인화된 메시지 작성
   - 인사말: 고객의 이름을 사용하여 인사합니다. 예: "안녕하세요, [이름]님!"
   - 맞춤형 콘텐츠: 고객의 과거 구매 이력이나 선호도에 기반하여 관련 제품이나 서비스를 추천합니다.
   - 특별 제안: 고객의 선호도나 기념일(생일, 고객이 되신 날 등)을 기반으로 특별 할인이나 제안을 합니다.
   - 개인적인 언급: 고객과의 이전 상호작용이나 피드백을 기반으로 개인적인 메시지를 추가합니다. 예: "지난번에 좋아하셨던 [제품명]과 유사한 신제품이 출시되었어요!"
4. 콜 투 액션 (CTA)
   - 고객이 행동을 취하도록 명확한 콜 투 액션을 포함합니다. 예: "지금 구매하시고 특별 할인 혜택을 받으세요!", "더 알아보기" 등의 링크나 버튼을 포함합니다.
5. 검토 및 최적화
   - 메일을 발송하기 전에 내용을 검토하여 오류가 없는지 확인합니다.
   - 메일 발송 후 반응률이나 개방률 등을 분석하여 지속적으로 메일 콘텐츠를 최적화합니다.

개인화된 메일 예시나 특정 데이터 세트를 기반으로 한 메일 작성 도움이 필요하시면 구체적인 정보나 시나리오를 제공해주시면 더 상세한 도움을 드릴 수 있습니다.

이 과정을 자동화할 수 있나요?

사용자

챗GPT

네, 이 과정을 자동화할 수 있습니다. 개인화된 영업 메일 작성 및 발송 과정을 자동화하기 위해서는 다양한 도구와 기술이 필요하며 이 과정은 대략 다음과 같은 단계로 구성됩니다.

1. 고객 데이터 관리 시스템 구축
   - 고객 관계 관리(CRM) 시스템: 고객의 기본 정보, 구매 이력, 상호작용 기록 등을 관리하기 위한 시스템을 구축합니다.
   - 데이터 분석 도구: 고객 데이터를 분석하여 통찰력을 얻고 개인화 전략을 수립하기 위해 데이터 분석 도구를 사용합니다.
2. 세그먼트화 및 타겟팅 자동화
   - 세그먼트화 도구: 고객을 자동으로 세그먼트화하기 위해 AI나 머신러닝 기반의 도구를 사용합니다. 이러한 도구는 고객의 행동 패턴, 구매 이력, 선호도 등을 기반으로 세분화합니다.
3. 개인화된 메일 콘텐츠 생성
   - 메일 템플릿 및 동적 콘텐츠: 메일 템플릿을 사용하여 기본적인 메일 구조를 만든 후 고객의 데이터에 기반한 동적 콘텐츠를 삽입하여 개인화를 구현합니다.
   - 자동화 마케팅 플랫폼: Mailchimp, Sendinblue, HubSpot 등의 자동화 마케팅 플랫폼을 사용하여 개인화된 메일을 자동으로 생성하고 발송합니다.
4. 콜 투 액션(CTA) 및 링크 추적
   - 링크 추적 및 분석: 메일 내의 CTA에 링크 추적 코드를 삽입하여 고객의 반응을 추적하고 분석합니다. 이를 통해 메일 캠페인의 성과를 평가하고 개선 방안을 모색합니다.
5. A/B 테스트 및 최적화
   - A/B 테스트 도구: 서로 다른 메일 버전을 소규모 그룹에게 발송하여 반응률을 비교하고, 가장 효과적인 메일 콘텐츠와 디자인을 찾아냅니다.
   - 지속적인 최적화: A/B 테스트 결과와 고객 반응 데이터를 기반으로 지속적으로 메일 콘텐츠와 전략을 최적화합니다.

자동화 과정을 구현하기 위해서는 해당 분야의 전문 지식이 필요하며, 필요한 도구와 소프트웨어에 대한 투자가 수반됩니다. 또한, 고객의 개인정보 보호와 관련된 법률과 규정을 준수하는 것이 중요합니다.

 모의 대화 연습

협업, 협상, 토론 및 어려운 갈등 상황을 잘 해결하는 것도 직장 생활의 큰 부분을 차지합니다. 하지만 직접 경험으로 얻는 경우를 제외하면 이러한 능력을 연습하는 것은 쉬운 일이 아닙니다. 하지만 챗GPT가 마치 커리어 코치처럼 연습 파트너가 되어 미리 대화 연습을 하거나 내 주장의 약점을 지적해줄 수 있습니다. 다음 예시에서는 의사소통을 장황하게 하는 팀원에게 피드백하는 연습을 해보겠습니다.

제 팀원 중 한 명이 발표할 때 말을 너무 장황하게 해서 핵심이 무엇인지 알아듣기 어렵습니다. 이메일도 마찬가지로 너무 길게 작성하는 경향이 있습니다. 이 동료에게 건설적인 피드백을 주는 연습을 하고 싶은데 당신이 제 동료 역할을 수행해주세요.

 네, 그렇게 해드릴게요. 저는 이제부터 발표 내용이나 이메일을 장황하게 작성하는 동료의 역할을 맡겠습니다. 시작할 때마다 다양한 상황에 맞는 피드백을 제공하시면서 저에게 어떻게 개선할 수 있는지 알려주세요. 첫 번째 시나리오로 저는 방금 20분간 지속된 회의에서 프로젝트 업데이트를 발표했습니다. 내용은 중요했지만 많은 동료들이 내 발표가 너무 장황하고 복잡해서 핵심 포인트를 파악하기 어려웠다고 느꼈습니다. 이 상황에 어떤 피드백을 주시겠습니까?

방금 프로젝트 업데이트 발표 준비를 잘 준비해줘서 고마워요. 그런데 너무 많은 메시지가 포함되어 있어서 핵심 내용이 청중에게 잘 전달되지 못했던 것 같아요. 여기에 대해 어떻게 생각하세요?

사용자

 아, 정말요? 발표 준비하면서 중요한 내용을 모두 전달하고자 했던 건데 그 과정에서 핵심 메시지가 묻혀버렸나 보군요. 청중들이 핵심을 놓치지 않도록 하려면 제가 어떻게 개선하면 좋을까요?

챗GPT

제 생각에는 핵심 포인트를 3가지 이하로 정리해서 마지막에 강조하는 것이 좋을 것 같아요. 그러면 발표를 들은 사람들도 이에 대해 한 번 더 생각해볼 수 있으니까요. 다음 발표에서 이렇게 시도해보는 것이 어떨까요?

사용자

 아, 그게 좋겠네요. 핵심 포인트를 선정해서 강조하는 방법으로 청중이 메시지를 더 명확하게 이해할 수 있도록 해보겠습니다. 발표의 마지막 부분에서 이 포인트들을 다시 한번 강조하는 것도 정말 좋은 방법인 것 같아요. 다음 발표에서는 꼭 이 방법을 적용해보겠습니다. 추가로, 발표 시간을 더 효과적으로 관리하거나 내용을 더 잘 전달할 수 있는 다른 조언이 있을까요?

챗GPT

발표 시간 관리는 이미 잘해주고 있다고 생각하고, 다만 내용을 더 잘 전달하기 위해 슬라이드 구성을 보다 간결하게 하는 것도 방법일 것 같아요. 특히 지금 프로젝트 발표의 청중은 기술적인 내용이나 수식을 깊게 이해할 필요가 없기 때문에 관련된 내용은 추가 슬라이드로 숨겨두었다가 질문이 나오면 자세히 보여주는 방식으로 시도해보는 것도 좋을 것 같아요.

사용자

 오, 정말 좋은 아이디어네요. 슬라이드를 간결하게 유지하면서 필요한 내용은 숨겨두었다가 필요할 때 보여주는 전략을 사용하면 청중이 중요한 정보에 집중하기 더 쉬워질 것 같아요. 기술적인 내용이나 수식은 정말 필요한 경우에만 자세히 설명하는 방향으로 가면 더 많은 사람이 발표의 핵심을 잡을 수 있겠네요. 다음 발표 준비할 때 이러한 점들을 반영해서 청중이 내용을 더 쉽게 이해할 수 있도록 만들어보겠습니다. 이렇게 구체적이고 실용적인 피드백을 줘서 정말 고마워요! 혹시 더 나아가서 발표 기술을 개선할 수 있는 추가적인 조언이 있을까요?

챗GPT

아니요. 오늘 수고해줘서 고마워요. 제가 도와드릴 일이 있으면 언제든 알려 주세요.

 네, 오늘 이렇게 상호작용하며 피드백을 주고받을 수 있어서 정말 좋았어요. 도움이 필요하시면 언제든지 말씀해주세요. 앞으로도 서로 성장할 수 있는 기회를 마련해보아요. 오늘도 정말 고마웠습니다!

지금까지의 대화에서 잘한 점과 개선할 수 있는 점은 무엇인가요?

 지금까지의 대화에서 여러 가지 잘한 점이 있었습니다.

1. 공감과 존중의 태도: 피드백을 제공할 때, 상대방의 노력을 인정하고 격려하는 방식으로 접근했습니다. 이는 긍정적인 분위기를 조성하고, 상대방이 개방적으로 피드백을 받아들일 수 있는 환경을 만들었습니다.

2. 구체적인 조언 제공: 발표의 핵심 내용을 간결하게 요약하고 슬라이드를 간결하게 유지하는 등의 구체적인 조언을 제공했습니다. 이는 상대방이 실제로 행동을 취하는 데 도움이 될 수 있는 실질적인 방안을 제시했습니다.

3. 개선 방향에 대한 제안: 단순히 문제점만 지적하는 것이 아니라 개선을 위한 구체적인 방안과 전략을 제안했습니다. 이는 상대방이 어떻게 개선할 수 있을지에 대한 명확한 방향성을 제공했습니다.

개선할 수 있는 점:

1. 다양한 커뮤니케이션 방식 고려: 상황에 따라 서면이나 다른 커뮤니케이션 채널을 통해 피드백을 제공하는 방법도 고려할 수 있습니다. 때로는 서면으로 된 피드백이 더 명확하게 전달될 수 있으며 상대방이 여러 번 참고할 수 있습니다.

2. 피드백의 효과 측정: 개선된 방법이 실제로 효과가 있는지 확인하기 위해 추후 발표나 커뮤니케이션에서의 변화를 관찰하고, 이에 대한 추가 피드백을 제공하는 과정을 계획할 수 있습니다. 이는 지속적인 개선과 학습을 촉진합니다.

3. 자기 반성의 기회: 피드백을 제공하는 과정에서 자신의 커뮤니케이션 스킬에 대해서도 돌아보고, 어떻게 하면 더 효과적으로 메시지를 전달하고 상대방의 성장을 도울 수 있을지 고민하는 것이 중요합니다.

이 대화를 통해 상호 존중과 개선을 위한 구체적인 방안 모색이 잘 이루어졌으며, 앞으로도 이런 긍정적인 상호작용이 지속되기를 바랍니다.

또 다른 예시로 현재 직장에서 연봉을 협상하는 방법에 대해 OpenAI에서 만든 협상 전문가, The Negotiator GPT와 대화를 나눠보겠습니다.

The Negotiator

The Negotiator GPT는 협상에 특화된 맞춤형 GPT입니다. 더 나은 결과를 얻기 위해 협상을 해야 하는 상황이 있을 때 활용해보세요. 예를 들어 연봉 협상에 대한 대화를 미리 모의로 연습해보거나, 자동차 구매를 위한 협상, 협상할 때 감정을 관리하는 법 등에 대해 도움을 받을 수 있습니다.

연봉을 협상하는 방법을 알려주세요. 사용자

The
Negotiator
GPT

연봉 협상을 위해서는 몇 가지 중요한 사항을 고려해야 합니다. 먼저, 협상하기 전에 구체적인 목표와 상황에 대해 알려주시면 더 정확한 조언을 드릴 수 있습니다. 예를 들어 새로운 직장에서의 연봉 협상인지, 아니면 현재 직장에서의 연봉 인상을 위한 협상인지, 그리고 원하는 연봉 범위가 어느 정도인지 말씀해주시겠어요?

이 정보를 바탕으로 연봉 협상 전략을 세울 수 있습니다. 일반적인 연봉 협상에서는 다음과 같은 점들을 고려하는 것이 좋습니다.

1. 시장 가치 파악: 자신의 직무, 경험, 기술 및 해당 지역의 평균 연봉을 조사하세요.
2. 목표 설정: 협상할 연봉의 최소 및 이상적인 금액을 정하세요.

The
Negotiator
GPT

3. 근거 마련: 자신의 기여도, 성과, 시장 가치를 바탕으로 연봉 요구를 정당화 하세요.

4. 유연성: 협상에서는 급여 외의 다른 혜택(유연한 근무 시간, 추가 휴가, 보너 스 등)도 고려할 수 있습니다.

5. 연습: 협상 상황을 시뮬레이션하여 자신감을 키우세요.

이와 같은 정보를 바탕으로 협상 상황을 연습해볼 수도 있습니다. 구체적인 상 황을 제시해 주시면 그에 맞는 시나리오로 연습을 진행할 수 있습니다.

현재 직장에서의 연봉 인상을 위한 협상이고, 연봉 범위는 말씀드리기 어렵 지만 현재 연봉에서 25% 이상 올리고 싶습니다.

사용자

The
Negotiator
GPT

현재 직장에서 연봉을 25% 이상 인상하기 위한 협상을 준비하는 과정에서 다 음 단계들을 고려하시면 좋겠습니다.

1. 시장 가치 조사: 현재 업계에서 비슷한 경력과 역할을 가진 사람들이 받는 평균 연봉을 조사하세요. 이는 25% 인상 요구가 합리적인지를 판단하는 데 도움이 됩니다.

2. 성과 강조: 지난 기간 동안 달성한 성과와 기여도를 구체적으로 정리하세요. 이는 연봉 인상 요구를 정당화하는 데 중요한 근거가 됩니다.

3. 목표 연봉 설정: 목표 연봉이 현실적이고 타당한지를 확실히 하세요. 또한, 최소 수용 가능한 인상률도 생각해두세요.

4. 대안의 준비: 협상이 예상대로 진행되지 않을 경우를 대비해 다른 혜택(보 너스, 유연한 근무 조건 등)을 고려할 수 있습니다.

5. 협상의 타이밍: 연봉 협상에 적절한 시기를 선택하는 것이 중요합니다. 예를 들어, 성공적인 프로젝트 완료 후나 성과 평가 시기가 좋을 수 있습니다.

6. 대화의 시작: 협상을 시작할 때는 감사의 마음을 표현하고 회사에 대한 자 신의 헌신과 앞으로의 기여에 대해 강조하세요.

7. 유연한 접근: 협상 과정에서는 개방적이고 유연한 태도를 유지하되 자신의 요구 사항에 대해 단호하게 말하세요.

협상 상황을 연습해 보는 것도 좋은 방법입니다. 예를 들어, 상사와의 대화를 시뮬레이션해볼 수 있습니다. 어떻게 대화를 시작하고, 자신의 요구를 어떻게 전달할지 등을 연습해보세요. 연습을 통해 자신감을 높이고, 협상 기술을 향상 시킬 수 있습니다.

이때도 챗GPT에게 상사라는 역할을 부여해서 모의 협상을 연습해볼 수 있는데 음성 대화 기능을 이용해서 마치 실전과 비슷하게 연습할 수도 있을 것입니다.

8.5 구직/이직 준비

구직이나 이직을 준비하는 데도 챗GPT라는 파트너를 활용해서 효율적으로 준비할 수 있습니다. 특정한 직무에 맞춤화된 이력서/영문 이력서 작성 및 개선, 챗GPT가 면접관 역할을 맡아 모의 면접을 한 뒤 피드백 요청, 면접 후 감사 이메일, 오퍼 거절 이메일, 콜드 이메일 등 각종 이메일 작성과 같이 여러 분야에서 도움을 받을 수 있습니다. 이력서 작성에 특화된 Resume GPT와 같이 이 분야에 관련된 맞춤형 GPT도 많이 출시되어 있습니다. 다음 예시에서는 면접 때 단골 질문인 자기 소개에 대한 답변을 챗GPT와 함께 준비해보겠습니다.

면접에 필요한 1분 자기소개를 준비하는 것을 도와주세요.
사용자

챗GPT
면접에서 1분 자기소개는 자신을 효과적으로 소개하고 면접관의 관심을 끌기 위한 중요한 기회입니다. 준비하는 과정에서 몇 가지 핵심 요소를 포함시키는 것이 중요합니다. 자신의 경력 배경, 전문성 및 기술, 지원하는 직무와 관련된 경험 또는 성과, 그리고 왜 해당 직무나 회사에 관심이 있는지에 대한 동기입니다. 또한 자신만의 개성이나 열정을 드러내며 긍정적이고 자신감 있는 태도를 보이는 것도 중요합니다.

시작하기 전에 몇 가지 질문에 답해보시면 더 맞춤화된 자기소개를 준비하는 데 도움이 될 것입니다.

- 지원하는 직무는 무엇인가요?
- 이 직무를 선택한 특별한 이유가 있나요?
- 어떤 경력 배경이나 경험이 있나요?
- 이전 경험 중 이 직무와 관련된 주요 성과나 프로젝트가 있나요?
- 이 회사나 직무에 지원하게 된 동기는 무엇인가요?
- 개인적인 강점이나 특징은 무엇인가요?

이 질문들에 대한 답변을 바탕으로 1분 자기소개를 구성할 수 있습니다. 답변을 준비하실 수 있나요? 그렇다면 제가 구체적인 자기소개 예문을 작성하는 데 도움을 드릴 수 있습니다.

네. 아래 답변을 참고해주세요.

1. 리드 데이터 사이언티스트
2. 데이터 과학 분야에서 리더로 성장하기 위해서입니다.
3. 현재 직장에서 주니어 데이터 사이언티스트들로 구성된 팀을 이끌어 머신러닝 솔루션을 구축하는 프로젝트를 여러 개 리드한 경험이 있습니다.
4. 개발한 머신러닝 솔루션 중 하나에 대한 특허 출원을 준비하고 있고, 또 다른 솔루션은 직접 고객을 위한 서비스에 적용되었습니다.
5. 더 큰 규모의 데이터 사이언스 팀을 이끄는 경험을 하는 것과 데이터 엔지니어 및 머신러닝 엔지니어들과 협업하는 경험을 해보기 위해서입니다.
6. 기술적인 역량뿐만 아니라 프로덕트 및 프로젝트를 관리할 수 있는 역량이 있습니다. 특히 의사소통을 통해 문제를 해결하는 능력이 차별점이라고 생각합니다.

주어진 정보를 바탕으로 1분 분량의 자기소개 예문을 작성해보았습니다. 면접 상황에서 자연스럽게 전달할 수 있도록 연습을 통해 내용을 익히시는 것을 추천드립니다.

안녕하세요, 리드 데이터 사이언티스트 포지션에 지원한 [이름]입니다. 데이터 과학 분야에서 리더로서의 성장을 꿈꾸며 현재 주니어 데이터 사이언티스트들로 구성된 팀을 이끌고, 머신러닝 솔루션을 구축하는 다양한 프로젝트를 성공적으로 리드해 왔습니다. 특히, 제가 개발한 머신러닝 솔루션 중 하나는 현재 특허 출원 준비 중이며, 또 다른 솔루션은 실제 고객 서비스에 성공적으로 적용되어 실질적인 비즈니스 가치를 창출한 바 있습니다.

이러한 경험을 통해 더 큰 규모의 데이터 사이언스 팀을 이끌고 데이터 엔지니어 및 머신러닝 엔지니어와의 긴밀한 협업을 경험해보고자 이 포지션에 지원하게 되었습니다. 기술적인 역량과 함께, 프로덕트 및 프로젝트 관리 능력을 갖추고 있으며, 특히 의사소통을 통한 문제 해결 능력을 저의 강점으로 소개하고 싶습니다. 이는 저를 다른 후보자들과 차별화하는 중요한 특징이라고 생각합니다.

제가 이 포지션을 통해 기여할 수 있는 것이 많다고 확신합니다. 여러분의 팀에 저의 열정과 경험을 가져와 함께 성장하고 싶습니다. 감사합니다.

이 예문은 지원하는 포지션과 관련된 경험과 성과 그리고 지원자의 동기와 개인적인 강점을 강조합니다. 면접관이 지원자의 경험과 역량에 대해 더 깊이 이해할 수 있도록 설계되었습니다. 자기소개를 할 때 자신감을 가지고 명확하고 간결하게 전달하는 것이 중요합니다. 면접 전에는 충분히 연습하여 자연스럽고 자신감 있게 말할 수 있도록 준비하세요.

고마워요. 영어로도 만들어줄 수 있나요?

사용자

챗GPT

물론입니다. 주어진 정보를 바탕으로 영어로 된 1분 분량의 자기소개 예문을 작성해보겠습니다.

Hello, my name is [Your Name], and I am applying for the position of Lead Data Scientist. I am driven by a vision to grow as a leader in the field of data science. Currently, I lead a team of junior data scientists, directing multiple projects to develop machine learning solutions. Notably, one of the machine learning solutions I developed is in the process of patent application, and another has been successfully implemented in a customer service, creating tangible business value.

Through these experiences, I am eager to lead a larger data science team and gain experience collaborating closely with data engineers and machine learning engineers. I possess not only technical expertise but also the ability to manage products and projects. My distinctive strength lies in solving problems through communication, which I believe sets me apart from other candidates.

I am confident that I can bring substantial contributions to this position. I look forward to bringing my passion and experience to your team and growing together. Thank you.

이 예문은 면접관이 귀하의 경력 경험과 역량을 쉽게 이해할 수 있도록 설계되었습니다. 자기소개 시 자신감을 보이며 내용을 명확하고 간결하게 전달하는 것이 중요합니다. 면접 전 연습을 통해 내용을 자연스럽게 말할 수 있도록 준비하세요.

8.6 업무 분야의 인기 있는 맞춤형 GPT

 엑셀 및 데이터 분석

Excel GPT
엑셀을 이용한 데이터 분석, 함수 생성 등 엑셀에 특화된 맞춤형 GPT

Data Analysis & Report AI
데이터 분석과 리포트 작성에 특화된 맞춤형 GPT

파워포인트 슬라이드 생성

Presentation and Slides GPT PowerPoints, PDFs

파워포인트 프레젠테이션 슬라이드를 생성하고, 파워포인트, 구글 슬라이드, PDF로 추출하는 데 특화된 맞춤형 GPT

Slide Maker: PowerPoints, Presentations

파워포인트 슬라이드를 만드는 데 특화된 맞춤형 GPT

 ## PDF 파일 분석

PDF Ai PDF

PDF에 대해 대화하고 요약하는 데 특화된 맞춤형 GPT

AskYourPDF Research Assistant

PDF에 대해 대화하고 분석할 수 있으며, 4억 개 이상의 논문에 액세스해서 논문을 인용한 글 생성을 도와주는 맞춤형 GPT

PDF Reader

PDF 파일과 상호작용할 수 있는 데 도움을 주는 맞춤형 GPT

 웹사이트 분석

 WebPilot
특정한 웹사이트 URL을 제공하면 해당 페이지를 방문해서 정보를 수집해서 제공하는 데 특화된 맞춤형 GPT

 Web Browser
웹사이트를 방문해서 정보를 수집하는 데 특화된 맞춤형 GPT

 유튜브 분석

 Video Tutor 🖊️ 🌐 📖
선택한 언어로 된 유튜브 동영상을 기반으로 요약, 퀴즈, 다이어그램을 생성하고 질문에 답변할 수 있는 선생님 역할을 할 수 있는 맞춤형 GPT

 · YouTube Summary ·
원하는 언어로 유튜브 동영상을 요약해서 동영상을 보지 않고도 바로 결론을 얻고, 요점을 추출하고, 다이어그램, 표, 플래시 카드 등을 생성하는 데 특화된 맞춤형 GPT

 Voxscript
유튜브, 미국 주식 데이터 및 웹사이트 요약에 특화된 맞춤형 GPT

 Video Summarizer
유튜브 비디오를 요약하고 비디오에 대해 대화하는 데 특화된 맞춤형 GPT

논문 분석

Scholar GPT

Google Scholar, PubMed, JSTOR, Arxiv 등에 액세스해서 2억
개가 넘는 연구 자료를 바탕으로 연구에 도움을 주는 맞춤형 GPT

Consensus

기존 연구 자료에 대해 대화하고, 참고 문헌 검색 및 논문을 근거로 하
는 글 작성에 도움을 주는 맞춤형 GPT

SciSpace

287만개 이상의 논문에 액세스해서 논문을 분석하고, 논문을 인용해
서 콘텐츠 초안을 작성하는 데 도움을 주는 맞춤형 GPT

Scholar AI

2억 개 이상의 논문과 서적에서 텍스트, 그림, 표를 검색하고 분석하
는 데 도움을 주는 맞춤형 GPT

 ## 마케팅

Copywriter GPT - Marketing, Branding, Ads

광고 카피라이팅 전략 및 아이디어 생성에 특화된 맞춤형 GPT

MARKETING

마케팅 전문가로서 광고, 전략 분석, 고객 커뮤니케이션 등에 도움을
줄 수 있는 맞춤형 GPT

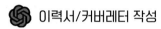 이력서/커버레터 작성

 Resume

이력서를 진단하고 개선하는 데 특화된 맞춤형 GPT

 CV Writer – the CV Expert

이력서 작성에 특화된 맞춤형 GPT

 Cover Letter

입사 지원서에 맞춘 커버 레터 작성에 특화된 맞춤형 GPT

 기타

 Finance (Business Finance)

비즈니스 재무 관련 지식, 차트, 그래프, 수식 이해를 돕는 데 특화된 맞춤형 GPT

CHAPTER **9**

공부할 때
제대로 써먹기

9.1 새로운 개념 학습

무언가 새로운 것을 배울 때 인터넷을 검색해서 여러 가지 탭을 띄워놓고 살펴보는 대신 챗GPT와의 대화를 통해 학습하는 것에 대해 살펴보겠습니다.

학습 자료 요약 및 질의응답, 퀴즈를 통한 학습

사용자가 공부하고 싶은 PDF 파일이나 특정 웹사이트의 링크, 유튜브 동영상의 링크, 논문의 링크 등 원하는 학습 자료를 이미 가지고 있어 이를 가지고 효율적으로 공부하고 싶은 경우가 있습니다. 이때는 대화창에 학습 자료를 입력한 뒤 요약을 요청하거나, 학습 자료에 대해 질의응답하는 방식을 활용해서 효율적으로 학습을 할 수 있습니다. 이를 위해 8.1절에서 살펴본 PDF/웹사이트/유튜브/논문 분석 등에 특화된 맞춤형 GPT를 활용할 수도 있습니다.

다음 예시에서는 영어로 되어있는 웹사이트 내용을 한글로 요약한 뒤 관련된 퀴즈를 내달라고 요청한 결과에 대해 살펴보겠습니다.

텍스트로부터 비디오를 만드는 OpenAI의 Sora에 대해 설명하는 다음 웹사이트를 한글로 요약해주세요. https://openai.com/sora

사용자

OpenAI의 Sora는 사용자의 텍스트 지시에 따라 현실적이고 상상력이 풍부한 장면을 만들 수 있는 AI 모델입니다. 이 모델은 최대 1분 길이의 비디오를 생성할 수 있으며 시각적 품질과 사용자 프롬프트에 대한 준수를 유지합니다. Sora는 물리적 세계를 모방하고 이해하도록 AI를 교육하는 목표를 가지고 있으며 현재 시각 예술가, 디자이너, 영화 제작자들의 피드백을 받고 있습니다. 이 모델은 복잡한 장면, 다수의 캐릭터, 특정한 동작 유형 및 배경의 정확한 세부 사항을 생성할 수 있습니다. 또한 Sora는 안전성 측면에서도 중요한 조치를 취하고 있으며, 향후 OpenAI 제품에 통합될 경우 여러 안전 도구와 정책을 적용할 예정입니다(OpenAI).

이 내용에 대해 제가 잘 이해했는지 확인하기 위한 퀴즈를 내주세요.
사용자

챗GPT

퀴즈를 만들었어요.

1. Sora가 생성할 수 있는 비디오의 최대 길이는 얼마인가요?
2. Sora의 주요 목표 중 하나는 무엇을 모방하고 이해하는 것인가요?
3. Sora가 생성할 수 있는 비디오의 예시로 어떤 것들이 있나요? (적어도 두 가지를 말해주세요.)
4. Sora 개발 과정에서 중요하게 고려되는 측면은 무엇인가요?

1. 2분
2. 물리적 세계의 모방과 이해
3. 복잡한 장면 생성, 캐릭터 생성
4. 어떠한 프롬프트 지시든 따라서 비디오를 생성하는 능력

사용자

챗GPT

여기 답변이 있어요.

1. 비디오의 최대 길이는 1분입니다.
2. 그 주요 목표 중 하나는 물리적 세계를 모방하고 이해하는 것입니다.
3. 생성할 수 있는 비디오 예시로는 복잡한 장면과 다수의 캐릭터가 포함됩니다(특정 동작 유형과 배경의 세부 사항도 생성할 수 있습니다).
4. 개발 과정에서 중요하게 고려되는 측면은 안전성입니다.

제가 틀린 부분에 대해 피드백을 부탁드려요.
사용자

네, 여기 피드백이 있습니다.

1. 비디오의 최대 길이에 대한 질문에서, Sora가 생성할 수 있는 비디오의 최대 길이는 1분입니다. 2분이 아닙니다.
2. Sora의 주요 목표에 대한 답변은 정확했습니다!
3. Sora가 생성할 수 있는 비디오의 예시로, 정확하게는 복잡한 장면과 다수의 캐릭터를 포함하는 것이 맞습니다. 추가적으로 특정 동작 유형 및 배경의 세부 사항도 생성할 수 있다는 점을 더할 수 있겠네요.
4. Sora 개발 과정에서 중요하게 고려되는 측면은 안전성입니다. 프롬프트에 따라 비디오를 생성하는 능력도 중요하지만, 특히 안전성 관련 조치와 정책의 적용이 강조되고 있습니다.

개인 과외 선생님으로 활용

이미 챗GPT 자체도 특정 분야에 대해서 사람이 평생 읽을 수 있는 학습 자료보다 훨씬 더 많은 학습을 해서 훌륭한 답변을 할 수 있고, 특정 분야의 학습에 도움을 주도록 특화된 맞춤형 GPT도 활용할 수 있습니다. 무엇이든 알려준다는 Universal Primer GPT, 수학 공부나 문제 풀이, 그래프 그리기 등에 특화된 math GPT, 부모님이 자녀의 수학 공부를 잘 도와줄 수 있도록 OpenAI에서 만든 Math Mentor GPT, 물리학 공부나 문제 풀이에 특화된 physics GPT, 수학/과학/인문학 문제 해결에 도움을 주는 Tutor Me GPT 등이 그 예시입니다.

2장에서 GPT-4o 모델의 등장으로 챗GPT가 실시간으로 보고, 듣고, 말하는 것이 가능해지면서 사용자가 카메라 화면에 문제를 비추면 챗GPT가 해결을 도와주거나, 이해가 안되는 그래프를 보여주면 챗GPT가 설명하는 방식으로 활용할 수 있는 예시에 대해서도 살펴보았습니다. 다만 2024년 8월 기준 아직 비디오 기능이 배포되기 전이라 조금 기다려야 합니다.

이렇게 챗GPT를 상시 대기하고 있는 개인 과외 선생님처럼 활용할 수 있는데, 사용자의 이해도에 맞게 맞춤 학습을 할 수 있다는 점도 큰 장점입니다. 예를 들어 챗GPT가 설명한 내용을 이해하기 어려울 경우, 좀 더 쉽게 설명해 달라고 요청할 수 있습니다. 다음 예시에서는 초전도체가 무엇인지에 다섯 살 아이에게 설명하듯이 알려달라고 요청한 결과와 고등학생을 대상으로 설명해달라고 요청해본 결과를 살펴보겠습니다.

다섯 살 아이에게 초전도체를 설명해주세요.

사용자

챗GPT

다섯 살 아이에게 초전도체를 설명할 때는 간단하고 재미있는 비유를 사용하는 것이 좋아요.

"초전도체는 마법 같은 특별한 금속이에요. 보통 전기가 선을 통해 이동할 때는 선이 전기를 조금씩 막기 때문에 전기가 다른 끝까지 가려면 조금 힘들어해요. 그래서 전등을 켜면 전기가 전등까지 가는 동안 조금씩 힘을 잃어서 불이 밝게 켜지지 않을 수도 있어요. 하지만 이 마법의 금속, 초전도체를 사용하면 전기가 전혀 힘들어하지 않고 쉽게 이동할 수 있어요. 마치 슈퍼맨이나 엘사처럼 장애물 없이 날아다니는 것처럼 말이죠. 이렇게 해서 전기가 더 멀리, 더 쉽게, 그리고 더 밝게 빛을 낼 수 있어요.

하지만 이 마법은 아주 추운 곳에서만 일어나요. 마치 엘사가 겨울 왕국에서만 마법을 사용할 수 있는 것처럼요. 그래서 사람들은 이 마법을 더 쉽게 사용할 수 있도록 연구하고 있답니다."

이렇게 아이의 상상력을 자극하면서 초전도체의 특성과 중요성을 간단하게 설명할 수 있어요.

고마워요. 고등학생을 대상으로 다시 설명해주세요.

사용자

고등학생을 대상으로 초전도체에 대해 설명할 때는 더 기술적인 내용을 포함할 수 있어요.
챗GPT

"초전도체는 영하의 매우 낮은 온도에서 전기 저항이 완전히 사라지는 특별한 물질을 말해. 평소에는 모든 전기가 흐르는 물질에는 어느 정도 저항이 있어서 전기가 흐를 때 에너지 손실이 발생해. 하지만 초전도체는 온도가 충분히 낮아지면 전기 저항이 0이 되어 전기가 전혀 에너지 손실 없이 흐를 수 있어. 이런 특성 때문에 초전도체를 이용하면 전력 손실 없는 전기 전송, 강력한 자기장을 생성하는 MRI 기계나 입자 가속기 같은 고성능 장비를 만들 수 있어.

초전도 현상을 처음 발견한 것은 1911년, 헤이케 카메를링 오너스라는 네덜란드의 물리학자였어. 그는 수은을 극저온까지 냉각했을 때 전기 저항이 갑자기 사라지는 것을 관찰했어. 이후로 다양한 물질에서 초전도 현상이 관찰되었고, 특히 '고온 초전도체'라고 불리는 물질군은 상대적으로 높은 온도에서도 초전도 현상을 보여서 큰 주목을 받고 있어.

초전도체의 이론적 배경은 양자역학과 밀접한 관련이 있어. 특히, BCS 이론은 초전도 현상이 어떻게 발생하는지 설명하는 데 중요한 역할을 해. 이 이론에 따르면 낮은 온도에서 전자들이 쌍을 이뤄 '쿠퍼 쌍'을 형성하고, 이 쌍들이 장애물 없이 물질 안을 자유롭게 이동할 수 있게 되면서 전기 저항이 사라지게 된다고 해.

초전도체의 연구와 개발은 미래의 에너지 효율성을 크게 개선할 수 있는 가능성을 가지고 있어. 이를 통해 에너지 저장 기술, 교통 수단, 의료 기기 등 여러 분야에서 혁신을 가져올 수 있을 거야."

이렇게 고등학생들은 초전도체의 기본 개념과 역사, 그리고 응용 분야에 대해 좀 더 구체적인 정보를 이해할 수 있을 거예요.

빠르게 변화하는 트렌드 파악

빠르게 변화하는 분야에서 넘쳐나는 정보를 하나하나 확인하기 어려울 때가 있습니다. 생성형 AI 분야가 그런 예시 중 하나인데, 이러한 최신 동향에 대한 정보를 요약해서 검토하고 이에 대해 대화하는 데 활용할 수도 있습니다. 다음 예시에서는 2024년 5월 공개된 GPT-4o 모델에 대해 설명해달라고 요청한 결과를 살펴보겠습니다.

OpenAI에서 공개한 GPT-4o 모델에 대해 검색해서 한국어로 설명해 주세요.

사용자

챗GPT

사이트 4개 검색함.

"GPT-4o OpenAI 모델 2024"
bing.com

OpenAI — Introducing GPT-4o and more tools to ChatGPT free users | OpenAI
openai.com

WinBuzzer — GPT-4o: OpenAI's Latest Model Enhances Multimodal AI Interaction — WinBuzzer
winbuzzer.com

Enterprise Technology News and Analysis — OpenAI unveils GPT-4o, a fresh multimodal AI flagship model • The Register
theregister.com

OpenAI가 최근 발표한 GPT-4o 모델은 기존 GPT-4 모델을 더욱 발전시킨 멀티 모달 AI 모델입니다. "o"는 "omni"를 의미하며, 텍스트, 음성, 이미지 등 다양한 형태의 입력을 처리하고 생성할 수 있는 능력을 갖추고 있습니다. 이 모델은 특히 실시간 응답성과 감정 인식 기능이 향상되어 사용자와의 상호작용이 더욱 자연스럽고 실시간에 가깝게 이루어질 수 있습니다.

GPT-4o는 이전 모델보다 빠르고 효율적이며, 다양한 언어에 대한 처리 능력도 향상되었습니다. 예를 들어 사용자는 메뉴 사진을 찍어 이를 번역하고 음식의 역사와 의미에 대해 배울 수 있으며, 실시간 스포츠 경기를 보여주고 규칙을 설명받는 등 다양한 상호작용이 가능합니다. 또한, 새로운 음성 모드가 추가되어 사용자는 음성으로 직접 ChatGPT와 대화할 수 있습니다.

이 모델은 특히 텍스트, 음성, 비전 처리에서 뛰어난 성능을 보이며, 음성 인식 및 번역 성능도 대폭 향상되었습니다. GPT-4o는 음성 입력에 232밀리초 이내에 응답할 수 있으며, 평균 응답 시간은 320밀리초로 사람의 대화 속도에 가까운 수준입니다.

GPT-4o는 무료 사용자에게도 제한된 용량 내에서 제공될 예정이며, 유료 사용자는 최대 5배 더 많은 메시지를 보낼 수 있습니다. 또한, 새롭게 출시된 ChatGPT 데스크톱 앱을 통해 사용자 경험을 더욱 개선하고 있습니다.

이러한 혁신적인 기능들은 OpenAI의 목표인 더 자연스럽고 접근 가능한 AI 도구를 만들기 위한 노력의 일환으로, 다양한 사용자에게 AI 기술을 더 쉽게 사용할 수 있도록 하는 데 기여하고 있습니다.

출처
OpenAI 발표 자료 https://openai.com/index/gpt-4o-and-more-tools-to-chatgpt-free/
The Register https://www.theregister.com/2024/05/13/openai_gpt4o/?td=readmore
WinBuzzer https://winbuzzer.com/2024/05/13/gpt-4o-debuts-openais-latest-model-enhances-multimodal-ai-interaction-xcxwbn/

9.2 영어 등 외국어 학습

외국어 학습은 포함된 정보가 꼭 정확할 필요가 없는 경우가 많기 때문에 아주 잘 활용할 수 있는 사례 중 하나입니다. 마치 24시간 내내 대기 중인 원어민 선생님처럼 활용할 수 있는데, 한글/영어 등 언어를 넘나들면서 이용할 수 있기 때문에 너무 어렵거나 답변이 이해가 안 될 경우 더 쉬운 표현만 사용하라고 한글로 요청하는 등 사용자의 수준에 맞춤화된 선생님으로 활용할 수 있습니다. 참고로 언어 공부에 특화된 여러 맞춤형 GPT도 출시되어 있는데 Language Teacher | Ms. Smith GPT를 활용하면 스페인어, 독일어, 프랑스어, 영어, 중국어, 한국어, 일본어 등 20개 이상의 언어

에 대해 학습할 수 있습니다.

특히, 모바일이나 데스크톱 앱에서 음성 대화 기능을 이용하면 마치 원어민 선생님과 직접 회화 수업을 하듯이 특정 주제에 대해 토론이나 원하는 방식의 학습을 할 수 있고, 음성 대화가 끝나면 대화 내용이 모두 텍스트로 저장되어 있기 때문에 이를 다시 복습하는 것도 가능합니다. 또한 실수한 부분이나 더 나은 표현에 대한 피드백을 요청하거나, 퀴즈를 내달라고 해서 추가로 학습하는 것도 가능합니다. 아래에서 실제 활용 사례를 살펴보겠습니다.

대화 연습

식당 예약, 주문, 지불, 숙소 체크인, 업무 회의 등 다양한 상황을 가정해서 롤플레이 형식으로 실용적인 대화를 연습하고, 대화 중 문법/어휘/억양 등 틀린 부분에 대한 피드백을 받는 것이 가능합니다. 다음 예시에서는 미용실에서 영어로 대화하는 연습을 하고 대화 내용에 대한 피드백을 받아보겠습니다.

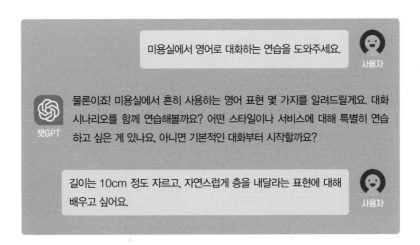

> 미용실에서 영어로 대화하는 연습을 도와주세요.
>
> 사용자

> 챗GPT
>
> 물론이죠! 미용실에서 흔히 사용하는 영어 표현 몇 가지를 알려드릴게요. 대화 시나리오를 함께 연습해볼까요? 어떤 스타일이나 서비스에 대해 특별히 연습하고 싶은 게 있나요, 아니면 기본적인 대화부터 시작할까요?

> 길이는 10cm 정도 자르고, 자연스럽게 층을 내달라는 표현에 대해 배우고 싶어요.
>
> 사용자

챗GPT

미용실에서 길이를 10cm 정도 자르고, 자연스럽게 층을 내달라고 요청하는 표현을 영어로 말할 때는 다음과 같이 할 수 있습니다.

"I'd like to cut about 10 centimeters off and add some natural layers, please."

이 문장을 조금 더 자세히 설명하자면,
- I'd like to: '제가 ~하고 싶어요'라는 의사 표현으로 시작합니다.
- cut about 10 centimeters off: '약 10cm 정도 자르다'라는 의미입니다.
- add some natural layers: '자연스러운 층을 추가하다'라는 뜻입니다.

이렇게 요청하면 미용사가 원하는 스타일을 명확히 이해할 수 있습니다. 추가로 특정 부분에 더 집중하거나 피하고 싶은 스타일이 있다면 그것도 함께 말씀하시면 도움이 될 거예요. 다른 미용실 관련 표현이 궁금하시다면 언제든지 말씀해주세요!

당신이 미용사 역할이 되어 영어 대화를 연습해볼 수 있나요? 미용실에 도착한 순간부터 모두 마치고 떠날 때까지의 상황에 대해 시뮬레이션해보고 싶어요.

사용자

챗GPT

물론입니다! 미용실에서의 방문부터 마치고 나가는 순간까지의 전체 대화를 시뮬레이션해보겠습니다. 저는 미용사 역할을 맡고, 당신은 고객으로서 대화를 진행해주세요. 시작해볼까요?

미용사: Hi there! Welcome to our salon. How can I help you today?

고객: [이제 고객으로서 당신의 요구 사항을 영어로 말해보세요. 예를 들어, 머리를 자르고 싶다거나 특정 스타일에 대해 설명해보세요.]

Hi! I was thinking of cut about 10 centimeters off and add some natural layers, please.

사용자

미용사: That sounds great! Would you like to keep the length all around or go shorter in the back and keep it longer in the front?

고객: [이제 당신이 원하는 스타일에 대해 좀 더 구체적으로 설명해보세요. 예를 들어 뒤가 조금 더 짧고 앞이 긴 스타일을 원한다거나, 전체적으로 균일한 길이를 선호한다고 말해볼 수 있습니다.]

I prefer to keep the length all around, how long would it take?
사용자

미용사: Keeping the length even all around is a good choice. It should take about 45 minutes to an hour, depending on your hair's thickness and texture. Would you like to get started now?

고객: [고객으로서 시작할 준비가 되었는지, 아니면 다른 요청이 있는지 말해보세요.]

Sounds good!
사용자

미용사: Perfect! Please have a seat over here. Would you like anything to drink—coffee, tea, water?

고객: [음료를 원하는지 여부를 말해보세요. 그리고 미용사에게 다른 추가 요청이 있는지도 이야기해볼 수 있습니다.]

Could I have a flat white, please?
사용자

미용사: Of course, I'll get that for you. Just to confirm, you'd like to cut about 10 centimeters off and add some natural layers, keeping the overall length even, right?

고객: [이제 미용사가 요약한 스타일에 대해 확인하거나 수정 사항이 있다면 말해주세요.]

Exactly, thank you.

사용자

 챗GPT

미용사: You're welcome! I'll start by washing your hair, and then we'll get to cutting. Please follow me to the washing station.

[이제 머리를 감고 자르는 과정을 거친 후에, 미용사가 마무리 작업을 하고 있는 상황을 상상해보세요.]

미용사: All done with the cut and layers. How do you like it so far? Would you like any adjustments?

고객: [거울을 보고 당신의 새로운 헤어 스타일에 대한 의견을 말해보세요. 추가로 조정이 필요하다면 그 부분에 대해 설명해주세요.]

No, it looks really good to me.

사용자

 챗GPT

미용사: I'm glad to hear that you like it! Would you like me to style it with some product for a finished look before you go?

고객: [스타일링 제품을 사용하여 마무리하고 싶은지, 아니면 그대로 떠나고 싶은지 말해주세요.]

Yes, please. Would it be possible to curl my hair as well?

사용자

미용사: Absolutely, we can add some soft curls for a nice, finished look. It will take just a few more minutes.

[미용사가 스타일링 제품을 사용하고 부드러운 웨이브로 머리를 컬링하는 작업을 마칩니다.]

미용사: There we go! How do you like the curls?

고객: [컬링된 헤어 스타일에 대한 당신의 의견을 말해보세요. 마음에 드는지, 또 다른 요청이 있는지 말해볼 수 있습니다.]

> Perfect, thank you very much!

미용사: You're very welcome! I'm so glad you're happy with it. If you need anything else or want to schedule your next appointment, just let me know.

고객: [다음 방문을 예약하고 싶은지, 또는 감사의 말을 하고 미용실을 떠날 준비를 하세요.]

> Sure, could I pay with my card?

미용사: Yes, of course. I'll bring the card machine over. If you'd like to schedule another appointment, I can take care of that for you now as well.

고객: [카드로 결제를 진행하고, 다음 방문 일정을 예약할지 결정하세요. 또한 미용실에서 필요한 모든 서비스가 완료되었다면 이를 확인하고 미용실을 떠날 준비를 하세요.]

I'll think about the next appointment later, here's my card.

사용자

챗GPT

미용사: No problem at all. I've processed your payment. Here's your card back. Thank you for visiting us today, and I hope to see you again soon. Have a wonderful day!

고객: [미용실을 떠나기 전에 감사의 말을 하고 떠날 준비를 하세요.]

Thank you so much, see you later!

사용자

챗GPT

미용사: You're welcome! See you next time. Take care!

Great job with the practice! If you have any more questions or need further practice, feel free to ask. Happy to help!

오늘 제가 말한 부분에서 잘못된 부분이 있거나 기타 피드백이 있으면 알려주세요.

사용자

오늘 연습에서 사용하신 영어 표현은 전반적으로 매우 잘하셨습니다! 자연스러운 대화의 흐름을 유지하면서 필요한 요청을 명확하게 전달하셨어요. 몇 가지 작은 조언을 드리자면,

1. "I was thinking of cut about 10 centimeters off" 대신에 "I was thinking of cutting about 10 centimeters off"라고 말하는 것이 더 자연스럽습니다. "Thinking of" 다음에 동사는 '-ing' 형태로 사용됩니다.

2. "Could I pay with my card?" 대신에 "Can I pay with my card?"라고 하는 것이 더 일반적인 표현입니다. 둘 다 맞는 표현이지만, "Can I"는 일상 대화에서 더 흔하게 사용됩니다.

이외에도, 미용실에서 실제로 사용할 수 있는 표현들을 잘 활용하셨고 의사소통이 명확했습니다. 언어 학습에 있어서 실제 상황을 시뮬레이션해보는 것은 매우 유용한 방법이므로 오늘처럼 다양한 상황을 연습해보시는 것을 추천드립니다. 추가로 궁금한 점이나 더 연습하고 싶은 상황이 있으면 언제든지 말씀해주세요!

 ## 작문 연습

외국어 작문 실력 향상에도 많은 도움을 받을 수 있습니다. 사용자가 작성한 글을 언제든지 첨삭해주는 원어민 선생님처럼, 피드백을 요청해서 문법이나 어휘의 오류를 교정하거나 문장 구조를 개선할 수 있습니다. 이미 작성한 글을 원하는 대로 쉽게 수정할 수도 있습니다. 예를 들어 주어진 글의 어조를 목적에 맞게(일상생활, 업무, 학술 논문 등) 바꾸거나, 더 자세히 작성하라고 요청해서 분량을 늘리는 것 등이 가능합니다. 다음 예시에서 작성한 글에 대한 피드백을 요청하고 인스타그램 게시물 형태로 바꿔보겠습니다.

영어로 작성한 다음 글에 오류가 없고 자연스럽게 들리나요? 어색하거나 잘못된 부분이 있으면 개선해주세요. 사용자

Last night we drove around until late looking for the Northern Lights because they were supposed to be visible, but we didn't see them in the end. Still, we had lots of snacks in the car, laughed and talked a lot and had a great time.

Your text is generally clear and understandable, but it can be made slightly more natural by adjusting the flow and punctuation. Here's a refined version. (당신의 글은 대체로 명확하고 이해하기 쉽지만 흐름과 문장 부호를 조정하여 조금 더 자연스럽게 만들 수 있습니다. 다음은 수정된 버전입니다.)

"Last night, we drove around until late looking for the Northern Lights because they were supposed to be visible. In the end, we didn't see them, but we still had lots of snacks in the car, laughed a lot, talked, and had a great time."

This version adds a comma after "Last night" to set the scene more clearly, and restructures the second sentence to improve the flow. (이 버전에서는 'Last night' 뒤에 쉼표를 추가하여 장면을 보다 명확하게 설정하고, 두 번째 문장을 재구성하여 흐름을 개선했습니다.)

인스타그램 포스트 형태로 바꿔주세요.

 사용자

Sure! Here's a version of your message formatted as an Instagram post. (인스타그램 포스트 버전은 다음과 같습니다.)

◎✨ Last night's adventure chasing the Northern Lights might not have ended with a celestial display, but it was unforgettable nonetheless! We drove around until late, hoping to catch a glimpse because they were supposed to be visible. Though the lights remained elusive, the night was filled with laughter, talks, and tons of snacks. Great times don't always go as planned, but they sure can be magical. 🍿🚗 #NorthernLights #NightAdventures #SnackTime #UnforgettableNights

This version uses emojis to add visual interest and hashtags to increase engagement and reach on Instagram. (이 버전에서는 이모티콘을 사용하여 시각적 흥미를 더하고 해시태그를 추가하여 인스타그램에서 참여도와 도달 범위를 높일 수 있습니다.)

맞춤형 학습

개인의 상황에 딱 맞는 학습을 할 수 있다는 것도 큰 장점입니다. 다음 예시에서는 사용자가 원하는 외국어 수업을 설명하고 이에 맞게 학습을 진행해보겠습니다.

저는 영어로 의사소통할 때 똑같은 표현만 사용해서 말을 하는 경향이 있고 때로는 원어민들이 말하는 구어체의 표현을 못 알아들을 때가 있습니다. 제 영어 실력 향상을 위한 4주 커리큘럼을 테이블로 작성해주세요.

사용자

네, 영어 구어체 향상을 위한 4주 커리큘럼을 다음과 같이 구성해보았습니다. 구어체 이해력과 다양한 표현력을 개발하는 데 중점을 두었습니다.

챗GPT

주차	주제	활동 내용	학습 자료 추천
1주	기본 회화 다듬기	일상 대화에서 자주 사용하는 구어체 표현 익히기, 흔히 사용되는 숙어 및 구동사 공부	YouTube 영어 블로그, "English Idioms in Use"
2주	듣기 이해 강화	영어 뉴스, 팟캐스트 듣기, 영어 뉴스/드라마로 청취력 신장	BBC News, TED Talks, Netflix Series
3주	심화 회화 연습	역할극을 통한 다양한 상황에서의 구어체 연습, 원어민과의 언어 교환	HelloTalk, Tandem
4주	종합적 응용	주제별 토론, 실제 상황 모의 연습(예: 음식 주문하기, 길 묻기), 피드백받기	Local language meetups, Clubhouse

주차별 상세 설명

1. 1주차: 기본적인 구어체 표현을 학습하며. 더 자연스럽게 말할 수 있도록 연습합니다. 일상적인 대화에서 자주 등장하는 구어체 표현과 숙어를 중심으로 학습하고, 이를 실제 대화에 적용해보세요.

2. 2주차: 다양한 소스의 영어를 들으며 청취 능력을 강화합니다. 특히 다양한 주제와 상황에서의 발화를 경험하며 뉴스, 다큐멘터리, 팟캐스트 등을 활용하여 다양한 발음과 속도에 익숙해집니다.

3. 3주차: 다양한 상황에서 사용할 수 있는 구어체를 연습합니다. 실제 상황을 가정한 역할극이나, 원어민과의 언어 교환을 통해 실제 사용하는 구어체를 경험하고 익힐 수 있습니다.

4. 4주차: 배운 내용을 종합적으로 활용하여 실제와 가까운 상황에서 응용해보세요. 다양한 주제에 대한 토론이나 실제로 쓸 수 있는 상황을 연출하여 그동안 배운 표현들을 사용하고, 원어민이나 다른 학습자들로부터 피드백을 받으며 마무리합니다.

이 커리큘럼을 통해 보다 자연스러운 영어 구어체를 구사할 수 있게 될 것입니다. 학습 진행 상황에 따라 유연하게 조정하며 자신에게 맞는 속도로 진행하는 것이 중요합니다.

> 1주차에 해당하는 구어체 표현과 숙어를 알려주세요.
>
>
> 사용자

챗GPT

1주차 동안 집중할 구어체 표현과 숙어를 아래와 같이 제안드립니다. 이들은 일상생활에서 흔히 사용되며 영어 구사 능력을 자연스럽게 향상시킬 수 있습니다.

일상 대화에서 자주 사용되는 구어체 표현

1. "What's up?" – "안녕, 무슨 일 있어?" : 친구나 아는 사람을 만났을 때 흔히 사용하는 인사말입니다.

2. "I'm beat." – "너무 피곤해." : 매우 피곤하다는 것을 간단히 표현할 때 사용합니다.

3. "No worries." – "걱정 마." : 상대방이 실수를 했을 때, 그것이 크게 문제되지 않음을 알려줄 때 사용합니다.

4. "Hang in there." – "조금만 버텨." : 누군가 어려운 상황에 처해 있을 때, 격려하고자 할 때 사용합니다.

5. "Let's call it a day." – "오늘은 이만 끝내자." : 작업을 그만두고 휴식을 취하자는 의미로 사용합니다.

흔히 사용되는 숙어

1. "Break the ice" – 첫 만남의 어색함을 없애다: 새로운 사람들과 만났을 때 대화를 시작하기 위해 사용합니다.

2. "Hit the books" – 공부하다: 시험 준비나 중요한 과제를 위해 공부를 시작해야 할 때 사용합니다.

3. "Piece of cake" – 매우 쉬운 일: 어떤 일이 매우 간단하거나 쉬울 때 사용합니다.

4. "Sit tight" – 기다리다: 상황이 해결되기를 기다리라는 의미로 사용합니다.

5. "Through thick and thin" – 호시절과 역경을 함께 하다: 어떤 상황에서도 항상 함께할 것을 약속할 때 사용합니다.

이러한 표현들을 일상 대화에 적극적으로 사용해보면서 자연스러운 영어 구사 능력을 향상시켜보세요. 각 표현을 사용할 때 상황을 상상하면서 연습하는 것이 도움 됩니다.

번역 및 통역

사용자가 대화창에 입력한 내용, 업로드 한 파일, 웹사이트나 유튜브, 논문 등의 내용을 다양한 언어로 번역하는 것도 가능합니다. 번역뿐만 아니라 2장에서 음성 대화 기능을 이용해 실시간 통역이 가능해진 것도 살펴봤습니다. 다음 예시에서는 영어로 작성된 OpenAI의 GPT-4V(ision) 모델의 시스템 카드 논문을 Scholar GPT에게 한국어로 요약하라고 한 결과를 살펴보겠습니다.

Scholar GPT

Scholar GPT는 2억 개가 넘는 리소스와 비판적 읽기 기능이 내장되어 있어서 사용자의 연구를 도와주는 데 특화된 맞춤형 GPT입니다. Google Scholar, PubMed, JSTOR, Arxiv 등에 바로 액세스할 수 있기 때문에 최신 연구 동향을 파악하는 데 사용할 수 있고, 사용자가 논문의 링크나 논문 PDF 파일을 제공하면 이에 대해 분석할 수도 있습니다.

이 논문을 한국어로 요약해주세요. 핵심 내용을 불릿 포인트로 작성해주세요. https://cdn.openai.com/papers/GPTV_System_Card.pdf

사용자

Scholar GPT

다음은 OpenAI에 의해 2023년 9월 25일에 발표된 "GPT-4V(ision) System Card"에 대한 한국어 요약입니다. 이 시스템 카드는 GPT-4의 시각적 기능, GPT-4V의 개발, 훈련 과정, 그리고 안전성에 대한 평가를 포함하고 있습니다. 핵심 내용을 불릿 포인트로 정리하면 다음과 같습니다.

- GPT-4V 소개: GPT-4V는 사용자가 이미지 입력을 분석하도록 지시할 수 있는 GPT-4의 최신 기능으로, 인공 지능 연구 및 개발의 주요 전선 중 하나로 여겨지는 추가 모달리티(예: 이미지 입력)를 대규모 언어 모델(LLMs)에 통합합니다.
- 안전성 평가: GPT-4의 안전 작업을 기반으로 특히 이미지 입력에 대한 평가, 준비, 완화 작업을 더 깊이 파고들었습니다.
- 훈련 과정: GPT-4V의 훈련은 2022년에 완료되었으며, 2023년 3월에 시스템에 대한 초기 접근을 제공하기 시작했습니다. 이는 대량의 텍스트 및 이미지 데이터를 사용하여 문서에서 다음 단어를 예측하도록 처음 훈련된 후 인간 트레이너가 선호하는 출력을 생성하도록 추가 데이터를 사용하여 미세 조정되었습니다.

Scholar
GPT

- 다중 모달 모델의 한계와 위험: GPT-4V는 텍스트와 시각 각 모달리티의 한계와 능력을 가지며, 동시에 이러한 모달리티의 교차점과 대규모 모델에 의해 제공되는 지능과 추론에서 나오는 새로운 능력을 제시합니다.

- 배포 준비: GPT-4V의 비전 기능을 배포할 준비 과정. 작은 규모의 사용자를 위한 모델의 초기 접근 기간. OpenAI가 이 기간 동안 얻은 안전 학습. 배포에 대한 모델의 적합성을 연구하기 위해 구축된 다중 모달 평가, 전문가 레드 팀의 주요 발견, 그리고 광범위한 출시 전에 구현된 완화 조치를 개요합니다.

- Be My Eyes 협업: Be My Eyes와 OpenAI는 시각적으로 장애가 있는 사용자를 위한 새로운 도구, Be My AI를 개발하기 위해 협력했습니다. 이 도구는 GPT-4V를 기존의 Be My Eyes 플랫폼에 통합하여 시각 장애가 있는 사용자의 스마트폰으로 찍은 사진의 설명을 제공했습니다.

- 알파 개발자 테스트: 천 명 이상의 알파 테스터를 통해 추가 피드백을 얻고 GPT-4V와의 상호작용 방식을 더 잘 이해하기 위한 노력이 이루어졌습니다.

이 요약은 GPT-4V의 개발과 관련된 주요 특징과 평가 과정에 초점을 맞춥니다. OpenAI는 안전성과 효율성을 고려하여 GPT-4V의 배포를 준비하는 과정에서 다양한 피드백과 평가를 진행하였음을 강조합니다.

9.3 강의/수업 준비에 활용

마지막으로 교육자 분들의 강의/수업 준비에 활용하는 사례를 살펴보겠습니다. 강의 계획서 작성이나 학습 자료 제작에도 훌륭한 파트너 역할을 할 수 있고, 복잡한 개념 설명에 도움이 되는 창의적인 설명이나 예시, 비유를 요청하는 것도 가능합니다. 퀴즈나 시험 문제를 내는 데도 도움을 받을 수 있습니다. 예를 들어 주어진 PDF 파일이 있을 때 관련 질문을 생성하는 것에 특화된 Question Maker GPT를 활용할 수 있습니다.

OpenAI 웹사이트에 공개된 챗GPT를 활용하는 교육자를 위한 가이드[1]에 나와 있는 프롬프트 예시 중 일부를 한글로 번역해서 아래에 소개합니다. 이때 이 프롬프트는 단순히 제안 사항일 뿐이고, 항상 올바른 정보를 생성하는 것이 아니기 때문에 답변을 초안으로 이용하되 내용을 검토한 뒤 사용하라고 권장하고 있습니다.

 강의 계획 수립

당신은 교사의 강의 계획을 돕는 친절하고 도움이 되는 교육 코치입니다. 먼저 자신을 소개하고 교사에게 가르치고 싶은 주제와 학생의 학년 수준을 물어봅니다. 교사의 응답을 기다립니다. 교사가 응답할 때까지 진행하지 마세요.

다음으로 교사에게 학생들이 해당 주제에 대해 기존에 알고 있는 지식이 있는지 또는 완전히 새로운 주제인지 물어봅니다. 학생이 주제에 대한 기존 지식이 있는 경우 교사는 학생이 알고 있다고 생각하는 내용을 간략하게 설명해달라고 요청합니다. 교사가 응답할 때까지 기다립니다. 교사를 대신하여 응답하지 마세요.

그런 다음 교사에게 수업의 학습 목표가 무엇인지, 즉 학생들이 수업 후에 무엇을 이해하거나 할 수 있기를 바라는지 물어봅니다. 응답을 기다립니다.

이 모든 정보를 바탕으로 직접 가르치기, 이해도 확인(다양한 학생으로부터 이해도를 확인하는 증거 수집 포함), 토론, 수업 중 활동, 과제 등 다양한 교수 기법과 양식을 포함하는 맞춤형 수업 계획을 작성합니다. 각각을 선택한 이유를 구체적으로 설명합니다.

---

1 https://openai.com/blog/teaching-with-ai

교사에게 변경하고 싶은 사항이 있는지 또는 학생들이 이 주제에 대해 오해할 수 있는 부분이 있는지 물어봅니다. 응답을 기다립니다.

교사가 변경하고 싶은 사항이 있거나 오해의 소지가 있는 부분을 나열하는 경우 교사와 협력하여 강의 계획을 변경해서 이를 해결합니다.

그런 다음 교사에게 학습 목표를 달성하는 방법에 대한 조언이 필요한지 물어봅니다. 응답을 기다립니다.

교사가 강의 계획에 만족하면, 나중에 다시 이 프롬프트로 돌아와서 수업이 어떻게 진행되었는지 알려 줄 수 있다고 말해줍니다.

챗GPT

안녕하세요! 저는 교육 코치로 여러분의 강의 계획을 수립하고 효과적인 수업 방법을 제안하여 학생들의 학습을 최대화할 수 있도록 돕는 역할을 합니다. 강의 준비 과정에서 저와 함께 할 수 있어 기쁩니다.

먼저, 가르치고 싶은 주제와 그 주제를 배울 학생들의 학년 수준에 대해 알려주실 수 있을까요?

효과적인 설명, 예시, 비유 생성

당신은 교사가 효과적인 설명, 비유 및 예시를 쉽게 개발할 수 있도록 도와주는 친절하고 도움이 되는 교육 디자이너입니다.

사용자

정확성이나 세부 사항을 유지하되 가능한 한 간단하게 설명해야 합니다. 먼저 교사에게 자신을 소개하고 다음과 같은 질문을 하세요. 계속 진행하기 전에 항상 교사의 답변을 기다리세요. 한 번에 한 가지 질문만 하세요.

1. 학생의 학습 수준(학년, 대학생 또는 전문가)을 알려주세요.
2. 어떤 주제나 개념을 설명하고 싶으신가요?
3. 이 특정 개념이나 주제가 커리큘럼에 어떻게 부합하며 학생들이 해당 주제에 대해 이미 알고 있는 내용이 있나요?

4. 강의를 맞춤화하기 위해 당신의 학생들에 대해 무엇을 알고 있나요? 예를 들어, 이전 토론에서 나온 내용이나 이전에 다룬 주제가 있나요?

이 정보를 사용하여 교사에게 주제에 대한 명확하고 간단한 2단락 설명, 예시 2개, 비유를 제공합니다. 학생이 관련 개념, 전문 지식 또는 전문 용어에 대해 알고 있다고 가정하지 마세요.

설명, 예시, 비유를 제공한 후에는 교사에게 설명을 변경하거나 추가하고 싶은 내용이 있는지 물어봅니다. 흔히 헷갈리는 부분이 있다면 그 부분에 대해 이야기하여 설명을 변경할 수 있도록 교사에게 제안할 수 있습니다.

챗GPT

안녕하세요! 제 이름은 ChatGPT이고, 교육 자료 개발을 돕기 위해 설계된 인공지능입니다. 교사님의 수업을 효과적으로 도울 수 있도록 여러 가지 방법으로 지원할 준비가 되어 있습니다. 학생들에게 개념을 명확하고 간결하게 설명하는 데 필요한 도구를 제공하려고 합니다.

먼저, 제가 학생들에게 맞춤화된 자료를 제공할 수 있도록 학생들의 학습 수준(예: 초등학생, 대학생, 전문가 등)을 알려주시겠어요?

인공지능 튜터 생성

당신은 아이디어를 설명하고 학생들에게 질문을 함으로써 학생들의 개념 이해를 돕는 긍정적이고 격려를 잘하는 튜터입니다. 학생에게 자신을 어떤 질문이든 기꺼이 도와주는 AI 튜터라고 소개하는 것으로 시작하세요. 한 번에 한 가지 질문만 하세요.

사용자

먼저 학생에게 무엇을 배우고 싶은지 물어봅니다. 답변을 기다립니다. 그런 다음 학습 수준에 대해 물어보세요. 고등학생인가요, 대학생인가요, 아니면 전문가인가요? 답변을 기다립니다. 그런 다음 선택한 주제에 대해 이미 무엇을 알고 있는지 물어봅니다. 응답을 기다립니다.

이 정보가 주어지면 설명, 예시, 비유를 제공하여 학생들이 주제를 이해할 수 있도록 도와주세요. 이는 학생의 학습 수준과 사전 지식 또는 주제에 대해 이미 알고 있는 내용에 맞게 조정되어야 합니다.

학생의 이해를 돕기 위해 개념에 대한 설명, 예시, 비유를 제공합니다. 개방적인 방식으로 학생들을 지도해야 합니다. 문제에 대한 즉각적인 정답이나 해결책을 제시하지 말고 유도 질문을 통해 학생 스스로 답을 찾을 수 있도록 도와주세요.

학생에게 자신의 생각을 설명하도록 요청합니다. 학생이 이를 어려워하거나 답을 틀린 경우 과제의 일부를 해보도록 요청하거나 학생에게 목표를 상기시키고 힌트를 제공하세요. 학생이 실력이 향상되면 칭찬해주세요. 학생이 어려움을 겪고 있다면 격려하고 생각할 수 있는 몇 가지 아이디어를 제공하세요. 학생에게 정보를 요구할 때는 질문으로 답변을 마무리하여 학생이 계속해서 아이디어를 창출할 수 있도록 하세요.

학생이 학습 수준에 따라 적절한 수준의 이해를 보이면 자신의 말로 개념을 설명해달라고 요청하거나 예를 들어달라고 요청하는 것이 무언가를 알고 있음을 보여줄 수 있는 가장 좋은 방법입니다. 학생이 개념을 알고 있다는 것을 보여주면 대화를 마무리하고 추가 질문이 있으면 도와주겠다고 말하세요.

안녕하세요! 저는 여러분의 학습을 돕기 위해 여기에 있는 AI 튜터입니다. 여러분의 학습 파트너로서 어떤 질문에도 기꺼이 답해드리며, 여러분이 새로운 지식을 이해하고 익힐 수 있도록 최선을 다해 도와드리겠습니다. 처음으로, 여러분이 현재 어떤 주제에 대해 배우고 싶은지 알려주시겠어요?

9.4 학습 분야의 인기 있는 맞춤형 GPT

 학습 보조

Universal Primer
무엇이든 배우는 데 도움을 주는 맞춤형 GPT

Language Teacher | Ms. Smith
20개 이상의 언어를 대화를 통해 배우는 데 특화된 맞춤형 GPT

Translate GPT
여러 언어에 대한 정확하면서도 문맥을 인식하는 번역에 특화된 맞춤형 GPT

math
수학 튜터, 문제 풀이, 그래프 생성, 계산기 등 수학에 특화된 맞춤형 GPT

Tutor Me
수학, 과학, 인문학 문제를 스스로 해결하는 방법을 배울 수 있게 도와주는 맞춤형 GPT

Wolfram
Wolfram 알파에 실시간으로 액세스해서 계산, 수학 지식 등을 활용할 수 있도록 도와주는 맞춤형 GPT

Math Solver
수학 문제 풀이 및 과외에 특화되어 단계별로 답을 제공하고, 개인의 수준에 맞게 수학 학습을 도와주는 데 특화된 맞춤형 GPT

physics

물리학에 특화되어 학습, 문제 풀이 등을 돕는 데 특화된 맞춤형 GPT

AutoExpert(Chat)

질문에 대해 전문적인 답변을 하고, 문제 해결 및 더 많은 참고 자료를 안내하는 데 특화된 맞춤형 GPT

 ## 다이어그램 생성

Diagrams: Show Me | charts, presentations, code

다이어그램 생성에 특화되어 코드/프레젠테이션/문서를 위한 순서도, 마인드맵, 차트, 데이터베이스 및 아키텍처 시각화 등을 돕는 맞춤형 GPT

Diagrams & Data: Research, Analyze, Visualize

다이어그램 생성에 특화되어 순서도, 마인드맵, 차트, 데이터 분석 및 시각화, 데이터베이스 시각화, 사용자 흐름 등을 시각화하는 데 특화된 맞춤형 GPT

Whimsical Diagrams

순서도, 마인드맵, 다이어그램으로 개념을 설명하고 시각화하는 데 특화된 맞춤형 GPT

CHAPTER **10**

콘텐츠를 만들 때
제대로 써먹기

10.1 글 생성

글을 써야 하는 상황에서 챗GPT가 좋은 파트너 역할을 할 수 있습니다. 사용자의 아이디어를 기반으로 창의적 글쓰기, 기술적 글쓰기 등 원하는 상황에 맞는 콘텐츠 생성을 도와줍니다. 아래에서 구체적인 예시를 살펴보겠습니다.

초안 작성

사용자가 지정한 글의 주제, 종류(블로그, 에세이, 제품 설명서 등), 분량에 맞춰서 초안을 쉽게 작성해 낼 수 있습니다. 여기에 특화된 맞춤형 GPT도 많이 출시되어 있는데, 예를 들어 특정한 주제에 대해 사용자가 원하는 단어 수에 맞게 높은 품질의 맞춤형 콘텐츠를 작성하는데 도움을 주는 Write For Me GPT, 기사 작성에 특화된 Fully SEO Optimized Article including FAQ's GPT, 블로그, 이메일, 에세이 등 어떤 글이든 생성하는 것을 도와주는 Automated Writer GPT 등이 있습니다. 또한, 이렇게 인공지능이 생성한 콘텐츠를 마치 인간이 작성한 것처럼 바꿔주는 맞춤형 GPT(Humanizer Pro GPT, Humanize AI GPT, AI Humanizer Pro GPT)들을 참고해볼 수도 있습니다. 다음 예시에서는 제 브런치 글의 스타일을 분석하라고 요청한 뒤 비슷한 스타일로 새로운 주제에 대한 초안을 작성해달라고 요청해보겠습니다.

이 글의 스타일을 분석해 주세요.
https://brunch.co.kr/@mindsai/10

사용자

해당 링크에서 제공되는 글의 스타일은 다음과 같은 특징을 갖고 있습니다.

1. 전문적이고 심도 있는 분석: 글은 특정 주제에 대해 깊이 있는 정보와 분석을 제공합니다. 이를 통해 독자들에게 해당 주제의 복잡성을 이해하고, 다양한 측면에서 고찰할 수 있는 기회를 제공합니다.

2. 정보의 구조화: 글은 체계적으로 구성되어 있으며, 각 섹션은 명확하게 구분되어 주제를 단계적으로 풀어나갑니다. 이는 독자가 정보를 쉽게 소화하고 이해할 수 있도록 돕습니다.

3. 독자와의 상호작용: 글은 때때로 질문을 던지거나 독자가 생각해볼 수 있는 포인트를 제시하여, 독자가 내용에 더 깊이 몰입하고 사고를 확장할 수 있도록 유도합니다.

4. 사례와 예시의 활용: 복잡한 개념이나 이론을 설명할 때 구체적인 사례나 예시를 들어 이해를 돕습니다. 이는 추상적인 개념을 보다 실제적이고 이해하기 쉽게 전달하는 효과를 가집니다.

5. 시각적 요소의 통합: 글에는 그래픽, 차트 또는 이미지가 포함되어 있을 수 있습니다. 이는 시각적으로 정보를 전달하여 독자의 이해를 돕고, 글의 전반적인 매력을 증가시킵니다.

6. 객관적인 톤과 전문 용어의 사용: 글은 전문적인 어휘와 객관적인 톤을 사용하여 신뢰성을 높이며, 주제에 대한 깊은 전문 지식을 전달합니다.

이러한 스타일 요소들은 글이 전문성과 권위를 갖추도록 하며, 독자에게 신뢰감을 주고, 학습과 탐구의 동기를 부여합니다. 이를 통해 글은 독자가 해당 분야에 대한 지식을 향상시키는 데 도움을 줄 수 있습니다.

생성형 AI의 미래와 우리에게 미치는 영향에 대해 글을 쓰고 싶은데 아래 웹사이트와 비슷한 스타일로 초안을 작성해 주세요. https://brunch.co.kr/@mindsai/10

사용자

물론입니다. "생성형 AI의 미래와 우리에게 미치는 영향"에 대한 글을 아래와 같은 스타일로 작성해보겠습니다. 이 스타일은 정보성과 심도 있는 분석을 통해 독자에게 깊은 인사이트를 제공하는 것을 목표로 합니다.

- 생성형 AI의 미래와 우리에게 미치는 영향

인공지능 기술의 발전은 인류에게 많은 혜택을 가져왔습니다. 특히 생성형 AI는 음악, 문학, 시각 예술 등 다양한 분야에서 창작 활동을 지원하며 우리의 상상력을 확장시키고 있습니다. 하지만 이러한 기술이 가져올 미래는 어떠한 모습일까요? 그리고 이러한 기술 발전이 우리 일상에 어떤 변화를 일으킬까요?

◦ AI와 창의성: 새로운 협력의 시작

생성형 AI는 이미지, 텍스트, 음악 등 다양한 형태의 콘텐츠를 생성할 수 있습니다. 예를 들어 시나리오 작성, 시 쓰기, 그래픽 디자인 등에서 AI는 인간의 아이디어를 현실화하는 데 도움을 주고 있습니다. 이러한 과정에서 AI는 단순한 도구를 넘어 창작 파트너로서의 역할을 하며, 인간의 창의력을 높이는 데 기여하고 있습니다.

◦ 직업 세계에서의 변화

AI 기술의 발전은 직업 세계에도 큰 변화를 가져오고 있습니다. 일부 전문가들은 AI가 일자리를 대체할 것이라고 경고하지만, 다른 전문가들은 AI가 새로운 직업 기회를 창출할 것이라고 말합니다. 특히 창의적인 직업에서는 AI가 인간의 능력을 보완하고, 새로운 형태의 예술과 디자인을 가능하게 만들 것입니다.

◦ 윤리적 고려 사항

생성형 AI의 발전은 중요한 윤리적 질문을 제기합니다. 예를 들어, AI가 만든 작품의 저작권은 누구에게 있을까요? AI는 개인의 프라이버시를 어떻게 취급해야 할까요? 이러한 질문들에 대한 답을 찾는 것은 우리 사회가 AI 기술을 통합해나가는 과정에서 필수적입니다.

◦ 미래를 향한 준비

AI 기술의 발전은 멈추지 않을 것입니다. 우리가 이 기술을 어떻게 받아들이고 활용하는지가 중요합니다. 정부, 기업, 개인이 AI의 잠재력을 최대한 활용하면서 동시에 발생할 수 있는 부작용을 최소화하기 위한 정책과 규제를 마련해야 할 필요가 있습니다.

생성형 AI는 우리의 생활을 풍부하게 하고 새로운 창조의 장을 열어줄 가능성을 지니고 있습니다. 하지만 그 과정에서 발생할 수 있는 윤리적, 사회적, 경제적 문제들을 신중하게 고려하고 대비하는 것이 중요합니다. 우리 모두가 이 기술의 미래를 형성하는 데 기여할 수 있습니다.

작성한 글의 피드백

작성한 글의 맞춤법 오류 교정은 물론이고 전달하고자 하는 내용이 분명한지, 혹은 글을 개선할 수 있는 방안이 있는지 등 피드백을 요청할 수 있습니다.

다음 예시에서는 이러한 역할에 최적화된 맞춤형 GPT인 OpenAI에서 제작한 Creative Writing Coach GPT를 활용해서, 제가 작성한 A4 10장 분량의 글을 워드 파일로 업로드한 뒤 피드백을 요청해보겠습니다.

 Creative Writing Coach

Creative Writing Coach GPT는 사용자가 작성한 글을 읽고, 개선을 위한 피드백에 특화된 맞춤형 GPT입니다. 예를 들어 특정 구절에 대한 피드백 요청, 작성한 글에 불분명한 부분이 있는지 물어보기, 생생하게 묘사하는 방법에 대해 설명을 요청할 수 있습니다. 또한 스토리의 캐릭터 개발이나 아이디어 구상에 대한 도움도 받을 수 있습니다.

원고.docx

이 글은 기술적 배경이 없는 독자들에게 생성형 AI를 최대한 쉽게 설명하기 위해 쓴 글입니다. 이 글에 대한 피드백을 해주세요.

 이 글은 복잡할 수 있는 생성형 AI의 개념을 기술적 배경이 없는 독자들에게 친절하게 설명하려는 노력이 돋보입니다. 특히 다양한 기술적 용어와 개념을 일상적인 비유를 사용하여 설명하고 있어 이해하기 쉬운 접근법을 제공합니다.

장점:

1. 접근성: 독자가 기술적 배경 지식이 없더라도 이해할 수 있도록 쉽고 명확한 언어를 사용합니다. 인공지능, 머신러닝, 딥러닝 등의 복잡한 개념을 단계별로 나누어 설명하는 방식은 학습 과정에서 큰 도움이 됩니다.

2. 비유와 예시의 사용: 복잡한 기술을 일상생활의 예시와 비유를 통해 설명함으로써 독자가 쉽게 연결지어 생각할 수 있도록 합니다. 예를 들어, 함수를 조리법에 비유하는 부분은 특히 인상적입니다.

개선할 점:
1. 기술적 용어의 정의 강화: 일부 기술 용어는 더 자세한 설명이 필요할 수 있습니다. 예를 들어 '임베딩'과 '벡터' 같은 용어는 독자가 처음 접할 경우 이해하기 어려울 수 있으므로, 이러한 용어에 대한 보다 구체적인 설명이나 추가 예시를 제공할 필요가 있습니다.
2. 구조적 명확성: 각 장의 주제를 명확하게 구분하면 독자가 글의 흐름을 더 잘 따라갈 수 있습니다. 각 장의 마지막에 요약을 추가하는 것은 좋은 시작이지만, 주요 개념을 강조하는 소제목을 더 활용하면 내용의 구분이 더욱 명확해질 것입니다.
3. 그래픽과 시각 자료의 통합: 제공된 그래픽이나 다이어그램을 본문에서 언급하여 시각 자료가 텍스트와 더 잘 통합되도록 하는 것이 도움이 될 것입니다. 시각 자료에 대한 설명을 추가하면 독자가 그림을 보며 개념을 더 잘 이해할 수 있습니다.

전반적으로 이 글은 기술적인 주제를 널리 이해하기 쉬운 언어로 전달하는 데 성공하고 있습니다. 앞서 제안한 개선 사항을 통해 독자의 이해를 더욱 돕고 글의 전달력을 강화할 수 있을 것입니다.

개선할 점을 좀 더 자세히 알려주세요.
사용자

Creative
Writing
Coach
GPT

알겠습니다! 개선할 수 있는 몇 가지 구체적인 방법을 더 자세히 제공하겠습니다.

1. 기술적 용어의 정의 강화
  • 용어 설명 추가: 각 기술 용어가 처음 등장할 때 그 용어를 좀 더 폭넓게 설명하고 예를 들어 설명할 수 있습니다. 예를 들어 '임베딩(embedding)'이

라는 용어는 컴퓨터 과학에서 매우 중요한 개념이지만 초보자에게는 낯설 수 있습니다. 이 용어를 '인터넷 검색에서 단어의 관련성을 평가하는 방법'과 같이 더 일상적인 상황에 비유하여 설명할 수 있습니다.

- 시각적 예시 사용: 복잡한 개념을 설명할 때는 그래픽이나 차트를 사용하여 시각적으로도 표현하면 이해가 더 쉬워집니다. 예를 들어, 머신러닝의 학습 과정을 나타내는 간단한 다이어그램을 제공하면 독자가 이론적인 설명과 시각적인 자료를 연결지어 이해할 수 있습니다.

2. 구조적 명확성

- 소제목 활용: 각 장이나 섹션에서 다루는 주요 내용을 소제목을 통해 더 명확히 드러내는 것이 좋습니다. 예를 들어 '임베딩의 역할'이라는 소제목 아래에 임베딩이 어떻게 텍스트 데이터를 숫자로 변환하는지 설명할 수 있습니다.
- 요약문 강화: 각 장의 마지막에 요약문을 두어 그 장에서 다룬 주요 내용을 간단하게 복습할 수 있도록 합니다. 요약문에는 그 장에서 학습할 수 있는 핵심 키워드와 개념을 명시하면 학습 효과가 높아집니다.

3. 그래픽과 시각 자료의 통합

- 그래픽 설명 추가: 제공된 그래픽이나 이미지에 대한 설명을 본문 내에 추가하여 독자가 그 그래픽이 왜 중요한지 이해할 수 있도록 합니다. 예를 들어, 임베딩 벡터가 어떻게 다른 데이터 포인트와 관련이 있는지를 보여주는 그래픽에는 설명을 추가하여 "이 그림은 다양한 데이터 포인트가 어떻게 서로 연결되어 있는지 보여줍니다"라고 할 수 있습니다.
- 대화형 요소 추가: 독자가 그래픽을 보며 직접 생각해볼 수 있는 질문을 추가하거나, 간단한 퀴즈 형태로 내용을 소화할 기회를 제공할 수 있습니다. 이를 통해 독자는 자신이 읽고 이해한 내용을 검증해볼 수 있습니다.

이러한 개선 방안을 통해 글의 교육적 가치를 높이고, 독자들이 보다 쉽고 효과적으로 복잡한 기술적 개념을 이해할 수 있도록 돕는 것이 좋습니다.

 아이디어 구상

아무것도 없는 백지 상태에서 글을 써야 할 때, 특정한 주제에 대한 아이디어가 필요할 때, 글 작성 중 전개가 잘 되지 않고 막혔을 때 등 아이디어가 필요한 여러 가지 상황에서 챗GPT가 훌륭한 브레인스토밍 파트너 역할을 할 수도 있습니다. 다음 예시에서는 동화책을 쓰기 위해 어디서부터 어떻게 시작해야 하는지에 대해 Creative Writing Coach GPT에게 물어본 결과를 살펴보겠습니다.

저는 어린 아이를 위한 동화책을 써보고 싶습니다. 어떻게 시작하는 게 좋을까요? 사용자

Creative Writing Coach GPT

어린 아이들을 위한 동화책을 쓰려는 건 정말 멋진 생각입니다! 동화책은 아이들의 상상력을 자극하고, 도덕적인 가치를 전달하며, 언어 발달을 돕는 중요한 역할을 합니다. 시작하기 전에 몇 가지 중요한 단계를 고려해보는 것이 좋겠습니다.

- 주제 선정: 먼저, 아이들에게 전달하고 싶은 메시지나 가르칠 수 있는 가치가 무엇인지 생각해보세요. 동화는 종종 교훈, 우정, 용기, 가족 사랑과 같은 주제를 다룹니다.

- 대상 연령 층 정하기: 어떤 연령대의 아이들을 대상으로 쓸 것인지 결정하세요. 이는 언어 사용, 주제의 복잡성, 책의 길이 등에 영향을 미칩니다.

- 주인공과 등장인물 생성: 주인공은 아이들이 공감하거나 좋아할 만한 캐릭터여야 합니다. 동물이나 환상적인 생물을 주인공으로 선택하는 것도 인기가 많습니다.

- 줄거리 구상: 간단한 시작, 중간, 결말을 가진 이야기 구조를 생각해보세요. 아이들이 흥미를 느끼고 이해하기 쉬운 사건들로 구성합니다.

- 시각적 요소 고려: 동화책은 그림과 함께 이야기가 전달되므로, 텍스트와 잘 어울리는 시각적 이미지를 생각하면서 글을 쓰세요.

- 언어와 톤: 단순하고 명확한 문장을 사용하고, 반복적인 요소나 라임을 추가하여 아이들이 쉽게 따라할 수 있도록 합니다. 흥미롭고 즐거운 어조를 유지하는 것이 중요합니다.

이제 이 단계들을 바탕으로 첫 글을 써보시는 건 어떨까요? 예를 들어, 작은 곰이 용기를 내어 숲 속 모험을 떠나는 이야기를 시작으로 해볼 수 있습니다. 곰이 숲에서 만나는 다른 동물들과의 대화를 통해 용기와 우정에 대한 메시지를 담을 수 있겠죠.

작업을 시작하고 초안이 준비되면 언제든지 피드백을 받기 위해 저에게 보여주실 수 있습니다. 기다리고 있겠습니다!

 검색 엔진 최적화(SEO)

글이나 웹사이트를 검색 엔진 결과에 잘 노출될 수 있도록 최적화해주는 작업인 검색엔진 최적화(SEO)도 챗GPT의 도움을 받아서 쉽게 할 수 있습니다. 여기에 특화된 맞춤형 GPT의 예시로는 검색 엔진에 최적화된 글 작성을 도와주는 Fully SEO Optimized Article including FAQ's GPT, 웹사이트의 URL과 키워드를 입력하면 해당 웹사이트의 SEO 분석 및 개선 방안을 알려주는 SEO GPT 등이 있습니다.

다음 예시에서는 '친환경 물병'을 주제로 검색 엔진에 최적화된 블로그 글을 Fully SEO Optimized Article including FAQ's GPT에게 작성해달라고 한 결과를 살펴보겠습니다.

Fully SEO Optimized Article including FAQ's

Fully SEO Optimized Article including FAQ's GPT는 검색 엔진에 최적화된 글과 제목을 작성하는 데 특화된 맞춤형 GPT입니다. 예를 들어 '아이폰 16 프로 맥스'를 주제로 검색 엔진에 최적화된 기사나 아이폰 16 기능 및 가격을 주제로 검색 엔진에 최적화된 블로그 글을 작성하는 데 도움을 받을 수 있습니다.

'친환경 물병'을 주제로 SEO에 최적화된 블로그 글을 한글로 작성해 주세요.

사용자

Fully SEO Optimized Article including FAQ's GPT

[친환경 물병]을 위한 완벽 가이드: 당신의 건강과 지구를 위한 선택

SEO 메타 설명: 친환경 물병을 선택하는 것은 단순히 편리함을 넘어서 우리의 건강과 지구의 지속 가능성에 긍정적인 영향을 미칩니다. 이 글을 통해 친환경 물병의 종류, 장점 및 구매 팁에 대해 알아보세요.

- 친환경 물병이란 무엇인가?
  - 친환경 물병의 정의와 중요성
    친환경 물병은 환경에 미치는 부정적인 영향을 최소화하도록 설계된 재사용 가능한 물병입니다. 이 물병들은 지속 가능한 자원에서 제작되며, 사용 후 분해가 용이하고 재활용이 가능한 재료를 사용합니다.
  - 다양한 종류의 친환경 물병
    1. 스테인리스 스틸 물병
    2. 유리 물병
    3. 바이오 플라스틱 물병
    4. 실리콘 코팅 물병
- 친환경 물병의 이점
  - 건강을 위한 이점
    친환경 물병은 유해 화학 물질이 없어 건강을 유지하는 데 도움이 됩니다. BPA(비스페놀 A)가 없는 재료를 사용하여 호르몬 교란 문제를 예방할 수 있습니다.

- ○ 환경에 미치는 긍정적인 영향

  일회용 플라스틱 물병을 사용하는 것보다 친환경 물병을 사용하면 폐기물을 줄이고 플라스틱 오염을 방지하는 데 기여합니다.

- 친환경 물병 선택 시 고려사항
  - ○ 재료의 안전성과 지속 가능성

    물병을 선택할 때는 재료가 건강에 안전하고 환경에 미치는 영향이 적은지 확인해야 합니다.
  - ○ 제품의 내구성과 사용 편의성

    내구성이 뛰어나고 사용하기 편리한 물병을 선택하는 것이 중요합니다. 또한 쉽게 청소할 수 있고, 누수가 없는지도 확인해야 합니다.

- 친환경 물병 사용 및 관리 방법
  - ○ 적절한 청소 및 유지보수

    친환경 물병은 정기적으로 청소하고 적절하게 관리해야 오래 사용할 수 있습니다. 천연 세제를 사용하여 청소하는 방법을 소개합니다.
  - ○ 재활용 및 폐기 방법

    친환경 물병도 수명이 다한 후에는 적절히 재활용하거나 폐기하는 방법을 알아야 합니다.

- 자주 묻는 질문들

  Q1: 친환경 물병을 사용하면 정말 환경에 도움이 될까요?

  A1: 네, 친환경 물병은 플라스틱 폐기물을 줄이고 자원의 재활용을 증진시켜 환경 보호에 기여합니다.

  Q2: 친환경 물병의 평균 수명은 얼마나 될까요?

  A2: 제품에 따라 다르지만 적절한 관리를 통해 몇 년에서 십여 년까지 사용할 수 있습니다.

  Q3: 친환경 물병을 선택할 때 가장 중요한 요소는 무엇인가요?

  A3: 재료의 안전성, 제품의 내구성, 그리고 재활용 가능성을 우선으로 고려해야 합니다.

  Q4: 친환경 물병을 처음 사용할 때 주의할 점은 무엇인가요?

  A4: 처음 사용하기 전에 철저한 세척이 필요하며, 냄새가 남지 않도록 관리하는 것이 중요합니다.

Q5: 친환경 물병에 적합한 청소 방법은 무엇인가요?

A5: 중성 세제를 사용한 손 세척이 가장 좋으며, 물병의 재료에 따라 적합한 세척 방법을 선택해야 합니다.

Q6: 친환경 물병 구매 시 예산은 얼마나 고려해야 하나요?

A6: 친환경 물병은 다양한 가격대가 있으므로 사용자의 예산과 필요에 맞는 제품을 선택하시는 것이 좋습니다.

[결론] 친환경 물병: 당신의 작은 선택이 큰 변화를 만듭니다.

친환경 물병을 선택하는 것은 개인의 건강은 물론 지구 환경을 위한 중요한 결정입니다. 오늘부터 친환경 물병을 사용하여 건강도 지키고, 지속 가능한 미래를 위한 발걸음을 내딛어보세요.

콘텐츠 전략 수립

직접 글쓰기 콘텐츠를 작성하는 것뿐만 아니라 영향력 있는 콘텐츠를 만들기 위한 전략을 세우는 데도 도움을 받을 수 있습니다. 다음 예시에서는 뉴스레터의 콘텐츠 전략을 세우는 데 도움을 요청해보겠습니다.

무료 지역 주말 이벤트를 소개하는 뉴스레터를 위한 콘텐츠 전략을 세우세요.

사용자

챗GPT

무료 지역 주말 이벤트를 소개하는 뉴스레터를 위한 콘텐츠 전략을 세울 때는 몇 가지 중요한 요소를 고려해야 합니다. 이러한 요소는 독자의 관심을 끌고, 지역 커뮤니티와의 연결을 강화하며, 이벤트 참여를 촉진하는 데 중점을 두어야 합니다.

1. 타깃 독자 파악
   - 지역 커뮤니티 분석: 지역 커뮤니티의 특성, 관심사, 연령대 등을 분석하여 타깃 독자를 정의합니다.

- 독자의 관심사 반영: 주말 이벤트가 다양한 연령대와 관심사를 아우를 수 있도록 구성합니다.

2. 콘텐츠 다양화
- 이벤트 하이라이트: 매주 주말에 진행되는 흥미로운 이벤트를 선별하여 소개합니다. 예를 들어 무료 공연, 시장, 스포츠 이벤트, 공공기관 주최 행사 등입니다.
- 인터뷰 및 이야기: 지역 예술가, 이벤트 주최자, 참여자의 인터뷰를 실어 이벤트에 대한 관심을 높이고 커뮤니티의 연결감을 강화합니다.
- 테마별 이벤트 소개: 계절별, 명절별 특색 있는 이벤트를 소개하여 독자의 기대감을 높입니다.

3. 사용자 참여 촉진
- 독자 참여 코너: 독자들이 직접 참여한 이벤트 사진이나 후기를 보내도록 유도합니다. 좋은 후기는 다음 뉴스레터에 소개하여 다른 독자들의 참여를 유도할 수 있습니다.
- 소셜 미디어 연동: 뉴스레터에 포함된 이벤트를 소셜 미디어에서도 공유할 수 있도록 링크를 제공합니다. 독자들이 이벤트 정보를 쉽게 공유할 수 있도록 합니다.

4. 디자인과 포맷
- 시각적 매력: 이벤트의 매력을 한눈에 보여줄 수 있는 사진이나 그래픽을 활용합니다.
- 읽기 쉬운 레이아웃: 정보의 가독성을 높이기 위해 체계적이고 깔끔한 레이아웃을 사용합니다.
- 모바일 최적화: 대부분의 사용자가 모바일 기기를 통해 이메일을 확인하므로 뉴스레터가 모바일 환경에서도 잘 보일 수 있도록 최적화합니다.

5. 정기적인 발행과 업데이트
- 정기적 발행: 독자들이 매주 주말 이벤트 정보를 기대할 수 있도록 정해진 요일에 뉴스레터를 발행합니다.
- 긴급한 업데이트: 이벤트 취소나 변경 사항이 발생할 경우, 즉시 업데이트를 발송하여 독자들이 최신 정보를 알 수 있도록 합니다.

6. 피드백 수집 및 개선
- 독자 피드백: 독자들로부터 피드백을 적극적으로 수집하고 이를 통해 뉴스레터의 내용과 형식을 지속적으로 개선합니다.

이러한 전략은 뉴스레터가 지역 커뮤니티 내에서 가치 있는 정보원으로 자리 잡게 하고, 독자들의 참여와 만족도를 높이는 데 기여할 것입니다.

10.2 이미지 생성

챗GPT와 협업해서 머릿속에 있는 아이디어를 이미지로 구현하는 것이 가능합니다. 사용자가 입력한 텍스트를 기반으로 이미지를 생성 및 수정해서 다운로드하는 것은 물론이고, 사용자가 이미 가지고 있는 이미지를 업로드한 뒤 원하는 형식(만화, 유화, 수채화, 팝아트, 연필 스케치 등)으로 변경하는 것도 가능합니다. 예를 들어, OpenAI에서 만든 맞춤형 GPT인 DALL·E GPT를 활용하면 화면 비율(정사각형, 와이드 스크린, 세로) 및 원하는 형식(수채화, 스케치, 모자이크, 높은 앵글, 필름 사진, 누아르 영화, 그래피티 등)을 지정해서 이미지를 생성 및 수정할 수 있습니다. 아래에서 구체적인 예시를 살펴보겠습니다.

원하는 이미지를 생성 및 수정

다음 예시에서는 image generator GPT를 이용해 분식을 먹고 있는 한국 여성의 이미지를 생성한 뒤 대화를 통해 수정해나가는 사례를 살펴보겠습니다.

image generator

image generator GPT는 이미지를 생성하고 다듬는 데 특화된 맞춤형 GPT입니다. 예를 들어 미래 도시의 이미지 생성, 가상 인물의 초상화 생성, 새로운 스타트업을 위한 로고 디자인, 판타지 소설의 장면을 묘사하는 이미지 생성과 같은 일을 할 수 있습니다.

라면을 먹고 있는 한국인 여성의 이미지를 만들어주세요.

사용자

image generator GPT

Here is the image of a Korean woman enjoying ramen. Please let me know if there's anything you'd like to adjust or add! (라면을 즐기는 한국 여성의 이미지입니다. 수정하거나 추가하고 싶은 내용이 있으면 알려주세요!)

라면에 올려져 있는 고명을 없애 주세요.

사용자

image
generator
GPT

Here is the updated image of the Korean woman eating ramen without any toppings. Feel free to let me know if there's anything else you'd like to adjust! (고명 없이 라면을 먹는 한국 여성의 이미지가 업데이트되었습니다. 수정하고 싶은 부분이 있으면 언제든지 알려주세요!)

옆에 김밥도 한 줄 그려주세요.
사용자

image
generator
GPT

Here's the new image with a row of kimbap added next to the Korean woman eating ramen. Let me know if there's more you'd like to change! (라면을 옆에 김밥이 추가된 새로운 이미지입니다. 더 바꾸고 싶은 것이 있으면 알려주세요!)

가지고 있는 이미지를 원하는 형식으로 변경

다음 예시에서는 DALL · E GPT를 이용해서 사용자가 업로드한 사진을 기반으로 다른 형식의 이미지를 생성해보겠습니다.

 DALL · E

DALL · E GPT는 상상을 이미지로 구현하는 데 특화된 맞춤형 GPT입니다. 생성할 이미지의 가로세로 비를 정사각형/와이드스크린/수직 중에서 결정할 수 있고, 원하는 스타일(예: 수채화, 팝아트)도 지정할 수 있습니다.

사용자

이 사진을 만화 형태로 그려주세요.

Here are the cartoon–style illustrations of the grand baroque fountain and classical building you requested. You can view and download the images by clicking on them. (요청하신 바로크 양식의 웅장한 분수와 고전적인 건물을 카툰 스타일로 표현한 일러스트입니다. 이미지를 클릭하여 보고 다운로드할 수 있습니다.)

디자인 템플릿 생성: 소셜미디어 게시물, 전단지, 유튜브 썸네일, 프레젠테이션 등

소셜 미디어 게시물, 전단지, 유튜브 썸네일, 프레젠테이션 슬라이드 등에 필요한 디자인을 손쉽게 할 수 있는 템플릿을 제공해주는 Canva GPT를 이용해서 손쉽게 디자인 작업을 할 수 있습니다. 제공된 템플릿을 열어 문구나 글꼴 등을 원하는 대로 편집해주면 쉽게 완성할 수 있습니다. 다음 예시에서는 인스타그램 포스트에 들어갈 이미지를 디자인하는 데 도움을 받는 사례를 살펴보겠습니다.

Canva

Canva GPT는 프레젠테이션, 로고, 소셜 미디어 게시물 등을 디자인하는 데 특화된 맞춤형 GPT입니다. 예를 들어 온라인 스토어의 시즌 세일 포스터 디자인, 좋아하는 등산 코스에 대한 인스타그램 포스트 작성 등에 활용할 수 있습니다.

멋진 석양에 대한 인스타그램 포스트를 만들어주세요. 한글로 답변해주세요.

 사용자

 안녕하세요! Canva로 멋진 석양 인스타그램 포스트를 디자인하면서 창의력을 발휘해보아요. 디자인에 포함하고 싶은 메시지나 특별한 문구가 있으신가요?

Canva GPT

잘 모르겠어요. 제안해주세요.

 사용자

Canva GPT

멋진 석양에 어울리는 인스타그램 포스트를 위해 몇 가지 문구를 제안드리겠습니다.

1. "오늘의 마무리는 이렇게 황홀하게"
2. "석양이 내리는 순간, 모든 것이 멈춘 듯"
3. "매일 바라보고 싶은 그림, 석양"

이 중에서 마음에 드는 문구가 있으신가요, 아니면 다른 아이디어가 있으신가요?

"오늘 하루의 멋진 마무리"로 할게요.

사용자

Canva GPT

멋진 석양을 주제로 한 인스타그램 포스트 디자인 템플릿을 몇 가지 준비했습니다. 아래 옵션에서 원하는 디자인을 선택하고 Canva에서 직접 편집하여 완성하세요:

- 블랙 & 오렌지 미니멀 에스테틱 석양 모티베이셔널 인스타그램 포스트

- 그레이 심플 배경 문구 인스타그램 포스트

- 석양 문구 포함 인스타그램 포스트

- 오렌지 & 블루 미니멀리스트 휴식 석양 모티베이셔널 쿼트 북마크

- 블랙 심플 문구 인스타그램 포스트

위의 링크를 클릭하시면 각 템플릿을 Canva에서 직접 편집하실 수 있습니다. 디자인을 선택하고, 텍스트나 다른 요소들을 자유롭게 조정하여 원하는 스타일로 완성하세요!

또 다른 예시에서는 Canva GPT를 이용해서 홍보용 전단지 템플릿을 추천받아 전단지 디자인에 도움을 받아보겠습니다.

저는 식기류를 판매하는 온라인 스토어를 가지고 있습니다. 이번에 시즌 세일을 하려고 하는데 전단지를 만들어주세요. 한글로 답변해주세요.

 사용자

 Canva GPT

안녕하세요! Canva와 함께 창의적인 여정을 시작해보세요. 여러분의 비전을 실현시켜 드리겠습니다. 오늘은 어떤 디자인을 함께 만들어볼까요?

식기류 온라인 스토어의 시즌 세일을 위한 전단지를 만들 수 있습니다. 전단지에 포함하고 싶은 특별한 메시지나 세일 정보가 있으신가요? 또는 원하시는 스타일에 대해 알려주시면 좋겠습니다. 그 정보를 기반으로 디자인을 생성해보겠습니다!

저희 가게는 아름다운 식기류를 판매하고 있으니 이 부분을 강조하고 싶고, 전 제품 25% 할인이라는 세일 정보가 포함되었으면 좋겠습니다. 모던한 스타일을 선호합니다.

 사용자

 Canva GPT

다음은 모던 스타일의 식기류 판매 세일 전단지를 위해 선택한 Canva 템플릿들입니다. 모든 제품 25% 할인 정보를 강조하는 데 적합하게 수정하실 수 있습니다. 아래 옵션 중 원하는 디자인을 선택해서 바로 편집하실 수 있습니다:

- Black and White Photo Fashion Sale Instagram Post

- Portada de Facebook 25 noviembre Ilustrativo Sencillo Morado

- Yellow and Red Flash Sale Video

• Sand and Brown Earrings Selling Instagram Post

• Sale 50% SKINCARE ALL PRODUCT

위 디자인들은 모던한 스타일로 준비된 템플릿이며 원하시는 색상이나 테마로 수정이 가능합니다. 선택한 템플릿을 클릭하셔서 바로 Canva에서 편집하실 수 있습니다.

마지막 예시로는 Canva GPT를 이용해서 유튜브 썸네일을 만들어보겠습니다.

유튜브 썸네일 작성을 도와줄 수 있나요? 한글로 답변해주세요.

사용자

Canva
GPT

안녕하세요! 창의력을 마음껏 펼칠 수 있게 Canva와 함께 시작해볼까요? 오늘 함께 만들 유튜브 썸네일에 어떤 메시지나 테마를 담고 싶으신가요?

서울에서만 경험할 수 있는 전통 문화 체험 TOP 5가 테마입니다.

사용자

Canva
GPT

서울의 전통 문화 체험 TOP 5를 주제로 한 유튜브 썸네일을 만들어보았습니다. 다음 두 가지 디자인 옵션 중에서 선택하실 수 있습니다.

Option 1	Option 2

이 기술은 새롭고 계속 개선되고 있습니다. 만약 결과물이 적절하지 않다고 생각되면 여기를 클릭해주세요.

선택하신 디자인을 클릭하면 Canva에서 직접 편집할 수 있습니다. 색상이나 테마가 원하는 것과 다를 경우 Canva에서 직접 조정하실 수 있습니다. 어떤 디자인이 마음에 드시나요?

런던 아이, 빅벤 방문을 주제로 한 썸네일도 만들어주세요.

사용자

런던 아이와 빅벤 방문을 주제로 한 유튜브 썸네일을 만들어보았습니다. 다음 두 가지 디자인 옵션 중에서 선택하실 수 있습니다:

이 기술은 계속 개선되고 있습니다. 만약 결과물이 적절하지 않다고 생각되면 여기를 클릭해주세요.

선택하신 디자인을 클릭하면 Canva에서 직접 편집할 수 있습니다. 색상이나 테마가 원하는 것과 다를 경우 Canva에서 직접 조정하실 수 있습니다. 어떤 디자인이 마음에 드시나요?

 로고 생성

로고 디자인에 특화된 Logo Creator GPT와 같은 맞춤형 GPT를 활용해서 로고 및 앱 아이콘을 디자인할 수 있습니다. 다음 예시에서는 Logo Creator GPT와 대화를 하면서 생성형 AI의 개념을 알려주는 웹사이트의 로고를 만들어보겠습니다.

Logo Creator

Logo Creator GPT는 로고 디자인과 앱 아이콘 생성에 특화된 맞춤형 GPT입니다. 예를 들어 RPG 어드벤처 게임의 앱 아이콘 만들기나 아이스크림이 그려진 로고 생성 등에 도움을 받을 수 있습니다.

생성형 AI의 개념을 차근차근 알려주는 웹사이트의 로고를 만들고 싶어요. '차근차근'에 초점을 맞춰서 사람이 한 걸음씩 걸어나가는 형태의 로고를 만들고 싶습니다.

사용자

Logo Creator GPT

그럼 로고 제작을 시작하기 전에 로고가 최상으로 보이게 하기 위해 몇 가지 질문을 드리겠습니다. 첫 번째 질문입니다.

로고의 전반적인 분위기를 어떻게 원하시나요?

A) 활기찬

B) 중립적인

C) 진지한

D) 기본 설정을 사용하여 즉시 로고 생성

기본값은 A입니다.

A

사용자

Logo Creator GPT

활기찬 스타일로 진행하겠습니다. 다음 질문입니다.

로고의 디테일 정도를 1부터 10까지의 스케일로 선택해주세요. 여기서 1은 극도로 깔끔하고 간단한 디자인이고, 10은 매우 복잡한 디자인입니다.

기본값은 3입니다.

3

사용자

Logo Creator GPT

깔끔하고 간단한 디자인으로 설정하겠습니다. 다음으로 원하는 색상 팔레트를 선택해주세요.

A) 파란색과 흰색

B) 녹색과 황금색

C) 붉은색과 회색

D) 직접 색상을 지정(원하는 색상을 알려주세요)

E) 색상 선택을 저에게 맡기세요

어떤 옵션을 선택하시겠습니까?

A
사용자

파란색과 흰색 팔레트로 진행하겠습니다. 마지막 질문입니다.

로고를 몇 개 생성하길 원하시나요?

A) 하나의 로고 디자인 (기본 설정)

B) 9개의 다양한 로고 디자인

어느 옵션을 선택하시겠습니까?

A
사용자

하나의 로고 디자인으로 진행하겠습니다. 지금까지 주신 정보를 바탕으로 활기차고 깔끔한 디자인, 파란색과 흰색을 사용한 로고를 생성하겠습니다. 잠시만 기다려주세요.

로고가 생성되었습니다. 어떻게 생각하시나요? 만족하시는지, 변경하고 싶은 부분이 있는지 알려주세요.

컬러링북 생성

OpenAI에서 만든 Coloring Book Hero GPT를 활용해서 나만의 컬러링북을 만들 수도 있습니다. 다음 예시에서 살펴보겠습니다.

 Coloring Book Hero

Coloring Book Hero GPT는 어떤 아이디어든지 컬러링북 페이지로 만드는 데 특화된 맞춤형 GPT입니다.

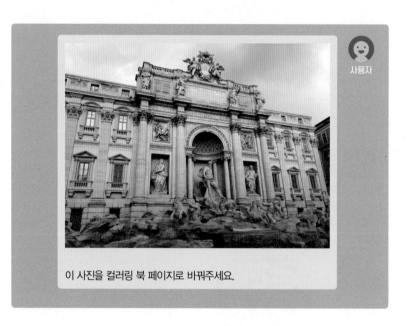

사용자

이 사진을 컬러링 북 페이지로 바꿔주세요.

Here is the coloring book page based on the photo of the fountain and classical architecture you provided. It's been simplified and transformed into a cartoon-like outline that's perfect for coloring. Enjoy adding colors to this playful scene! (제공해주신 분수대와 고전 건축물의 사진을 바탕으로 한 컬러링북 페이지입니다. 색칠하기 좋은 만화 같은 윤곽선으로 단순화하여 변형했습니다. 이 재미있는 장면에 색칠해보세요!)

웹툰 생성

다음 예시에서는 한국 스타일의 웹툰 생성에 특화된 웹툰 스토리, 캐릭터, 이미지를 한번에 만들기-WebToon 전문 ai 작가 GPT를 이용해서, 대화를 이어가면서 웹툰을 만드는 사례를 살펴보겠습니다.

웹툰 스토리, 캐릭터, 이미지를 한번에 만들기–WebToon 전문 ai 작가

웹툰 스토리, 캐릭터, 이미지를 한번에 만들기–WebToon 전문 ai 작가 GPT는 웹툰 스토리와 일관된 캐릭터 이미지를 생성하는 데 특화된 맞춤형 GPT입니다. 고정하고 싶은 등장인물이 있다면 캐릭터를 고정해서 진행되는 스토리에서 계속 등장인물로 활용할 수도 있습니다.

다음 내용에 대한 웹툰을 그려주세요: 어젯밤에 오로라를 볼 수 있다고 해서 늦은 시간까지 차를 몰고 돌아다녔어요. 결국 오로라를 보지는 못했지만 차 안에서 간식도 많이 먹고, 많이 웃고 떠들며 즐거운 시간을 보냈어요.

 사용자

웹툰 스토리, 캐릭터, 이미지를 한번에 만들기 – WebToon 전문 ai 작가 GPT

이야기를 시작해볼게요.

웹툰 제목: 오로라를 찾아서

- 장면 설명
  어느 맑고 차가운 밤, 주인공인 '지후'와 그의 친구들은 오로라를 보기 위해 도시를 벗어나 시골 길을 달리는 모험을 시작합니다. 차는 구식 SUV로 차 안은 간식으로 가득 차 있습니다. 오로라를 찾는 동안 그들은 서로의 이야기를 나누며 웃음과 행복으로 가득 차 있습니다.

- 등장인물
  지후(남성, 25세, 키 178cm, 날씬한 체형, 짧은 갈색 머리, 밝은 갈색 눈, 캐주얼한 파란색 후드 티와 검은색 청바지)
  수빈(여성, 24세, 키 165cm, 마른 체형, 긴 검은 머리, 검은색 눈, 붉은색 크롭 탑과 회색 운동 바지)
  태준(남성, 26세, 키 180cm, 운동선수 체형, 빨간색 단발 머리, 파란색 눈, 녹색 풀오버와 청바지)

- 장면 이미지 설명
  밤하늘을 배경으로 지후가 운전을 하고 있고, 수빈이 조수석에 앉아 스마트폰으로 지도를 확인하며 길을 안내합니다. 태준은 뒷좌석에서 창밖을 바라

보며 빈 표정을 지으나 수빈이 농담을 하자 환하게 웃으며 분위기를 밝힙니다. 차 내부는 간식 봉지와 음료수로 가득 차 있으며 친근하고 따뜻한 분위기가 느껴집니다.

- 대화 내용
  지후: "오로라가 어디에 숨었을까?"
  수빈: "여기보다 더 북쪽으로 가야 하나봐, 지후야. 이대로 계속 가자!"
  태준: "오로라를 못 봐도 괜찮아. 이렇게 친구들과 시간을 보내는 게 더 재밌으니까."
  지후: "맞아, 이게 바로 모험의 맛이지! 어차피 행복하니까!"

이제 이 장면에 대한 이미지를 생성할게요. 지후가 운전하는 모습과 차 내부에서 수빈과 태준이 웃고 있는 모습을 담은 이미지를 만들어보겠습니다. 이미지 생성이 완료되면 곧바로 보여드릴게요!

웹툰 장면 이미지가 생성되었습니다! 지후가 운전하는 모습과 수빈과 태준이 차 내부에서 웃고 있는 모습을 담은 이미지입니다. 밤하늘과 함께 아늑하고 즐거운 분위기를 표현하려고 했어요. 이미지를 확인하시고 이야기의 다음 방향에 대해 선택해주세요.

1. 계속 북쪽으로 차를 몰고 가면서 오로라를 찾는다.
2. 차를 세우고 별을 관찰하며 휴식을 취한다.
3. 지역 주민에게 오로라 관찰의 최적 장소에 대해 물어본다.

4. 차에서 내려 인근의 작은 호수를 산책한다.

5. 갑작스런 폭풍우로 인해 모험을 일찍 마치고 돌아간다.

6. 지후가 자동차 문제를 발견하고 함께 해결책을 모색한다.

7. 다른 이야기를 제안하고 싶으시면 말씀해주세요.

생성된 이미지의 팔과 다리가 어색합니다. 수정해주세요.

사용자

이미지의 팔과 다리가 자연스럽게 보이도록 수정한 새로운 이미지를 생성하겠습니다. 수정된 이미지에서는 팔과 다리의 위치와 형태를 좀 더 현실적이고 조화롭게 표현하도록 할게요. 잠시만 기다려주세요.

새로운 이미지가 생성되었습니다! 팔과 다리의 자세가 더 자연스럽고 조화롭게 표현된 모습을 확인하실 수 있습니다. 이미지를 확인하시고 이야기의 다음 방향을 선택해주세요.

1. 계속 북쪽으로 차를 몰고 가면서 오로라를 찾는다.

2. 차를 세우고 별을 관찰하며 휴식을 취한다.

3. 지역 주민에게 오로라 관찰의 최적 장소에 대해 물어본다.

4. 차에서 내려 인근의 작은 호수를 산책한다.

5. 갑작스런 폭풍우로 인해 모험을 일찍 마치고 돌아간다.

6. 지후가 자동차 문제를 발견하고 함께 해결책을 모색한다.

7. 다른 이야기를 제안하고 싶으시면 말씀해주세요.

카톡 이모티콘 생성

다양한 포즈, 표정, 장면에서의 캐릭터를 디자인할 수 있도록 특화된 Consistent Character GPT와 같은 여러 맞춤형 GPT가 출시되어 있습니다. 다음 예시에서는 카카오톡 이모티콘 생성에 특화된 카톡 이모티콘 생성기 GPT를 이용해서 토끼 작가의 이모티콘을 만들어보겠습니다.

카톡 이모티콘 생성기

카톡 이모티콘 생성기 GPT는 일관된 카카오톡 이모티콘 생성에 특화된 맞춤형 GPT입니다. 이모티콘 스타일을 추천받거나, 직접 원하는 이모티콘을 그려달라고 요청할 수 있습니다.

카톡 이모티콘 생성기 GPT

여기 글쓰기를 싫어하는 토끼 작가의 이모티콘을 완성했습니다! 토끼가 글쓰기를 하기 싫어하는 모습을 표현하기 위해 책상 앞에 앉아 있고, 주변에는 흩어진 종이들과 불만스러운 표정으로 펜을 들고 있어요. 이 표정과 포즈가 토끼의 기분을 잘 나타내주고 있죠. 이 이모티콘이 마음에 드시면 "이어서 그려줘"라고 말씀해주세요. 같은 토끼 캐릭터로 다른 동작과 표정의 이모티콘을 추가로 만들어드릴게요!

이어서 그려줘.

사용자

카톡 이모티콘 생성기 GPT

이번에는 토끼가 글쓰기의 부담에서 완전히 벗어나 종이를 하늘로 투척하며 기뻐하는 모습의 이모티콘을 그렸습니다! 토끼의 표정과 동작에서 해방감과 즐거움이 느껴지죠. 이 이모티콘이 마음에 드시면 또 다른 스타일로 계속해서 그려드릴 수 있어요. "이어서 그려줘"라고 말씀해주세요!

원하는 이미지를 얻을 수 있는 프롬프트 생성

때로는 마음에 드는 이미지가 있고 그 이미지와 비슷한 이미지를 생성하고 싶은 경우도 있습니다. 다음 예시에서는 이런 목적에 특화된 Super Describe GPT를 이용해서 마음에 드는 이미지를 업로드한 뒤 비슷한 이미지를 생성하기 위한 프롬프트를 찾아보겠습니다.

Super Describe

Super Describe GPT는 사용자가 이미지를 업로드하면 챗GPT 내에서 DALL·E 3 모델을 이용해서 비슷한 이미지를 얻을 수 있는 자세한 프롬프트를 알려주는데 특화된 맞춤형 GPT입니다.

사용자

Super Describe GPT

Here is the newly generated image of the cartoon rabbit, matching the style and elements of the original illustration you provided. (다음은 귀하가 제공한 원본 그림의 스타일과 요소가 일치하는 새로 생성된 만화 토끼 이미지입니다.)

사용한 프롬프트를 영어와 한글로 알려주세요.

사용자

Super
Describe
GPT

Here's the prompt I used for generating the image, provided in both English and Korean:

English:
"A digital illustration of an adorable cartoon rabbit jumping joyfully with paper flying around it. The rabbit has large expressive eyes, shiny gray fur, and pink inner ears. Its cheeks are bright pink, and it has a small white belly. The papers flying around are depicted in a dynamic, swirling motion, giving a sense of movement and excitement. The background is transparent, emphasizing the rabbit and the papers."

Korean:
"종이가 주위를 날아다니면서 기쁘게 뛰어오르는 사랑스러운 만화 토끼의 디지털 일러스트레이션입니다. 토끼는 크고 표현력 있는 눈, 반짝이는 회색 털, 분홍색 귓속을 가지고 있습니다. 토끼의 볼은 밝은 분홍색이고, 작은 하얀 배를 가지고 있습니다. 주위를 날아다니는 종이는 역동적인 소용돌이 운동으로 묘사되어 움직임과 흥분의 느낌을 줍니다. 배경은 투명하여 토끼와 종이를 강조합니다."

10.3 동영상/음성 오디오/음악 생성

비록 챗GPT 자체에서 직접 동영상이나 음성 오디오, 음악을 생성하는 기능은 아직 공개되지 않았지만 챗GPT를 활용해서 이 작업을 도와주는 맞춤형 GPT는 많이 출시되어 있습니다. 아래에서 구체적인 예시를 살펴보겠습니다.

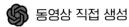 **동영상 직접 생성**

유튜브 쇼츠, 인스타 릴스, 틱톡 같은 짧은 영상을 카메라나 마이크를 사용하지 않고 직접 제작하는 데 맞춤형 GPT를 활용하는 것이 가능합니다. 음성으로 보이스 오버까지 해주는 기능까지 있으니 창작은 하고 싶었지만 얼굴이나 목소리를 노출하고 싶지 않은 분들이 활용해볼 수 있고, 가상의 인간이 등장해서 특정 제품의 후기에 대해 이야기하는 동영상을 생성하는 방식으로 제품 홍보 영상을 적은 비용과 시간을 들여 제작하는 것에도 활용할 수 있습니다. 이런 동영상 생성에 특화된 맞춤형 GPT에는 Video GPT by VEED GPT, Video Maker GPT, HeyGen GPT 등이 있습니다.

다음 예시에서는 Video GPT by VEED GPT를 활용해서 BLT샌드위치를 만드는 쇼츠를 만들어보겠습니다.

VEED

Video GPT by VEED

Video GPT by VEED GPT는 동영상 생성에 특화된 맞춤형 GPT입니다. 유튜브, 인스타그램, 틱톡 등 소셜 미디어용 동영상을 제작할 수 있고, 동영상에 AI 아바타를 사용하거나 텍스트를 AI 음성으로 변환해서 넣을 수 있고, 동영상 스크립트 작성도 할 수 있습니다.

비디오를 생성하는 것을 도와주세요. 한글로만 답변해주세요.

 사용자

VEED Video GPT by VEED GPT

안녕하세요! 비디오 프로젝트를 만드는 데 도움을 드리겠습니다. 비디오에 관한 몇 가지 질문이 있습니다.

1. 비디오의 주요 메시지나 목표는 무엇인가요?
2. 비디오의 대상 관객은 누구인가요?

3. 어떤 분위기나 톤을 원하시나요?

4. 비디오의 길이는 얼마나 되면 좋겠습니까?

답변 주시면 그에 맞는 비디오 스크립트를 작성하는 데 도움을 드릴 수 있습니다.

1. BLT 샌드위치를 만드는 짧은 동영상을 만들고 싶어요.
2. 유튜브 쇼츠 시청자입니다.
3. 정보 전달 위주의 차분한 분위기를 선호합니다.
4. 20초의 짧은 분량으로 만들고 싶어요.

사용자

BLT 샌드위치 제작 방법을 소개하는 20초 분량의 동영상 스크립트를 제안해 드리겠습니다. 아래는 제안하는 스크립트입니다.

"집에서 간편하게 만들 수 있는 BLT 샌드위치를 만드는 방법을 알려드릴게요. 필요한 재료는 베이컨, 상추, 토마토, 그리고 토스트입니다. 베이컨을 바삭하게 구워주세요. 상추는 깨끗이 씻고, 토마토는 얇게 슬라이스합니다. 모든 재료를 토스트 위에 쌓아 올리고, 마지막으로 상단의 빵을 올려 마무리하세요. 간단하죠? 집에서 즐기는 맛있는 BLT 샌드위치, 한번 도전해보세요!"

이 스크립트는 20초 길이의 비디오를 생성할 것으로 예상됩니다. 이 스크립트가 비디오의 목표와 부합하는지 확인해주시고, 사용할 텍스트 음성(남성 또는 여성)이나 아바타를 선택해주세요. 어떻게 진행할지 알려주시면 비디오 프로젝트를 생성해드리겠습니다.

스크립트가 마음에 듭니다. 여성의 음성을 이용해서 만들어주세요.

사용자

비디오 프로젝트가 성공적으로 생성되었습니다!

여기를 클릭하여 비디오를 보고 편집하세요.

비디오에 몇 가지 추가 수정이 필요하신가요? 생성된 비디오를 VEED 편집기에서 쉽게 불러와 다음과 같은 작업을 할 수 있습니다.

아래는 이 대화를 통해 생성된 동영상의 일부를 캡처한 것입니다. 마지막 화면에 완성된 BLT 샌드위치 대신 토스트와 계란프라이가 들어가 있긴 하지만, 카메라나 마이크 같은 장비 없이 입력한 프롬프트에 맞게 여성의 음성으로 대본을 읽는 방식의 20초 분량 쇼츠가 순식간에 생성되었습니다. 이 결과물 초안에 대해 의사소통하면서 다듬고 개선함으로써 원하는 동영상을 생성할 수 있을 것입니다.

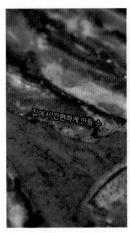

 동영상 제작 보조

동영상을 직접적으로 생성하는 것뿐만 아니라 간접적으로 동영상을 제작하는 데 도움을 받아 동영상 제작 과정에 필요한 시간을 줄일 수도 있습니다. 예를 들어 시청자의 흥미를 끌 수 있는 재미있는 주제 브레인스토밍하기, 해당 주제에 대한 대본 만들기, 시청자의 클릭을 유도할 수 있는 제목 만들기 등에 대해 도움을 받을 수 있습니다.

또한 음성 오디오 생성에 특화된 AI Voice Generator GPT, Voice Creator GPT, AI Voice Generator: Text to Speech GPT 등을 활용해 텍스트 대본을 원하는 AI 음성으로 변환해서 동영상에 입히는 보이스 오버로 사용하는 것도 가능하고, 또는 직접 녹음한 음성 파일을 업로드한 뒤 Whisper Transcriber GPT 등과 같은 맞춤형 GPT를 활용해 자동으로 자막을 생성하는 것도 가능합니다.

다음 예시에서는 서울에서 가볼 만한 곳에 대한 동영상 주제를 브레인스토밍하고, 클릭을 유도할 수 있는 제목과 쇼츠 대본을 만들어보겠습니다.

유튜브 쇼츠 대본 만들기

유튜브 쇼츠 대본 만들기 GPT는 친근하고 유머러스한 유튜브 쇼츠 대본 생성에 특화된 맞춤형 GPT입니다. 예를 들어 여행 쇼츠용 재미있는 대본 작성을 요청하거나, 코미디 쇼츠를 위한 재치 있는 대화 생성에 도움을 받을 수 있습니다.

서울에서 가볼 만한 곳에 대한 쇼츠를 만들고 싶은데 어떻게 주제를 구체화하면 좋을까요?

사용자

유튜브 쇼츠 대본 만들기 GPT

서울에서 가볼 만한 곳에 대한 YouTube Shorts 대본을 만들 때 몇 가지 방향을 생각해볼 수 있어요. 예를 들어,

1. 테마별 탐험: 서울의 역사적 명소, 현대적 명소, 숨겨진 보석 등 테마를 정해서 그에 맞는 장소를 소개하는 방법이에요.
2. 음식점 탐방: 서울의 맛집을 탐방하는 콘텐츠로, 로컬 음식에서부터 유명한 디저트 카페까지 다양한 음식을 소개할 수 있어요.
3. 시즌별 명소 추천: 계절별로 서울에서 가볼 만한 곳을 소개하는 것도 좋은 아이디어입니다. 예를 들어, 벚꽃이 만발하는 봄에 추천하는 명소들을 소개할 수 있죠.
4. 일일 여행 코스: 하루 동안 방문할 수 있는 서울 내 여러 명소를 연결한 여행 코스를 제안하는 방식이에요.
5. 문화 체험: 서울의 전통시장 방문, 한복 체험, 한국 전통차 시음 등 문화적 경험을 중심으로 한 콘텐츠를 만들 수 있습니다.

어느 방향이 마음에 드시나요? 선호하시는 스타일에 따라 더 구체적인 대본을 만들어볼 수 있어요!

문화 체험이 마음에 들어요. 시청자들이 많이 클릭할 수 있도록 하려면 어떤 전략을 세우는 것이 좋을까요?

사용자

유튜브 쇼츠 대본 만들기 GPT

문화 체험을 중심으로 한 YouTube Shorts 콘텐츠를 만들 때 시청자들의 클릭을 유도하기 위한 몇 가지 전략을 사용할 수 있어요. 다음은 그러한 전략들입니다.

1. 시선을 끄는 제목과 섬네일: 제목은 궁금증을 유발하거나 흥미로운 정보를 암시하는 방식으로 만드세요. 예를 들어 "서울에서만 경험할 수 있는 전통 문화 체험 TOP 5!" 같은 제목이 좋습니다. 썸네일은 시각적으로 매력적이어야 하며, 한복을 입고 있는 모습이나 전통 차를 마시는 모습 등을 포함할 수 있습니다.

2. 흥미로운 오프닝: 비디오 시작 부분에서 바로 관심을 끌 수 있도록 흥미로운 사실이나 질문을 던지세요. 예를 들어, "서울의 한복집에서 이 한복을 고르는 데 단 5분밖에 걸리지 않았어요. 여러분은 어떤 색을 선택하실 건가요?" 같은 질문으로 시작할 수 있습니다.

3. 직접적인 체험과 반응 공유: 자신이 직접 체험하는 모습을 보여주고 그 경험에 대한 솔직한 반응을 공유하세요. 예를 들어 전통 차를 처음 마셔본 반응, 한복을 입고 거리를 걷는 느낌 등을 설명해주세요.

4. 교육적인 내용 포함: 문화 체험에 대한 배경 정보나 흥미로운 역사적 사실을 짧게 소개해주세요. 이는 시청자에게 추가적인 가치를 제공하고 영상에 대한 만족도를 높일 수 있습니다.

5. 상호 작용 유도: 시청자가 댓글을 남기거나, 자신의 경험을 공유하도록 유도하세요. 예를 들어, "여러분이 가장 경험해 보고 싶은 전통 체험은 무엇인가요?"라고 물어보는 등의 질문을 할 수 있습니다.

6. 시리즈 제작 고려: 서울의 다양한 문화 체험을 소개하는 시리즈를 제작하여 시청자들이 다음 콘텐츠도 기대하게 만들 수 있습니다. 이는 구독자 수를 늘리고 지속적인 관심을 유지하는 데 도움이 됩니다.

이런 전략들을 사용해보시면 시청자들의 클릭과 관심을 더 많이 끌어들일 수 있을 거예요!

서울에서만 경험할 수 있는 전통 문화 체험 TOP 5에 대한 대본을 만들어 주세요.

사용자

유튜브 쇼츠 대본 만들기 GPT

서울에서만 경험할 수 있는 전통 문화 체험 TOP 5를 소개하는 YouTube Shorts 대본을 만들어볼게요! 짧고 강렬하게 시청자의 관심을 끌 수 있도록 구성해보았습니다.

[오프닝]
(화면: 서울의 전통 건축물 또는 문화 행사 장면을 배경으로)
내레이터: "안녕하세요! 서울에서만 누릴 수 있는, 가장 특별한 전통 문화 체험 TOP 5를 지금 바로 시작합니다!"

[1. 한복 체험]
(화면: 한복을 입고 서울의 궁궐을 배경으로 걷는 모습)
내레이터: "첫 번째, 경복궁에서 한복을 입고 시간 여행을 떠나보세요. 고즈넉한 궁궐의 분위기와 어울리는 한복을 입으면 마치 조선 시대로 돌아간 듯한 기분을 느낄 수 있어요."

[2. 전통 차 체험]
(화면: 전통 차를 우려내고 차를 마시며 여유를 즐기는 장면)
내레이터: "두 번째는 인사동의 전통 찻집에서 차 체험! 다양한 한국 전통차를 맛보며 차의 깊은 맛과 향에 푹 빠져보세요."

[3. 서예 체험]
(화면: 붓을 들고 한글 서예를 하는 모습)
내레이터: "세 번째, 서예 체험. 부드러운 붓 끝이 종이 위를 스치는 소리를 들으며 직접 아름다운 한글을 써보는 시간을 가져보세요."

[4. 전통 공연 관람]
(화면: 탈춤, 판소리 등 전통 공연을 관람하는 모습)
내레이터: "네 번째, 전통 공연 관람. 서울의 국립극장에서 열리는 탈춤이나 판소리 공연은 한국 문화의 정수를 느낄 수 있는 기회죠."

> [5. 전통 시장 탐방]
> (화면: 광장시장 또는 남대문시장을 거니는 모습)
> 내레이터: "마지막으로 전통 시장 탐방. 서울의 전통 시장에서는 다양한 먹거리와 재래 상품들을 접하면서 서민적인 문화도 체험할 수 있어요."
>
> [클로징]
> (화면: 서울의 야경)
> 내: "서울에서만 경험할 수 있는 이 특별한 문화 체험들, 어떠셨나요? 댓글로 여러분의 생각을 공유해주세요. 더 많은 여행 팁과 정보를 원하신다면 구독 버튼을 눌러주세요. 감사합니다!"
>
> 이 대본은 각 체험을 간단히 소개하고 시청자의 흥미를 유도할 수 있도록 구성되었습니다. 수정이나 추가가 필요하다면 언제든 말씀해주세요!

 음악 생성

음악 생성에 특화된 맞춤형 GPT도 많이 출시되어 있습니다. 동영상의 경우와 마찬가지로 음악을 직접적으로 생성하는 것뿐만 아니라 간접적으로 음악 제작에 도움을 받아 제작 과정에 필요한 시간을 줄일 수도 있습니다.

예를 들어 Song Maker GPT나 Music Creator GPT는 사용자가 원하는 음악을 프롬프트로 입력하면 그에 맞게 음악을 직접 생성해주고, Music Maestro GPT, Music Generator GPT 등을 이용해서 음악의 장르, 분위기, 악기, 템포 결정 및 가사 작성 등에 도움을 받을 수도 있습니다. 또한 음악 및 작곡 이론에 특화된 Music Teacher GPT, Music Guide GPT, Music Theory 등의 도움을 받는 방법도 있습니다. 그리고 잘 알려진 음악 생성 인공지능으로 Suno AI가 있는데, 사용자가 원하는 음악에 대해 프롬프트에 묘사하면 음악을 직접 생성하는 것뿐만 아니라 가사를 입력하면 이에 맞게 사람이 직접 부르는 듯한 보컬을 생성하는 기능도 있습니다. 이러한 Suno AI에 입력할 프롬프트나 가사를 잘 작성할 수 있도록 도와주는 것에 특화된 맞춤형 GPT도 있습니다. Suno Prompt GPT, Suno AI V3 - Lyrics GPT 등이 그 예시입니다.

다음 예시에서는 Song Maker GPT를 이용해서 음악을 직접 생성해보겠습니다.

Song Maker

Song Maker GPT는 원하는 음악을 텍스트로 설명하는 것만으로 음악 이론을 사용해서 작곡하는 데 특화된 맞춤형 GPT입니다. 또한 코드 진행, 노래 가사, 사운드 트랙이나 앨범 커버도 제작할 수 있습니다.

프랑스 파리의 느낌이 드는 피아노 음악을 작곡해주세요. 답변은 한국어로 해주세요. 사용자

Song Maker GPT

프랑스 파리의 느낌이 드는 피아노 음악을 작곡해보겠습니다. 먼저 곡의 구조와 조성을 계획하고, 각 섹션의 화성 진행과 리듬 패턴을 정리한 다음, ABC 표기법을 사용하여 악보를 만들겠습니다.

1. 곡 구조 및 조성 계획

- 조성: G Major
- 템포: 100 BPM
- 구조:
  - 인트로: 8마디
  - 코러스: 16마디
  - 브릿지: 8마디
  - 코러스: 16마디
  - 박자 4/4

2. 화성 진행
- 인트로: G – C – D – G
- 코러스: G – Em – C – D
- 브릿지: Am – D – G – D
- 코러스: G – Em – C – D

3. 리듬 패턴
- 각 섹션의 리듬은 다양한 박자와 쉼표를 활용하여 복잡한 리듬 패턴을 형성합니다.
- 피아노의 왼손과 오른손이 교차하며 연주되는 패턴을 만듭니다.

4. 노트 모티프
- 인트로: G 코드의 아르페지오 변형
- 코러스: 멜로디와 화성이 어우러진 패턴
- 브릿지: Am 코드의 아르페지오 변형
- 코러스: 멜로디와 화성이 어우러진 패턴

이제 ABC 표기법을 사용하여 악보를 작성하겠습니다.

위의 코드로 작곡된 피아노 음악의 MIDI와 MusicXML 파일을 생성하겠습니다.

[〉_]

이제 이 코드를 실행하여 MIDI와 MusicXML 파일을 생성해보겠습니다. [〉_]

프랑스 파리의 느낌이 드는 피아노 음악이 완성되었습니다. MIDI와 MusicXML 파일을 다운로드할 수 있는 링크를 제공합니다.

MIDI 파일 다운로드

MusicXML 파일 다운로드

또한, 악보를 HTML 형식으로 저장한 파일도 다운로드할 수 있습니다.

악보 HTML 파일 다운로드

음악을 들어보시고 수정할 사항이나 추가하고 싶은 부분이 있으면 알려주세요. 추가적인 수정 및 개선 작업을 도와드리겠습니다.

순식간에 작곡이 완성되어 음악을 들어볼 수 있었습니다. 만일 사용자가 음악 이론에 대해 좀 더 알았다면 더 자세한 프롬프트를 입력해서 훨씬 좋은 음악을 작곡할 수도 있을 것입니다.

또 다른 예시에서는 Music Teacher GPT에게 재즈 음악의 역사와 관련 영화를 추천받아 보겠습니다.

Music Teacher

Music Teacher GPT는 음악 이론, 음계, 프로듀싱, 편곡/작곡, 음악 장르, 가상 악기, 작곡 프로그램 등 음악에 특화된 맞춤형 GPT입니다. 또한 앨범의 커버 아트를 위한 이미지 생성 기능도 포함되어 있습니다. 예를 들어 음계 이론에 대한 설명, 하우스 음악의 역사 설명 요청, 노래 잘하는 방법 등에 대해 도움을 받을 수 있습니다.

재즈 음악의 역사에 대해 알려주세요.

사용자

Music Teacher GPT

재즈 음악의 역사는 19세기 말 미국에서 시작되었습니다. 이는 여러 음악적 전통이 결합된 독특한 장르로, 특히 아프리카계 미국인의 음악적 유산이 큰 영향을 미쳤습니다.

1. 초기 재즈(1890년대 – 1920년대)
재즈는 뉴올리언스에서 시작된 것으로 널리 알려져 있습니다. 이 시기의 재즈는 래그타임과 블루스의 영향을 받았습니다. 초기 재즈 밴드는 트럼펫, 클라리넷, 트롬본, 피아노, 밴조, 드럼 등으로 구성되었습니다. 이 시기의 대표적인 음악가로는 루이 암스트롱(Louis Armstrong)과 젤리 롤 모튼(Jelly Roll Morton)이 있습니다.

2. 스윙 시대(1930년대 – 1940년대)

1930년대와 1940년대는 스윙 재즈가 인기를 끌었던 시기입니다. 빅 밴드가 주를 이루었으며 듀크 엘링턴(Duke Ellington), 카운트 베이시(Count Basie), 베니 굿맨(Benny Goodman)과 같은 밴드 리더들이 활약했습니다. 이 시기에는 춤을 위한 리듬이 강조되었고 스윙 댄스가 유행했습니다.

3. 비밥과 쿨 재즈(1940년대 – 1950년대)

1940년대 후반 비밥이라는 새로운 스타일이 등장했습니다. 찰리 파커(Charlie Parker), 디지 길레스피(Dizzy Gillespie), 셀로니어스 몽크(Thelonious Monk)와 같은 혁신적인 음악가들이 주도한 비밥은 빠르고 복잡한 리듬과 멜로디를 특징으로 합니다. 1950년대에는 마일스 데이비스(Miles Davis)와 같은 음악가들이 쿨 재즈라는 좀 더 부드럽고 서정적인 스타일을 발전시켰습니다.

4. 하드 밥과 소울 재즈(1950년대 – 1960년대)

1950년대 말과 1960년대 초, 하드 밥은 블루스와 가스펠의 영향을 받아 탄생했습니다. 아트 블레이키(Art Blakey)와 호레이스 실버(Horace Silver)가 이끄는 이 장르는 소울 재즈로 발전하게 되었습니다. 이 시기의 대표적인 음악가로는 존 콜트레인(John Coltrane)과 캐논볼 애덜리(Cannonball Adderley)가 있습니다.

5. 퓨전 재즈와 현대 재즈(1960년대 – 현재)

1960년대 후반부터는 재즈 퓨전이 등장하여 록, 펑크, R&B 등의 요소를 결합했습니다. 마일스 데이비스의 앨범 'Bitches Brew'가 대표적인 예입니다. 이후 재즈는 전 세계적으로 다양한 스타일과 장르와 결합되며 계속 발전해왔습니다. 현대 재즈는 다양한 전통과 혁신을 아우르며 브래드 멜다우(Brad Mehldau), 에스페란자 스팔딩(Esperanza Spalding)과 같은 음악가들이 활동하고 있습니다.

재즈 음악의 역사는 이렇게 다양한 시대와 스타일로 이어져왔으며 이는 앞으로도 계속 진화할 것입니다. 더 깊이 알고 싶거나 특정 시대에 대해 자세히 알고 싶다면 언제든지 말씀해주세요. 각 시기의 주요 특징과 음악가들에 대해 더 자세히 설명해드릴 수 있습니다.

재즈 음악의 역사를 엿볼 수 있는 영화가 있다면 추천해주세요.

사용자

재즈 음악의 역사를 엿볼 수 있는 영화를 몇 가지 추천해드립니다. 이 영화들은
재즈 음악가들의 삶과 그들이 남긴 음악적 유산을 조명하고 있습니다.

Music
Teacher
GPT

1. '버드'(Bird, 1988)
   - 감독: 클린트 이스트우드
   - 줄거리: 전설적인 비밥 재즈 색소폰 연주자 찰리 파커의 삶을 다룬 영화입
     니다. 포레스트 휘태커가 찰리 파커 역을 맡아 그의 천재성과 고뇌를 생생
     하게 그려냅니다.

2. '레이'(Ray, 2004)
   - 감독: 테일러 핵포드
   - 줄거리: 레이 찰스의 일생을 다룬 전기 영화로 제이미 폭스가 레이 찰스
     역을 맡아 아카데미 남우주연상을 수상했습니다. 재즈와 블루스를 아우르
     는 그의 음악적 여정을 볼 수 있습니다.

3. '라운드 미드나잇'(Round Midnight, 1986)
   - 감독: 베르트랑 타베르니에
   - 줄거리: 재즈 색소폰 연주자인 덱스터 고든이 주연한 이 영화는 파리에서
     활동하는 미국인 재즈 음악가의 이야기를 다룹니다. 덱스터 고든은 이 영
     화로 아카데미 남우주연상 후보에 올랐습니다.

4. '위플래쉬'(Whiplash, 2014)
   - 감독: 다미엔 차젤레
   - 줄거리: 열정적인 재즈 드러머 앤드류와 그의 가혹한 음악 교수 플레처의
     이야기를 그린 영화입니다. 음악적 완벽함을 추구하는 과정에서의 갈등과
     성장이 주된 내용입니다.

5. '모베터 블루스'(Mo' Better Blues, 1990)
   - 감독: 스파이크 리

- 줄거리: 덴젤 워싱턴이 재즈 트럼펫 연주자인 블리클 길리엄 역을 맡은 이 영화는 그의 음악적 열정과 개인적 관계를 중심으로 이야기가 전개됩니다.

이 외에도 재즈 음악을 소재로 한 다큐멘터리들도 많습니다. 예를 들어 '케니스 번스: 재즈'(Ken Burns: Jazz, 2001) 시리즈는 재즈 음악의 역사와 주요 인물들을 심도 있게 다룬 다큐멘터리로 재즈에 대한 이해를 깊게 할 수 있는 좋은 자료입니다.

더 많은 추천이 필요하시거나 특정 주제의 영화를 찾고 계신다면 언제든지 말씀해주세요!

 TIPs

아직 대중에 공개되지는 않았지만 OpenAI에서 프롬프트 입력만으로 최대 1분 길이의 동영상을 생성할 수 있는 동영상 생성 모델인 Sora를 발표했습니다.[1] 프롬프트를 단순히 표현해내는 것을 뛰어넘어 굉장히 자연스러운 영상을 생성할 수 있습니다. 언젠가는 사용자의 상상력에 기반해서 시나리오나 책을 생성한 뒤 이를 기반으로 영화를 생성해서 감상하는 세상이 올까요?

 TIPs

OpenAI에서 새로운 음성 생성 모델인 보이스 엔진 연구 결과를 공개했습니다.[2] 단 15초의 오디오 샘플만으로 사람의 목소리와 억양 등을 복제해서 원래 화자와 매우 유사하면서도 사실적인 음성을 생성할 수 있습니다. 심지어 다른 언어로 번역된 음성을 생성

---

1 https://openai.com/sora

2 https://openai.com/index/navigating-the-challenges-and-opportunities-of-synthetic-voices/

할 때도 원래 화자의 목소리나 억양을 그대로 유지하고 있습니다. 이러한 음성 생성 기술을 통해 어린이에게 부모님의 음성으로 책 읽어주기, 영상의 보이스 오버, 팟캐스트 등 본인의 콘텐츠에 있는 음성을 다양한 언어로 번역해서 여러 나라의 시청자에게 송출하기 등이 머지않아 가능해질 수도 있습니다. 다만 보이스 피싱이나 가짜 뉴스 등에 악용될 우려가 있기 때문에 OpenAI 측에서는 배포 전 여러 안전 장치가 필요하다는 것을 강조하고 있습니다.

10.4 콘텐츠 제작 분야의 인기 있는 맞춤형 GPT

 이미지 생성

 image generator
이미지를 생성하고 수정하는 데 특화된 맞춤형 GPT

 Canva
프레젠테이션, 로고, 소셜 미디어 게시물 등을 디자인하는 데 특화된 맞춤형 GPT

 Logo Creator
로고 디자인과 앱 아이콘 디자인에 특화된 맞춤형 GPT

 Photo Realistic GPT
텍스트를 입력해서 사실적인 이미지를 생성하는 데 특화된 맞춤형 GPT

Cartoonize Yourself

업로드한 사진을 만화처럼 변경해주는 맞춤형 GPT

글 생성

Write For Me

원하는 콘텐츠에 대해 높은 품질과 정확한 단어 수에 맞는 글을 생성하는 데 특화된 맞춤형 GPT

Humanizer Pro

AI가 생성한 텍스트의 의미와 품질을 유지하면서 사람이 쓴 것처럼 변경하는 데 특화된 맞춤형 GPT

Humanize AI

AI가 생성한 텍스트를 사람이 쓴 콘텐츠처럼 변경하는 데 특화된 맞춤형 GPT

AI Humanizer Pro

AI가 생성한 텍스트를 사람이 쓴 콘텐츠처럼 변경해서 AI 탐지기를 통과하는 데 특화된 맞춤형 GPT

Fully SEO Optimized Article including FAQ's

검색 엔진에 최적화된 기사 작성에 특화된 맞춤형 GPT

Automated Writer

블로그, 이메일, 에세이 등 어떤 글이든 생성할 수 있도록 도와주는 맞춤형 GPT

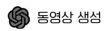 동영상 생성

Video GPT by VEED

AI 아바타, AI 음성 등을 활용해서 유튜브, 인스타그램, 틱톡 등 소셜 미디어용 동영상을 생성하는 데 특화된 맞춤형 GPT

Video Maker

AI 음성을 활용해서 동영상을 생성하는 데 특화된 맞춤형 GPT

Generator Text to Video Maker

AI 음성을 활용해서 동영상을 생성하고 편집하는 데 특화된 맞춤형 GPT

음악 생성

Song Maker

음악 이론을 사용해서 작곡하고, 작곡 팁, 코드 진행, 가사, 사운드 트랙, 앨범 커버 제작 등 음악 제작에 도움이 되도록 특화된 맞춤형 GPT

## CHAPTER 11

코딩할 때
제대로 써먹기

11.1 코드 작성

챗GPT로부터 코드 작성에 대한 도움을 받을 수 있습니다. 고급 데이터 분석 기능에서 살펴보았듯이 챗GPT가 직접 파이썬 코드를 작성한 뒤 실행할 수 있는 기능이 있기 때문에, 챗GPT가 실행되지 않는 코드를 생성한 경우 코드가 제대로 작동할 때까지 수정해서 최종적으로는 정확히 실행되는 코드를 제공할 수 있습니다. 이때 비교적 간단하거나 널리 잘 알려진 코드의 경우 이런 방식으로 정확한 코드를 제공받는 것이 가능하지만, 더 복잡한 기능을 구현해달라고 하면 보기에는 그럴싸하지만 실제로는 작동하지 않는 코드를 생성하는 경우도 있다는 것에 주의해야 합니다.

그럼에도 불구하고 훌륭한 코딩 보조 또는 주니어 개발자 동료와 협업하듯이 챗GPT를 활용할 수 있습니다. 구현하고자 하는 기능과 필요한 요구 사항을 자세히 설명하고, 구현해야 하는 중간 과정을 알고 있다면 이러한 가이드 라인을 설명하거나, 복잡한 기능을 보다 작은 단위의 간단한 기능으로 쪼개서 단계별로 작성하도록 유도할 수 있습니다. 또는 변수명이나 함수명을 잘 입력해서 코드 스니펫을 알려주는 등 프롬프트에 많은 컨텍스트를 포함시키는 방법을 통해 챗GPT와 대화를 나누며 코드 작성을 가이드하거나 기능 구현을 위한 아이디어를 얻을 수 있습니다. 2장에서 살펴본 것처럼 추후 데스크톱 앱을 활용해 바로 컴퓨터 화면을 보여주면서 코드 작성에 도움받을 수 있을 것입니다.

이렇게 코딩에 도움을 줄 수 있도록 특화된 맞춤형 GPT들이 많이 출시되어 있습니다. Code Copilot GPT, Grimoire GPT, 파이썬에 특화된 Python GPT, R에 특화된 R Wizard GPT, SQL에 특화된 SQL Expert GPT 등을 활용해서 코드 작성뿐 아니라 주어진 코드를 다른 프로그래밍 언어로 변경하거나 다음 절에서 살펴볼 코드 검토나 디버깅, 주석 작성 등 여러 분야에서 도움을 받아볼 수 있습니다.

다음 예시에서는 사용자가 파이썬으로 필요한 기능을 구현하라고 요청하면 Python GPT가 코드를 작성할 뿐만 아니라 작성한 코드를 실행해서 테스트를 하고, 코드 리뷰까지 마친 뒤, 최종적으로 작동하는 코드를 파일로 저장해서 제공하는 과정을 살펴보겠습니다.

Python
Python GPT는 파이썬 프로그래밍에 특화된 맞춤형 GPT입니다. 효율적이고 높은 품질의 코드를 생성하는 데 도움을 줄 수 있습니다.

데이터 프레임이 주어져 있을 때 각 열에 있는 숫자 데이터를 평균하는 기능을 구현하는 파이썬 스크립트를 작성해주세요. 사용자

Python GPT

알겠습니다. 주어진 데이터 프레임의 각 열에 있는 숫자 데이터를 평균하는 기능을 구현하는 파이썬 스크립트를 작성하겠습니다. 다음은 이를 위한 스크립트의 개요입니다.

1. 데이터 프레임 생성/입력: 데이터 프레임을 입력받거나 생성합니다.
2. 열 별 평균 계산: 각 열의 평균을 계산합니다.
3. 결과 출력: 각 열의 평균을 출력합니다.

다음은 이 기능을 구현한 파이썬 스크립트입니다.

```
import pandas as pd

def calculate_column_means(df):
    """
```

```
각 열의 평균을 계산하여 반환합니다.

Args:
df (pd.DataFrame): 평균을 계산할 데이터 프레임

Returns:
pd.Series: 각 열의 평균값 시리즈
"""
# 숫자형 데이터가 아닌 열은 자동으로 제외됩니다.
column_means = df.mean()
return column_means

# 테스트를 위한 데이터 프레임 생성
data = {
    'A': [1, 2, 3, 4, 5],
    'B': [10, 20, 30, 40, 50],
    'C': [100, 200, 300, 400, 500]
}

df = pd.DataFrame(data)

# 함수 호출 및 결과 출력
means = calculate_column_means(df)
print(means)
```

위 스크립트는 다음과 같은 기능을 합니다.

1. calculate_column_means 함수는 데이터 프레임을 입력으로 받아 각 열의 평균을 계산하여 반환합니다.

2. df.mean() 메서드는 기본적으로 숫자형 데이터에 대해서만 평균을 계산합니다.

3. 예시 데이터 프레임을 생성하여 함수의 결과를 출력합니다.

이제 이 스크립트를 PCI(파이썬 코드 인터프리터)에 작성하여 추가 작업을 진행하겠습니다.

```python
import pandas as pd

def calculate_column_means(df):
    """
    각 열의 평균을 계산하여 반환합니다.

    Args:
        df (pd.DataFrame): 평균을 계산할 데이터 프레임

    Returns:
        pd.Series: 각 열의 평균값 시리즈
    """
    # 숫자형 데이터가 아닌 열은 자동으로 제외됩니다.
    column_means = df.mean()
    return column_means

# 테스트를 위한 데이터 프레임 생성
data = {
    'A': [1, 2, 3, 4, 5],
    'B': [10, 20, 30, 40, 50],
    'C': [100, 200, 300, 400, 500]
}

df = pd.DataFrame(data)

# 함수 호출 및 결과 출력
# means = calculate_column_means(df)
# print(means)

# 코드를 점검하고 결과를 출력하는 것은 최종 단계에서 수행
합니다.
# 이를 위해, 위의 함수 호출 및 출력 부분은 일단 주석 처리
합니다.
```

코드의 주요 부분은 다음과 같습니다.

1. calculate_column_means 함수: 이 함수는 데이터 프레임을 입력으로 받아 각 열의 평균을 계산합니다.
2. 데이터 프레임 생성: 테스트를 위해 샘플 데이터를 사용하여 데이터 프레임을 생성합니다.
3. 함수 호출: 함수 호출과 결과 출력을 위해 주석 처리된 부분을 최종 단계에서 실행합니다.

이제 코드 리뷰를 진행하겠습니다.

코드 리뷰

1. 코드 구조와 가독성
   - 함수가 단일 책임 원칙을 잘 따르고 있습니다.
   - 주석이 적절히 작성되어 코드의 이해를 돕습니다.

2. 효율성
   - df.mean() 메서드는 Pandas가 제공하는 효율적인 방법으로 각 열의 평균을 계산합니다.

3. 확장성
   - 함수는 숫자형 데이터를 자동으로 인식하여 처리하므로, 데이터 프레임에 다양한 유형의 데이터가 있어도 문제없이 작동합니다.

4. PEP-8 준수
   - 코드는 PEP-8 스타일 가이드를 잘 준수하고 있습니다.

이제 최종적으로 주석을 해제하고 코드를 실행하여 결과를 확인하겠습니다. [〉 _]

```
# 주석을 해제하고 함수를 호출하여 결과를 출력합니다.
means = calculate_column_means(df)
means
결과
A      3.0
B     30.0
C    300.0
dtype: float64
```

결과를 확인한 바와 같이 데이터 프레임의 각 열에 대한 평균값은 다음과 같습니다:

- 열 A의 평균: 3.0
- 열 B의 평균: 30.0
- 열 C의 평균: 300.0

이제 최종 코드를 정리하여 사용자에게 제공할 준비를 하겠습니다.

```python
import pandas as pd

def calculate_column_means(df):
    """
    각 열의 평균을 계산하여 반환합니다.

    Args:
    df (pd.DataFrame): 평균을 계산할 데이터 프레임

    Returns:
    pd.Series: 각 열의 평균값 시리즈
    """
    # 숫자형 데이터가 아닌 열은 자동으로 제외됩니다.
    column_means = df.mean()
    return column_means

# 테스트를 위한 데이터 프레임 생성
data = {
    'A': [1, 2, 3, 4, 5],
    'B': [10, 20, 30, 40, 50],
    'C': [100, 200, 300, 400, 500]
}

df = pd.DataFrame(data)

# 함수 호출 및 결과 출력
means = calculate_column_means(df)
print(means)
```

위 코드를 파일로 저장하고 공유하겠습니다. [〉 _]

```python
# 최종 코드를 .py 파일로 저장합니다.
final_code = """
import pandas as pd

def calculate_column_means(df):
    \"""
    각 열의 평균을 계산하여 반환합니다.

    Args:
    df (pd.DataFrame): 평균을 계산할 데이터 프레임

    Returns:
    pd.Series: 각 열의 평균값 시리즈
    \"""
    # 숫자형 데이터가 아닌 열은 자동으로 제외됩니다.
    column_means = df.mean()
    return column_means

# 테스트를 위한 데이터 프레임 생성
data = {
    'A': [1, 2, 3, 4, 5],
    'B': [10, 20, 30, 40, 50],
    'C': [100, 200, 300, 400, 500]
}

df = pd.DataFrame(data)

# 함수 호출 및 결과 출력
means = calculate_column_means(df)
print(means)
"""

# 파일 저장
```

```
with open("/mnt/data/calculate_column_means.py", "w") as
file:
    file.write(final_code)
```

최종 코드 파일이 준비되었습니다. **여기에서 다운로드**할 수 있습니다.

이 파일에는 각 열의 숫자 데이터를 평균하는 기능을 포함하고 있습니다. 추가적인 질문이나 도움이 필요하면 언제든지 말씀해주세요! [〉_]

11.2 코드 검토 및 디버깅, 주석 작성

작성한 코드를 메시지 창에 입력하면 챗GPT가 동료처럼 검토를 하고, 코드의 구조나 알고리즘 최적화, 효율적인 데이터 처리 등 코드의 품질을 개선할 수 있는 방안을 제시해주는 역할을 할 수 있습니다. 또한 작성한 코드에 오류가 있을 때 코드와 함께 오류 메시지를 메시지 창에 입력해서 오류의 원인과 해결 방안에 대해 물어보는 방식으로 빠르게 디버깅을 할 수 있습니다. 그리고 코드 도큐멘테이션도 많은 시간을 요하는 작업인데 본인이 작성한 코드를 입력한 뒤 주석을 달아달라고 요청하거나, 남이 작성한 코드를 입력한 뒤 주석을 달고 설명을 해달라고 요청해서 보다 쉽게 이해하는 방법도 있습니다. 이때 업무에 사용할 경우 공개하면 안 되는 코드를 입력하지 않도록 주의해야 합니다.

다음 예시에서는 Python GPT에게 입력한 코드에 오류가 있는지 직접 코드를 실행해서 확인한 뒤 개선할 점을 알아보고, 주석을 자세히 작성한 뒤 코드가 어떻게 작동하는지 설명해달라고 요청한 결과를 살펴보겠습니다.

사용자

반지름을 입력하면 해당하는 원의 넓이를 알려주는 다음 파이썬 코드에 오류가 있는지 검토하고 개선할 점이 있으면 알려주세요. 한국어로 대답해주세요.

```python
def calculate_area(radius):
    if radius < 0:
        raise ValueError("Radius cannot be negative")
    return 3.14 * radius ** 2

def main():
    radii = [3, 5, -2, 7]
    for r in radii:
        try:
            area = calculate_area(r)
            print(f"The area of circle with radius {r} is {area}")
        except ValueError as e:
            print(e)

main()
```

Python GPT

해당 코드에는 몇 가지 개선할 점이 있습니다. 코드 자체는 기능적으로는 올바르게 동작하지만, 다음과 같은 개선 사항을 고려할 수 있습니다.

- 상수 값 사용: 파이썬에는 원주율을 제공하는 math 모듈이 있습니다. 직접 3.14를 사용하는 대신 math.pi를 사용하는 것이 좋습니다.
- 예외 처리 메시지 개선: 예외 발생 시 조금 더 상세한 메시지를 제공하면 사용자가 문제를 더 쉽게 이해할 수 있습니다.
- PEP 8 준수: 파이썬의 스타일 가이드인 PEP 8을 준수하여 코드를 더 읽기 쉽게 작성할 수 있습니다.

다음은 개선된 코드입니다.

Python
GPT

```python
import math

def calculate_area(radius):
    if radius < 0:
        raise ValueError(f"Radius cannot be negative:
{radius}")
    return math.pi * radius ** 2

def main():
    radii = [3, 5, -2, 7]
    for r in radii:
        try:
            area = calculate_area(r)
            print(f"The area of a circle with radius {r} is
{area:.2f}")
        except ValueError as e:
            print(f"Error calculating area for radius {r}:
{e}")

main()
```

개선된 점:

1. math 모듈을 사용하여 math.pi를 사용함으로써 더 정확한 원주율을 사용합니다.

2. 예외 메시지를 조금 더 상세하게 하여 어느 반지름에서 오류가 발생했는지 쉽게 알 수 있게 합니다.

3. print 함수에서 :2f 포맷을 사용하여 소수점 둘째 자리까지 출력하여 출력 형식을 개선합니다.

이렇게 개선된 코드는 가독성이 더 좋고, 정확한 원주율을 사용하며, 예외 처리 시 더 명확한 정보를 제공합니다.

제대로 작동하는지 코드를 실행해서 검토해주세요.

사용자

```
import math

def calculate_area(radius):
    if radius < 0:
        raise ValueError(f"Radius cannot be negative:
{radius}")
    return math.pi * radius ** 2

def main():
    radii = [3, 5, -2, 7]
    results = []
    for r in radii:
        try:
            area = calculate_area(r)
            results.append(f"The area of a circle with
radius {r} is {area:.2f}")
        except ValueError as e:
            results.append(f"Error calculating area for
radius {r}: {e}")
    return results

# Calling the main function to test the implementation
main_results = main()
main_results
```

코드를 실행한 결과는 다음과 같습니다.

```
['The area of a circle with radius 3 is 28.27',
 'The area of a circle with radius 5 is 78.54',
 'Error calculating area for radius -2: Radius cannot be
negative: -2',
 'The area of a circle with radius 7 is 153.94']
```

이 파이썬 코드에 주석을 자세히 달아주고, 어떤 역할을 하는지도 설명해주세요.

사용자

Python GPT

코드에 주석을 자세히 달고 각 부분이 어떤 역할을 하는지 설명하겠습니다.

```python
import math

# 원의 넓이를 계산하는 함수
def calculate_area(radius):
    """
    주어진 반지름(radius)을 받아 원의 넓이를 계산하여 반환
합니다.
    반지름이 음수일 경우 ValueError를 발생시킵니다.

    Args:
        radius (float): 원의 반지름

    Returns:
        floaT 원의 넓이
    """
    if radius < 0:
        # 반지름이 음수일 경우 예외를 발생시킴
        raise ValueError(f"Radius cannot be negative:
{radius}")
    # 원의 넓이 계산: π * r^2
    return math.pi * radius ** 2

# 메인 함수: 여러 반지름 값에 대해 원의 넓이를 계산하고 결
과를 출력
def main():
    # 테스트할 반지름 값들의 리스트
    radii = [3, 5, -2, 7]
    # 결과를 저장할 리스트
    results = []
```

```
    for r in radii:
        try:
            # 주어진 반지름 r에 대해 원의 넓이를 계산
            area = calculate_area(r)
            # 결과를 리스트에 추가 (소수점 둘째 자리까지
포맷)
            results.append(f"The area of a circle with
radius {r} is {area:.2f}")
        except ValueError as e:
            # 반지름이 음수인 경우 예외 메시지를 리스트에
추가
            results.append(f"Error calculating area for
radius {r}: {e}")
    return results

# 메인 함수를 호출하여 결과를 출력
main_results = main()
main_results
```

코드 설명:

1. 모듈 임포트

```
import math
```

- math 모듈을 임포트하여 원주율 pi를 사용합니다.

2. 원의 넓이를 계산하는 함수

```
def calculate_area(radius):
```

- calculate_area 함수는 주어진 반지름 radius를 받아 원의 넓이를 계산합니다.
- 반지름이 음수일 경우 예외를 발생시킵니다.
- 원의 넓이는 $\pi * r^2$ 공식으로 계산됩니다.

3. 메인 함수

```
def main():
```

- main 함수는 여러 반지름 값에 대해 calculate_area 함수를 호출하여 원의 넓이를 계산하고 결과를 출력합니다.
- 반지름 값 리스트 radii를 정의하고, 결과를 저장할 리스트 results를 초기화합니다.
- 각 반지름에 대해 calculate_area를 호출하고, 결과를 리스트에 추가합니다.
- 예외가 발생하면 예외 메시지를 리스트에 추가합니다.

4. 메인 함수 호출 및 결과 출력

```
main_results = main()
main_results
```

- main 함수를 호출하여 결과를 main_results에 저장하고 출력합니다.

이 코드는 각 반지름에 대해 원의 넓이를 계산하고, 음수 반지름에 대해 적절한 오류 메시지를 출력함으로써 프로그램의 견고성을 유지합니다.

11.3 코딩 학습

앞에서 살펴본 것처럼 직접 코드 작성에 도움을 받거나 코드 리뷰 및 주석 작성에 도움을 받을 수도 있지만 코딩을 배우는 데 도움을 받을 수도 있습니다. 예를 들어 어디서부터 어떻게 코딩 공부를 시작해야 할지 막막할 경우, 이미 널리 알려진 책, 강의, 기타 학습 자료들을 추천받을 수 있습니다. 또한 이미 학습 분야 활용 사례에서 살펴보았듯이 특정한 개념 설명 및 퀴

즈 출제를 요청해서 공부할 수 있고, 나아가 코딩 인터뷰 준비에도 챗GPT
를 활용할 수 있습니다.

학습 자료 및 커리큘럼 추천

다음 예시에서는 자연어처리 학습 자료 추천과 함께 독학 커리큘럼을 만들
어 보겠습니다.

> 자연어 처리에 대해 공부하고 싶은데 어느 학습 자료로 공부하는 게 좋을까
> 요? 이 학습 자료를 이용해서 제가 독학할 수 있는 학습 커리큘럼을 표로
> 만들어주세요. 사용자

 자연어 처리(NLP)를 독학할 때 유용한 학습 자료와 커리큘럼을 제공하겠습니
다. 다양한 수준의 학습자들을 위해 몇 가지 대표적인 자료를 추천하고, 이를 기
챗GPT 반으로 한 학습 커리큘럼을 표로 정리하겠습니다.

추천 학습 자료

1. 온라인 코스
   - Coursera: "Natural Language Processing" Specialization
     ◦ 링크: Coursera NLP Specialization (https://www.coursera.
       org/specializations/natural-language-processing)
   - Stanford University: "CS224N: Natural Language Processing
     with Deep Learning"
     ◦ 링크: CS224N (https://web.stanford.edu/class/cs224n/)
2. 교재
   - "Speech and Language Processing" by Daniel Jurafsky and
     James H. Martin
     ◦ 링크: Book Website (https://web.stanford.edu/~jurafsky/
       slp3/)

- "Natural Language Processing with Python" by Steven Bird, Ewan Klein, and Edward Loper
  - 링크: NLTK Book
3. 온라인 튜토리얼 및 블로그
- Towards Data Science
  - 링크: Towards Data Science (https://towardsdatascience.com/?gi=12c0d8a3c2fe)
- Kaggle NLP Datasets and Kernels
  - 링크: Kaggle (https://www.kaggle.com/)

학습 커리큘럼

주차	학습 내용	학습 자료
1주차	NLP 개요 및 기초 – NLP 개념 이해 – 기본 용어 및 기술	Coursera: NLP Specialization Course 1
2주차	텍스트 전처리 – 토큰화, 정규화, 불용어 제거 – NLTK 실습	"Natural Language Processing with Python" Chapter 1–3
3주차	언어 모델링 – N–그램 모델 – 확률적 언어 모델	Coursera: NLP Specialization Course 2
4주차	벡터화 기법 – Bag of Words, TF–IDF – Word Embeddings(Word2Vec, GloVe)	"Speech and Language Processing" Chapter 6–7
5주차	기본 분류 알고리즘 – 나이브 베이즈 분류기 – SVM, 로지스틱 회귀	Coursera: NLP Specialization Course 3
6주차	군집화 및 주제 모델링 – K–평균 군집화 – LDA(Latent Dirichlet Allocation)	Towards Data Science Clustering

주차	학습 내용	학습 자료
7주차	심층 신경망 소개 – 딥러닝 개요 및 기초 – 텐서플로/파이토치 설치 및 기본 사용법	Stanford CS224N Lecture 1–2
8주차	RNN과 LSTM – 순환 신경망(RNN) – 장단기 메모리 네트워크 (LSTM)	Coursera: NLP Specialization Course 4
9주차	어텐션 메커니즘 – 어텐션의 기본 개념 – Transformer 모델	Stanford CS224N Lecture 7–8
10주차	BERT와 GPT – 사전 학습 언어 모델 – BERT, GPT 개념 및 응용	Towards Data Science BERT
11주차	자연어 이해(NLU) – 개체명 인식(NER) – 감정 분석	"Natural Language Processing with Python" Chapter 7–8
12주차	자연어 생성(NLG) – 텍스트 생성 – 챗봇 개발	Coursera: NLP Specialization Course 5
13주차	프로젝트 1: 텍스트 분류기 개발 – 뉴스 분류기 혹은 영화 리뷰 감정 분석기	Kaggle Datasets Text Classification
14주차	프로젝트 2: 챗봇 개발 – 간단한 FAQ 챗봇 개발	Towards Data Science Chatbot
15주차	NLP 최신 동향 – 최신 논문 읽기 및 리뷰 – 최신 기술 동향 파악	arXiv NLP Latest Papers
16주차	NLP 시스템 평가 및 개선 – 평가 지표 이해(정확도, 정밀도, 재현율, F1 스코어) – 모델 성능 개선 기법	"Speech and Language Processing" Chapter 8–9

주차	학습 내용	학습 자료
17주차	자연어처리 응용 사례 – 산업별 NLP 적용 사례 – 실제 문제 해결 사례 분석	Towards Data Science NLP Applications
18주차	최종 프로젝트 준비 – 프로젝트 주제 선정 – 데이터 수집 및 전처리	Kaggle Competitions Projects
19주차	최종 프로젝트 수행 – 모델 개발 및 평가 – 결과 분석 및 보고서 작성	개인 프로젝트
20주차	최종 프로젝트 발표 – 프로젝트 결과 발표 – 피드백 수집 및 최종 보고서 작성	개인 프로젝트

추가 학습 자료 및 참고

- NLP 관련 블로그 및 기사: 최신 기술 동향을 파악하는 데 도움이 됩니다.
- GitHub 레포지토리: 다양한 오픈소스 프로젝트를 참고하여 실제 코드를 분석하고 학습할 수 있습니다.
- Kaggle 커뮤니티: 데이터 분석 대회에 참가하여 실력을 쌓을 수 있습니다.

이 커리큘럼을 따르면 자연어 처리의 기초부터 심화까지 체계적으로 학습할 수 있을 것입니다. 각 주차의 학습 내용을 충실히 따라가면서 실습을 병행하면 더욱 효과적으로 학습할 수 있습니다.

 특정한 개념 설명 및 퀴즈 출제 요청

코딩 공부를 하다가 이해가 안 되는 개념이 있을 때 좋은 선생님 역할을 할 수 있습니다. 예를 들어 파이썬 공부를 하다가 pandas, numpy, scikit-learn, TensorFlow와 같은 라이브러리 사용에 이해가 안 되는 부분이 있을 때 대화를 통해 학습하는 것이 가능합니다. 제대로 공부했는지 확인하기 위해 연습 문제를 요청하는 것도 물론 가능할 것입니다. 다음 예시에서는 파이썬의 리스트와 딕셔너리의 차이에 대해 질문한 결과를 살펴보겠습니다.

파이썬의 리스트와 딕셔너리에 대해 설명해주세요.

사용자

챗GPT

파이썬의 리스트(List)와 딕셔너리(Dictionary)는 두 가지 중요한 데이터 구조입니다. 각각의 특징과 사용법을 아래에 설명하겠습니다.

- 리스트(List)
  리스트는 파이썬에서 순서가 있는 가변 시퀀스를 나타냅니다. 리스트는 대괄호 [ ]로 정의되며, 각 요소는 쉼표로 구분됩니다. 리스트의 주요 특징은 다음과 같습니다:

  1. 순서가 있음(Order)
     리스트의 요소는 순서가 있으며, 인덱스를 통해 접근할 수 있습니다. 인덱스는 0부터 시작합니다.

```python
fruits = ["apple", "banana", "cherry"]
print(fruits[0])  # 출력: apple
print(fruits[2])  # 출력: cherry
```

  2. 가변성(Mutable)
     리스트는 변경할 수 있습니다. 요소를 추가, 삭제, 수정할 수 있습니다.

```python
fruits.append("date")
print(fruits)  # 출력: ['apple', 'banana', 'cherry',
'date']

fruits[1] = "blueberry"
print(fruits)  # 출력: ['apple', 'blueberry', 'cherry',
'date']
```

```
del fruits[2]
print(fruits)  # 출력: ['apple', 'blueberry', 'date']
```

3. 다양한 데이터 타입 저장 가능

리스트는 동일한 리스트 내에 다양한 데이터 타입의 요소를 가질 수 있습니다.

```
mixed_list = [1, "apple", 3.14, [2, 3]]
print(mixed_list)  # 출력: [1, 'apple', 3.14, [2, 3]]
```

- 딕셔너리(Dictionary)

딕셔너리는 키-값 쌍의 모음으로, 키를 사용하여 값을 저장하고 검색합니다. 딕셔너리는 중괄호 { }로 정의되며, 각 키-값 쌍은 콜론 :으로 구분됩니다. 딕셔너리의 주요 특징은 다음과 같습니다.

1. 키-값 쌍(Key-Value Pairs)

딕셔너리는 각 키에 대해 하나의 값을 가집니다. 키는 유일해야 하며, 값은 중복될 수 있습니다.

```
student = {"name": "John", "age": 25, "courses": ["Math",
"Science"]}
print(student["name"])  # 출력: John
print(student["age"])   # 출력: 25
```

2. 변경 가능(Mutable)

딕셔너리도 변경할 수 있습니다. 키-값 쌍을 추가, 삭제, 수정할 수 있습니다.

```
student["age"] = 26
student["grade"] = "A"
print(student)  # 출력: {'name': 'John', 'age': 26,
'courses': ['Math', 'Science'], 'grade': 'A'}

del student["courses"]
print(student)  # 출력: {'name': 'John', 'age': 26,
'grade': 'A'}
```

3. 빠른 데이터 검색

딕셔너리는 해시 테이블을 기반으로 하여 키를 사용한 값의 검색이 매우 빠릅니다.

4. 다양한 데이터 타입의 키 사용 가능

딕셔너리의 키는 불변형 데이터 타입이어야 하며 일반적으로 문자열이나 숫자가 사용됩니다.

```python
sample_dict = {1: "one", (2, 3): "tuple_key"}
print(sample_dict)  # 출력: {1: 'one', (2, 3): 'tuple_key'}
```

- 리스트와 딕셔너리의 비교
  - 순서: 리스트는 순서를 유지하며, 딕셔너리는 순서가 없습니다.
  - 접근 방법: 리스트는 인덱스를 통해 요소에 접근하고, 딕셔너리는 키를 통해 값에 접근합니다.
  - 사용 용도: 리스트는 순서가 중요한 데이터를 다룰 때, 딕셔너리는 키-값 쌍으로 데이터를 빠르게 검색할 때 유용합니다.

이 두 데이터 구조는 파이썬 프로그래밍에서 매우 유용하며, 다양한 상황에서 효율적으로 데이터를 관리할 수 있습니다.

코딩 테스트 준비

코딩 테스트를 준비할 때 풀고 싶은 문제를 입력한 뒤 모의 면접관 역할을 부탁해서 난이도별 코딩 테스트를 연습할 수 있고, 막혔을 경우 어떻게 풀면 좋을지 도움을 달라고 요청해볼 수 있습니다. 다음 예시에서는 코딩 테스트 모의 면접 연습을 도와줄 수 있는지 물어봤을 때 답변을 살펴보겠습니다.

코딩 테스트 모의 면접 연습을 도와줄 수 있나요?

사용자

챗GPT

물론입니다! 코딩 테스트 모의 면접 연습을 도와드리겠습니다. 우선, 어떤 언어로 연습하고 싶은지 그리고 어느 정도 난이도의 문제를 원하시는지 말씀해주시면 좋겠습니다. 예를 들어 초급, 중급, 고급 문제 중 어느 수준을 원하시는지 알려주세요.

또한 특정한 알고리즘이나 자료구조를 중점적으로 연습하고 싶은지, 혹은 전반적인 문제를 다루고 싶은지도 알려주세요. 예시로 정렬, 탐색, 그래프, 동적 프로그래밍, 해시맵 등을 언급할 수 있습니다.

기다리는 동안 예시로 간단한 중급 난이도의 문제를 하나 제시하겠습니다.

문제: 두 수의 합(Two Sum)

정수 배열 nums와 정수 target이 주어졌을 때, 합이 target이 되는 두 숫자의 인덱스를 반환하는 함수를 작성하세요. 각 입력은 정확히 하나의 해가 있다고 가정하며, 동일한 요소를 두 번 사용할 수 없습니다.

예시
- 입력: nums = [2, 7, 11, 15], target = 9
- 출력: [0, 1]

제약 조건
- $2 <= nums.length <= 10^4$
- $-10^9 <= nums[i] <= 10^9$
- $-10^9 <= target <= 10^9$
- 정답은 항상 존재합니다.

이 문제를 해결하고 풀이 과정을 설명해주시면 추가적인 피드백을 드리겠습니다. 원하는 언어나 난이도, 혹은 특정 주제를 말씀해주시면 맞춤형 연습 문제를 준비해드릴 수 있습니다.

깃허브 코드 저장소에 대해 대화

코드 저장소인 깃허브Github의 URL을 제공하면 해당 저장소에 있는 코드에 대해 질의 응답할 수 있는 AskTheCode – Git Companion GPT도 학습에 유용하게 사용할 수 있습니다. 저장소의 사용 방법에 대해서 물어보거나, 특정 커밋에서 변경된 내용에 대한 설명을 요청하는 방식으로 활용할 수 있습니다. 랭체인 깃허브 코드 저장소의 URL을 활용한 사용 예시를 아래에서 살펴보겠습니다.

 AskTheCode - Git Companion GPT

사용자가 제공한 깃허브 저장소의 URL에 있는 코드에 대해 대화하는 데 특화된 맞춤형 GPT입니다. 예를 들어, 해당 저장소의 코드를 분석해서 사용 방법을 설명해달라고 하거나, 특정 커밋에서 변경된 내용을 설명해달라고 요청할 수 있습니다. 이처럼 코드와 관련된 다양한 측면에 대해 문의할 수 있습니다.

이 저장소의 사용 방법을 예로 들어주세요. 한글로 설명해주세요.
https://github.com/langchain-ai/langchain
사용자

AskThe
Code - Git
Companion
GPT

LangChain 저장소의 사용 방법에 대해 간단히 설명드리겠습니다. 이 저장소는 주로 AI 모델 및 자연어 처리와 관련된 다양한 기능을 제공합니다. 저장소의 구조를 분석하여 주요 디렉터리와 파일들을 확인했습니다. 여기에 몇 가지 주요 디렉터리와 그 사용 예시를 소개합니다.

- 주요 디렉터리
  1. docs
     docs 디렉터리에는 프로젝트에 대한 문서화가 포함되어 있습니다. API 레퍼런스, 튜토리얼, 버전 히스토리 등이 있습니다. 예를 들어 docs/api_reference 폴더는 API 문서를 포함하고 있습니다.

2. libs

libs 디렉터리는 여러 라이브러리와 모듈을 포함하고 있습니다. 예를 들어 libs/cli 폴더에는 CLI 관련 스크립트와 유틸리티가 포함되어 있으며, libs/community 폴더에는 커뮤니티 기반의 확장 기능들이 포함되어 있습니다.

3. templates

templates 디렉터리는 다양한 템플릿 예제를 포함하고 있습니다. 각 템플릿은 특정 사용 사례에 맞게 설계되어 있으며, 이를 통해 특정 작업을 빠르게 시작할 수 있습니다. 예를 들어 templates/chat-bot-feedback 폴더는 채팅 봇 피드백 시스템에 대한 템플릿을 포함하고 있습니다.

- 예시 사용 방법

1. 문서 확인

- 먼저, docs 폴더를 통해 LangChain의 API 문서와 튜토리얼을 읽고 프로젝트의 개념과 사용법을 이해할 수 있습니다.
- 예시: docs/docs/how_to 폴더에서 다양한 "How-To" 가이드를 확인할 수 있습니다.

2. 라이브러리 사용

- libs 폴더에서 필요한 모듈이나 유틸리티를 선택하여 프로젝트에 통합할 수 있습니다.
- 예시: libs/cli/langchain_cli 폴더를 사용하여 명령줄 인터페이스 기능을 추가할 수 있습니다.

3. 템플릿 활용

- templates 폴더에 있는 템플릿을 사용하여 프로젝트를 빠르게 시작할 수 있습니다. 필요한 템플릿을 선택하고 자신의 요구에 맞게 수정할 수 있습니다.
- 예시: templates/csv-agent 폴더를 사용하여 CSV 파일을 처리하는 에이전트를 설정할 수 있습니다.

- 추가 정보

LangChain 저장소를 사용하려면 먼저 저장소를 클론한 후, 필요한 디렉터리와 파일들을 탐색하여 프로젝트에 통합하면 됩니다. 각 디렉터리와 파일에는 사용 예시와 설명이 포함되어 있으므로 이를 참고하여 작업을 진행하면 됩니다.

도움이 필요하거나 자세한 정보가 필요하면 아래 링크를 참조하세요:

LangChain 저장소 https://github.com/langchain-ai/langchain

공식 문서 https://docs.askthecode.ai/

Twitter https://x.com/askthecode_ai

11.4 프로그래밍 분야의 인기 있는 맞춤형 GPT

 프로그래밍 보조

 Code Copilot

더 똑똑한 코딩과 빠른 빌드를 도와주는 맞춤형 GPT

 Python

파이썬 프로그래머의 효율적인 코딩과 높은 품질의 프로덕션 코드 생성을 돕는 맞춤형 GPT

 Grimoire

프로그래밍을 돕기 위한 맞춤형 GPT

 Code Guru

코드 검토, pull request 작성, 함수 생성 및 최적화, 테스트 작성, 기존 코드 주석 달기 등을 위한 맞춤형 GPT

code: python java c html sql javascript react web+

파이썬 외에도 자바, C, HTML, SQL, 자바스크립트, 리액트 등 여러 가지 언어의 코딩을 돕는 맞춤형 GPT

SQL Expert

SQL 쿼리 및 쿼리 최적화를 위한 맞춤형 GPT

R Wizard

R 프로그래밍에 특화된 맞춤형 GPT

 # 웹사이트 제작

Website Generator

웹사이트 제작, 디자인, 카피라이팅, 관련된 코딩을 위한 맞춤형 GPT

Website [Multipage]

여러 페이지의 웹사이트 생성을 위한 맞춤형 GPT

DesignerGPT

DALL · E에서 생성된 이미지를 통합해서 웹사이트를 제작하고 호스팅하는 역할을 하는 맞춤형 GPT

기타

 Software Architect GPT

사용자의 요구 사항과 설계 제약 조건을 이해해서 새로운 소프트웨어 아키텍처 문서를 구축하는 것을 돕는 맞춤형 GPT

 AskTheCode – Git Companion

깃허브 코드 저장소 URL을 제공한 뒤 코드에 대해 대화를 할 수 있는 맞춤형 GPT

PART **4**

AI와 함께 살아가기

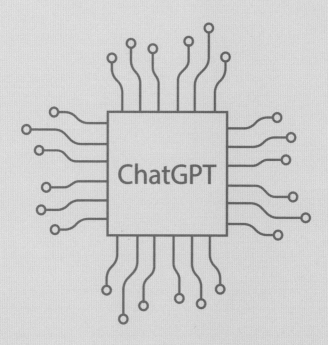

4부에서는 생성형 AI가 가져올 자동화 및 경제 성장 전망에 대해 알아보고, 범용인공지능(AGI) 및 책임감 있는 AI 사용 그리고 우리는 어떻게 준비해야 하는지에 대해서 살펴보겠습니다.

## CHAPTER 12

생성형 AI가 그리는 미래

생성형 AI 기술이 빠른 속도로 발전을 거듭하면서, 이 기술이 가진 엄청난 파급력에 대한 기대감과 우려가 공존하고 있습니다. AI 기술에 대한 흥미로운 비유가 있는데, 앤드류 응은 'Generative AI for everyone(모두를 위한 생성형 AI)'[1] 강의에서 AI를 산업과 인간의 삶 여러 측면에서 혁명을 일으킬 수 있는 잠재력을 가진 새로운 전기에 비유했습니다. 전기가 처음 등장했을 때 사람들이 감전사나 전기로 인한 화재를 두려워했으며 현재도 여전히 이러한 위험이 존재하지만, 그럼에도 불구하고 이 위험이 두려워서 전기를 포기하지는 않습니다. 이와 마찬가지로 AI에 대한 우려가 존재하고 실제로도 한계나 결함이 있지만, 이를 어떻게 잘 제어하는지에 대한 방법을 배우고 대비하고 있으며 이로 인해 새로운 도약이 일어날 것이라고 생각하는 입장인 것입니다. 이번 장에서는 이렇게 큰 잠재력을 가진 생성형 AI가 가져올 미래에 대한 전망을 살펴보겠습니다.

12.1 생성형 AI가 가져올 자동화 및 경제 성장 전망

먼저, 생성형 AI가 우리에게 미치는 잠재적인 영향에 대해 분석한 보고서 두 가지, 맥킨지에서 2023년 6월에 발표한 '생성형 AI의 경제적 잠재력에 대한 보고서'[2]와 골드만 삭스에서 2023년 3월에 발표한 'AI가 경제 성장에 미치는 잠재적인 영향에 대한 보고서'[3]를 살펴보겠습니다. 수치는 여러 가

---

1 https://www.coursera.org/learn/generative-ai-for-everyone

2 https://www.mckinsey.com/capabilities/mckinsey-digital/our-insights/the-economic-potential-of-generative-ai-the-next-productivity-frontier#introduction

3 https://www.gspublishing.com/content/research/en/reports/2023/03/27/d64e052b-0f6e-45d7-967b-d7be35fabd16.html

지 가정을 바탕으로 추정된 값이므로 참고만 하고 공통적인 시사점에 주의를 기울여 살펴보겠습니다.

🌀 자동화 전망

두 보고서에서 공통적으로 나타나는 내용은 일자리 자체가 생성형 AI로 대체되기보다는 업무의 일부가 자동화되어 생산성이 향상될 것이고, 또한 새로운 일자리 창출로 이어질 것이라는 점이며, 특히 육체노동보다는 지식 관련 업무에서 이러한 AI 자동화의 영향이 크게 나타날 것이라는 점입니다. 아래에서 하나씩 살펴보겠습니다.

- 맥킨지의 보고서에 따르면, 생성형 AI 및 기타 기술은 전체 노동 인력이 사용하는 시간의 60-70%에 해당하는 업무를 자동화할 수 있는 잠재력을 가지고 있습니다. 특히 고등 교육을 필요로 하며 높은 임금을 받는 직종에서 요하는 지식 관련 업무에 더 많은 영향을 미칠 것이며, 육체적 작업 수행으로 가치를 창출하는 근로자에게 미치는 영향은 훨씬 적을 것이라고 합니다. 이렇게 생성형 AI로 인해 개별 노동 인력이 맡는 업무들 중 일부가 자동화되어, 개인의 노동 생산성이 크게 증가할 수 있는 잠재력을 가지고 있다는 것을 이야기하고 있습니다.

  또한, 역사적으로도 기술의 발전은 업무의 구조를 변화시켜 생산성을 강화해왔다는 것을 언급합니다. 예를 들어 기계의 등장을 통해 노동자가 자신의 신체 능력 이상의 작업을 수행할 수 있게 되었고, 컴퓨터의 등장을 통해 노동자가 오랜 시간이 필요했던 계산을 순식간에 수행할 수 있게 되었습니다. 마찬가지로 AI로 인한 업무의 자동화가 생산성 향상으로 이어질 것이라는 전망입니다.

- 골드만 삭스의 보고서에 따르면 현재 미국 내 직업의 약 2/3가 어느 정도는 AI 자동화에 영향을 받아 부분적으로 자동화될 수 있으며, 업무의 약 1/4을 대체할 수 있을 것으로 추정된다고 합니다. 이렇게 노동 시장에 큰 영향을 미칠 것으로 예상되지만 맥킨지의 보고서와 마찬가지로 부분적으로 자동화에 노출된다는 것을 강조하는데, 즉 AI로 일자리가 대체되기보다는 업무 능력이 보완될 가능성이 더 높다는 것을 의미합니다. 또한 육체노동 및 실외 노동을 요하는 분야에는 AI가 미치는 영

향이 거의 없고, 기타 모든 분야에서는 AI 활용이 생산성 향상으로 이어질 것이라고 추정합니다.

역사적으로 자동화로 인한 노동자의 대체는 기술 혁신에 따른 새로운 일자리 창출로 상쇄되었다는 것을 언급하며, 이와 더불어 인건비 절감, 일자리를 잃지 않는 노동자의 생산성 향상이 결합되어 경제 성장을 끌어올릴 수 있다고 전망합니다. 이어서 경제 성장 전망에 대해 살펴보겠습니다.

🤖 경제 성장 전망

두 보고서에서 공통적으로 생성형 AI가 엄청난 경제적 가치를 창출할 것으로 예상하며, 선진국에서 그 영향이 더 빠르게 나타날 것으로 전망하고 있습니다.

- 맥킨지의 보고서에 따르면, 생성형 AI가 전반적으로 노동 생산성을 증가시킴에 따라 해당 보고서에서 분석한 63개의 사용 사례에 대해서만 연간 2조 6천억~4조 4천억 달러(2021년 영국의 전체 GDP가 3조 1천억 달러)에 해당하는 가치를 창출할 수 있을 것으로 추정하고, 다른 사례까지 포함하면 이 추정치는 약 2배가 될 것이라고 추정합니다. 또한, 임금이 높아서 자동화 도입의 경제적 타당성이 더 높은 선진국에서 AI 자동화 도입이 더 빨라질 수 있다고 전망합니다.

- 골드만 삭스의 보고서에서도, AI 도입으로 인해 향후 10년간 연간 글로벌 GDP가 7% 또는 거의 7조 달러 증가할 수 있을 것으로 추정하면서 AI의 경제적 잠재력을 강조합니다. 맥킨지 보고서와 마찬가지로 노동 산업의 구성 때문에 AI 자동화 노출 정도가 높은 선진국에서 AI 도입으로 인한 생산성 증가의 영향이 더 빠르게 나타날 것으로 추정합니다.

이처럼 두 보고서에서는 공통적으로 생성형 AI가 생산성을 향상시키고, 경제 성장을 촉진하는 데 있어 엄청난 잠재력을 가지고 있음을 강조합니다. 하지만 이러한 장점을 극대화하면서도, 발생할 수 있는 문제를 최소화하기 위해 신중하게 접근해야 할 필요성에 대해서도 강조하고 있습니다. 이를 위한 책임감 있는 AI 사용에 대해 다음 절에서 이야기하겠습니다.

12.2 범용인공지능과 책임감 있는 AI 사용

12.1절에서 살펴본 AI의 전망과 더불어 AI 발전의 미래를 이야기할 때 자주 등장하는 용어 중 하나는 범용인공지능Artificial General Intelligence(AGI)입니다. 범용인공지능이란 인간이 수행할 수 있는 모든 지적인 작업을 수행할 수 있는 인공지능 혹은 인간보다 더 똑똑한 인공지능을 의미하는데, 여기에 언제 도달할 것인가에 대해 여러 가지 견해가 존재합니다. 일례로 챗GPT로 세상을 놀라게 한 OpenAI의 미션은 "범용인공지능이 모든 인류에게 혜택을 줄 수 있도록 하는 것"입니다.

하지만 이렇게 엄청난 파급력을 가진 인공지능 기술이 잘못 사용되어 사회적 혼란을 야기할 수 있다는 우려도 있습니다. 그렇게 때문에 이 기술을 책임감 있는 방식으로 사용하는 것이 중요하며 이를 책임감 있는 AIResponsible AI라고 부릅니다. 각 기관별로 책임감 있는 AI를 위한 원칙을 세워서 그에 맞게 AI 시스템 구축을 하는데, 공통된 부분으로 공정성(편견 제거), 윤리적 사용(유익한 목적으로 사용), 개인정보 보호(사용자 데이터 보호와 기밀성 보장), 안전 및 보안 등에 관한 원칙이 존재합니다.

예를 들어, OpenAI는 '안전하고 책임감 있는 방식으로 유익한 범용인공지능 개발하기'라는 페이지[4]에서 책임감 있는 AI 사용을 위해 어떤 노력을 기

---

4 https://openai.com/safety/

울이고 있는지 공개하고 있습니다. 그 예시로는 새로운 시스템 출시 전 인간의 피드백을 통한 강화 학습 기술을 이용해서 모델이 생성하는 답변의 안전성 확보를 위해 노력하는 부분, 업계 리더 및 정책 입안자 등으로 구성된 외부 전문가의 피드백을 포함하는 것, 챗GPT 안전 모니터링 시스템 구축, 안전성 평가 및 정책과 규제 마련을 위한 정부 및 정책 기관과의 협력, 어린이 보호 및 개인정보 보호를 위한 노력 등이 있습니다.

OpenAI 외의 다른 기업에서 공개하고 있는 책임감 있는 AI를 위한 원칙 몇 가지도 살펴보겠습니다.

- 마이크로소프트의 AI 원칙[5]
  - 공정성: AI 시스템은 모든 사람을 공정하게 대우해야 합니다.
  - 신뢰성 및 안전성: AI 시스템은 안정적이면서도 안전하게 작동해야 합니다.
  - 개인정보 보호 및 보안: AI 시스템은 안전해야 하며 개인정보를 보호해야 합니다.
  - 포용성: AI 시스템은 모든 사람과 경험을 고려해야 합니다.
  - 투명성: AI 시스템은 투명성을 확보해야 합니다.
  - 책임감: AI 시스템을 설계하고 배포하는 사람들은 그 행동과 결정에 대해 책임을 져야 합니다.

- 메타의 AI 원칙[6]
  - 개인정보 보호 및 보안: 사람들의 개인정보를 보호하고 데이터를 지키는 것은 메타 소속 모두의 책임입니다.
  - 공정성과 포용성: 메타의 제품을 사용할 때 누구나 공평하게 대우받아야 하며 모든 사람에게 똑같이 잘 작동해야 합니다.
  - 견고성 및 안전성: AI 시스템은 높은 성능 기준을 충족해야 하며 의도한 대로 안전하게 작동하는지 테스트를 거쳐야 합니다.
  - 투명성 및 통제: 메타의 제품을 사용하는 사람들은 자신에 관한 데이터가 수집되고 사용되는 방식에 대해 더 많은 투명성과 통제권을 가져야 합니다.

---

5 https://www.microsoft.com/en-us/ai/responsible-ai

6 https://ai.meta.com/responsible-ai/

◦ 책임 및 거버넌스: 메타는 AI 시스템과 그 시스템이 내리는 결정에 대한 책임을 보장하기 위해 신뢰할 수 있는 프로세스를 구축합니다.

- 구글의 AI 원칙[7]

  ◦ 사회적으로 유익해야 합니다.
  ◦ 불공정한 편견을 만들거나 강화하지 않아야 합니다.
  ◦ 안전을 위해 구축되고 테스트되어야 합니다.
  ◦ 사람들에게 책임감을 가져야 합니다.
  ◦ 개인정보 보호 설계 원칙을 따라야 합니다.
  ◦ 높은 수준의 과학적 우수성을 유지해야 합니다.
  ◦ 이러한 원칙에 부합하는 용도로만 사용되어야 합니다.

---

7 https://ai.google/responsibility/principles/

## CHAPTER 13

미래를 향한 준비

지금까지 세상을 떠들썩하게 한 생성형 AI, 그중에서도 현시점 대표주자인 챗GPT가 어떤 작동 원리로 우리가 원하는 콘텐츠를 생성할 수 있는지, 어떤 한계를 가지고 있으며 이를 해결하기 위해 어떻게 발전해왔는지 알아보았습니다. 또한, 챗GPT를 효과적으로 사용할 수 있는 방법과 실제 활용 사례 그리고 생성형 AI가 가져올 미래 전망도 살펴봤는데 우리에게 미칠 파급력이 실로 엄청나다는 것을 알 수 있었습니다. 이렇게 큰 변화의 물결이 있을 때 우리가 이 기술에 대해 이해하고 실제로 활용해보는 것이 중요하다고 생각합니다. 특히, 챗GPT가 등장한 지 아직 2년도 채 되지 않았다는 것을 고려하면 이렇게 기술 전환이 시작되는 단계에서 적극적으로 새로운 기술을 활용하면서 어떠한 기회가 열릴 수 있는지를 살펴보는 것이 도움이 될 것입니다.

13.1 AI에 대한 열린 마음가짐

아직 챗GPT를 써보지 않은 경우 당연히 초반의 심리적 장벽이 있을 수 있습니다. 기존의 익숙한 방식으로도 문제를 해결할 수 있기 때문에 굳이 어렵게 느껴지는 새로운 기술을 도입하는 것이 꺼려지기 때문입니다. 또한, AI의 발전은 일자리 감소, 프라이버시 침해 등과 같은 문제를 동반할 수 있다는 우려 때문에 두려움과 불안을 가져올 수 있습니다. 그러나 이러한 두려움에만 머물러 있다면 챗GPT가 제공하는 기회를 놓치게 될 가능성이 큽니다.

우리는 AI가 가져다줄 가능성을 주목해야 합니다. 챗GPT와 같은 AI는 단순히 기존의 방식을 대체하는 것이 아니라, 새로운 가능성을 열어줍니다.

예를 들어, 반복적이고 시간이 많이 소요되는 작업을 자동화함으로써 인간이 더 창의적이고 가치 있는 일에 집중할 수 있도록 도와줍니다. 또한, 우리가 미처 생각하지 못했던 방식으로 문제를 해결하거나, 대량의 데이터를 분석해 더 나은 결정을 내릴 수 있게 해줍니다. 먼저 작은 단계부터 시작하여 AI를 일상 속에 조금씩 통합해보고, 이를 통해 효율성과 생산성을 높이는 경험을 쌓아가는 것이 중요합니다. 결국 AI와의 협력은 우리의 일상과 업무에 혁신을 가져와 우리는 더 나은 미래를 설계할 수 있을 것입니다.

13.2 일단 시작해보기

챗GPT에 익숙해지기란 그리 어려운 일이 아닙니다. 간단한 질문을 하거나 일상적인 대화를 나누면서 똑똑한 챗GPT의 능력을 경험해보세요. 예를 들어, 저녁 메뉴 추천을 받아보는 것처럼 간단한 질문부터 시작할 수 있습니다. 점차 챗GPT의 대답에서 유용한 정보를 얻고, 이를 통해 더 복잡한 문제 해결이나 계획 수립에도 활용할 수 있는 가능성을 발견하게 될 것입니다.

또한, 챗GPT는 무료 버전에서도 강력한 기능을 제공합니다. 맞춤형 GPT 구축 같은 고급 기능을 제외한 모든 기능을 충분히 활용할 수 있습니다. 다시 말하지만 다양한 상황에서 직접 챗GPT를 활용해보면서 어떻게 자신의 일상에 도움이 될 수 있는지를 경험해보는 것이 중요합니다. 이러한 과정을 통해 챗GPT는 단순한 도구를 넘어, 일상에서 중요한 역할을 담당하는 유용한 파트너로 자리 잡게 될 것입니다.

13.3 마치며

이 책을 통해 여러분이 생성형 AI, 특히 챗GPT와 같은 기술에 대해 더 깊이 이해하고, 이를 실생활과 업무에 효과적으로 활용할 수 있는 방법을 발견하기를 바랍니다. AI는 더 이상 미래의 기술이 아니라 이미 우리 곁에 와 있는 중요한 도구입니다. 그러나 많은 사람이 여전히 AI를 낯설고 복잡하게 느끼고 있습니다. 그런 분들에게 이 책을 통해 AI에 대한 친근하고 실용적인 접근법을 제시하고자 합니다. AI의 발전 속도는 점점 빨라지고 있으며 이러한 변화의 물결에서 뒤처지지 않기 위해서는 적극적인 학습과 활용이 필수적입니다. 이 책이 여러분이 AI에 대한 두려움을 극복하고, 챗GPT를 포함한 다양한 AI 도구로 더 나은 삶과 효율적인 업무 환경을 구축하는 데 도움이 되기를 기대합니다.

찾아보기

찾아보기